Miaoyu
Dongbu Fangyan Zhuangci Yan Jiu

苗语东部方言
状词研究

吴琳◎著

中央民族大学出版社
China Minzu University Press

图书在版编目（CIP）数据

苗语东部方言状词研究 / 吴琳著. --北京：中央民族大学出版社，2024.7. --ISBN 978-7-5660-2393-3

Ⅰ.H216.7

中国国家版本馆 CIP 数据核字第 2024PP0267 号

苗语东部方言状词研究

著　　者	吴　琳
策划编辑	舒　松
责任编辑	舒　松
封面设计	舒刚卫
出版发行	中央民族大学出版社
	北京市海淀区中关村南大街 27 号　邮编：100081
	电话：（010）68472815（发行部）　传真：（010）68932751（发行部）
	（010）68932218（总编室）　　　　（010）68932447（办公室）
经 销 者	全国各地新华书店
印 刷 厂	北京鑫宇图源印刷科技有限公司
开　　本	787×1092　　1/16　　印张：16.25
字　　数	250 千字
版　　次	2024 年 7 月第 1 版　2024 年 7 月第 1 次印刷
书　　号	ISBN 978-7-5660-2393-3
定　　价	85.00 元

版权所有　翻印必究

内容提要

苗语东部方言状词研究，虽是一项小众而冷僻的课题，却蕴藏不少鲜为人知的语言事象、语言关系、语言规律，是揭示苗语独有的和苗汉语共有的某些关系与逻辑的密钥。

本研究主要目标是：深化前人研究，突破传统局限，开创全新论域。主要内容共有五个方面：一是从苗语东部方言状词的本体出发，切实打破状词研究仅限于结构与功能的传统做法，对前人研究存在的问题进行辨正；二是按照状词的定义，描述苗语东部方言状词的显著属性与结构规律；三是以"摹状文化"所遵从的基本规律为据，揭示苗语东部方言状词之语音、语义、语用所蕴含的关系与逻辑；四是通过苗汉语状词比较，阐释一些跟苗语东部方言状词密切相关的语言文化；五是通过苗语三个方言状词比较，说明苗语东部方言状词同另外两个方言苗语状词存在共性特征。

全书共10章34节。其中，第一章，介绍本研究的背景、价值、框架、思路和文字使用。第二章，梳理相关研究成果，发现尚需解决的问题和深化研究的问题线索。第三章，阐释苗语东部方言状词的定义与特性。重点阐释"摹法"与"摹式"的关系，状词的音义与其所修饰的动词、形容词的关系，状词的语音和结构的稳定性关系。第四章，对前人研究存在的四个基础性问题进行讨论，依理凭据否定苗语东部方言存在"通用状词"和"不存在单音节状词"的观点。第五章，讨论状词的构造与使用，提出状词构造分类方法优化的观点和相应例据。第六章，开展苗语状词的词义词性探析，提出苗语东部方言内含的3个不证自明的基本定理和3个可以证明的重要定理。第七章，阐释状词的生成与发展，提出苗语东部方言状词生成于拟声词的观点。第八章，对制导状词属性功能的元问题进行简析。以"摹状文化"的特点和规律为据，讨论"摹声语言"必然形成的 6 个内在逻辑，并以其为据，阐释苗语东部方言状词之语音、语义、语用的初始关系和演化规律。第九章，苗汉语状词比较。其中，古汉语状词取自《诗经》，现当代民间汉语状词取自黔湘渝鄂地区的日常用语。比较研究得出的基本结论是，苗汉语基于状词的关系，是同源关系和互生关系，这种关系是密切的、原生的、源远的和从未断开的。第十章，苗语三个方言状词比较。以例为据，以汉语为桥梁，对三个方言苗语状词的"种类""结构""功能"进行横向比较。

关键词：状词；音、义、用；摹状文化；苗汉语状词比较

序　言

　　本研究的初衷非常简单，就是通过"苗语东部方言状词"这个非常小的学术孔洞，观察一些实际存在的现象，寻找一些显于形式和藏于内含的规律，以此增强自己认知求真的能力和专心治学的兴趣。我压根儿就没有想到，这个冷僻微小选题的求解，会触及苗语东部方言乃至更大范畴的某些根本问题，会对此前形成的包括我在内的绝大多数学人已经作为遵循的基本论断的正确性构成冲击。是随着研究的深度不断增加，发现的问题越来越复杂，且应用前辈学人提出的基本论断和分析方法无法解释，我才猛然生疑，是不是前辈学人提出的某些基础性的观点不够周全或不够妥当，才造成这些具体问题的条件性无解。我知道，自己不该往这方面生疑。同时，我还知道，怀疑前人已然形成的具有基桩意义的基本结论和群体共识，就是挑战权威，就是颠覆已经形成锁定状态的关键概念和分析框架，这既不符合我的初衷，又要承担被众人视为无知张狂的风险，很不值当，非不得已不可为之。

　　所以，对于是否使用以"破"求"立"这个论述方式，我犹豫良久。一方面，我不想因此而弄伤了某些学术前辈的心。大家都知道，在我们的学术生态系统里面，学术、荣誉与生计，是相互牵扯着的。即便是学人有"闻过则喜"的圣德，也不愿意接受批判。一旦某个学者提出的学术观点遭受了批判或否定，就意味着他的学术颜面被"黑化"了，他的学术及与学术相关的各种"生意"，就会受到影响。另一方面，我没有对话和批判权威的学术身份与学力底气。所以，我很是为自己确定使用以"破"求"立"的论述方式忧心忡忡。

我最终决定使用以"破"求"立"这个论述方式,对苗语东部方言状词内含的问题予以阐释,主要原因有如下四个。

一是自20世纪50年代始有学人研究苗语东部方言以来,前辈学者都是以日常用语的材料为例为据,对苗语东部方言的"语言事实"进行构拟和说明。多数研究苗语东部方言的前辈学者,其实没有真正地懂得苗语。或者说,他们只懂得日常用语中的苗语,即民间所说的"口水话",没有懂得口传经典或仪式场景中的苗语。就材料的质量而言,口传经典或仪式场景中的苗语,才是苗语的高级形式和关键内容,其说明力一定强于"口水话"。由于缺乏口传经典或仪式场景中的苗语作为必要例据,前辈学者此前呈现出来的被认定是苗语东部方言的"语言事实",实际上是一种跟描述对象根本不对等的"视现象";用这种"视现象"作为苗语东部方言的"语言事实",来对苗语东部方言的形式与内容进行分析判读,哪怕得出的结论全部客观可信,也只是苗语东部方言的"口水话"所具备的特点或规律。显而易见,以此代表苗语东部方言的本真,是缺乏权威性、科学性、客观性和严谨性的。然而,截至目前,研究苗语东部方言的绝大多数学者,并没有人意识到这个问题的严重性和解决这个问题的紧迫性。

二是自20世纪50年代始有学人研究苗语以来,多数学者所应用的学理工具,是描写语言学或结构语言学。其所关注的只是苗语东部方言的形式,其所能做到的只是对苗语东部方言外在特点即结构、功能的分类描述,至于苗语东部方言的语音、语义、语用,尤其是蕴于其中的关系与逻辑,根本无法进行深究。而这些恰恰是苗语东部方言最需要解决的问题。结构语言学学理工具的长期"单边作用",事实上已经造成了苗语东部方言的固有内容和多种价值的被遮蔽、被掩埋、被消失。

三是某些前辈学人提出的一些具有基桩意义的结论,的确缺乏正确性、科学性、适用性,必须及时修正。比如说,苗语东部方言存在"通用状词",苗语东部方言"没有单音节状词",苗语东部方言只有"动状词"和"形状词",等等,都是对苗语东部方言的形式与内容研究,尤其是状词的结构、功能及语音、语义、语用的研究具有制导作用的基本结论,并且是明显存在错误或表达不够妥当的重要结论。然而,截至目前,所有研究苗语东部方言的专家学者,从未有人怀疑过这些基本结论是否可靠,更没有人深究和揭示这些结论存在错误或不当的根源所在。这是"群体无意识",还是"群体世故",才造成的"群体性失聪"和"群体性失言",我不得而知。但是,我强烈意识到,继续以这些实际上存在错误的基本论断为遵循,对苗语东部方言的内在关系与逻辑进行理解和诠释,可能会造成更多、更大、更深远的整体性错上加错和系统性积非成是。

四是前辈学人关于苗语东部方言状词的研究,存在多处模糊地带和空白地带。比如说,状词是有音无义的语词?还是有音有义的语词?是每个单音词都有词义的语词?还是单音节合成之后才有词义的语词?又比如说,苗语状词与古汉语状词之间有没有关系?如果有关系,是形式上存在相似性?还是从语词的形式到语词的语音、语义、语用同时存在一致性甚至同源性?这些都是前辈学人没有讨论的问题,是苗语东部方言状词研究必须回答的基本问题。这些问题之所以至今仍是苗语东部方言状词研究的模糊地带或空白地带,是因为单靠结构语言学的学理工具无法深入其中,是因为只有既懂得苗语东部方言日常用语又懂得口传经典的苗语、既有结构语言学学理工具又有文化语言学或历史比较语言学工具的学人才能深入其中。一句话,苗语东部方言研究,需要更宽视界的工具理性和更为有效的工具集成,来形成既可以在外遥视全景又可以入内环视细节的观察理解能力。

我深知并且深信,求真是科研工作最为宝贵的品质,求真定会得到无条件的尊重和理解。在我看来,是否敢于修正或批判前辈学人做出的基本结论的错误或不当,使得已经发现的问题具有求解的前提条件,是我虔心求真还是以求真的名义混迹于社科研究的品质分界点,我没有必要首鼠两端。同时,我相信,研究苗语东部方言的前辈学者,求真的精神和严谨的学风,是我再苦修十年二十年也未必能够企及的。他们可能确实不知道他们关于苗语东部方言的某些基本结论存在错误或不当。如果他们知道他们所作出的某些基本结论存在错误或不当,他们一定知道这些错误或不当长期影响必定造成的严重后果,那么,即便是没有遭到他人的批评或否定,他们也会主动修改完善。想到这一层,我才稍稍宽慰一些。与此同时,我也想到了另外一种可能,这就是,我对已然被大多数学人作为正确定理应用的基本论断进行修正和批判,就像一滴凉水,而习惯于被仰望、被抬举的学术权威及其崇拜者，就像一锅热油。凉水落到热油中，会顿时炸响，满地污渍。这不是我想看到的情形，但我也为之做了相应的心理准备。为了苗语东部方言状词研究能够及早清理淤积多年的"假矿藏"，应用多种可靠学理工具的学人能够切实从苗语东部方言的本体出发，开展簇拥式和互生性的深入探究，形成系统、全面、科学、客观、正确的学说或学科，我可以接受一时间不能理解我良苦用心的人们，无论是出于恶意还是善意的非议、责难、谩骂，因为古往今来的求真者，发现错误、批判错误、抵制错误，发现真理、说出真理、捍卫真理，不但需要拿出非常的勇气，也得付出必要的代价。

  我寄予这部学术专著最大的心愿，是它最好能够像我尤为钟爱的老坛酸汤，在苗语东部方言研究犹如一锅烧开的豆浆泡沫涌动的关键时节，舒缓均匀地滴进里面，无声无息之中，便促成了散碎主动络合、悬浊自然沉淀，凝成一种老少皆宜的美味。假使如愿，我将会继续增强信心，广泛结交善缘，努力抓住机会，深入探究苗语内在关系和苗汉语共性关系的本真。

吴　琳
2023 年 2 月 5 日

目 录

第一章 绪论 ··· 1
  第一节 问题缘起 ··· 1
  第二节 研究价值 ··· 4
  第三节 研究框架 ·· 10
  第四节 研究思路 ·· 11
  第五节 表达说明 ·· 14

第二章 苗语东部方言状词研究述评 ································ 19
  第一节 苗语研究状况简述 ·· 19
  第二节 苗语状词研究简述 ·· 22
  第三节 苗语东部方言状词研究现状简述 ·························· 28

第三章 苗语东部方言状词的定义与特性 ·························· 37
  第一节 苗语东部方言状词的定义 ··································· 37
  第二节 苗语东部方言状词的特性 ··································· 38
  第三节 状词的词义词性与其边界问题讨论 ······················ 46

第四章 苗语东部方言状词研究的四个基础问题讨论 ········· 53
  第一节 "非叠音状词" 问题讨论 ···································· 53
  第二节 "通用状词" 问题讨论 ······································· 68
  第三节 "状词种类" 问题研究 ······································· 76
  第四节 "单音节状词" 问题讨论 ···································· 84

第五章　苗语东部方言状词的构造与使用 …… 91
第一节　苗语东部方言状词的构造 …… 91
第二节　苗语东部方言状词的使用 …… 117
第三节　苗语东部方言状词在使用中的细微变化 …… 122

第六章　苗语东部方言状词的词义词性探析 …… 125
第一节　苗语东部方言状词有词义的主要理据 …… 125
第二节　状词的词义 …… 128
第三节　状词中的缀词之本原音义 …… 135
第四节　状词核心单音词的语音固化与变化 …… 140

第七章　状词的生成与发展 …… 144
第一节　摹状文化 …… 144
第二节　摹状文化规律下的苗语东部方言状词 …… 150
第三节　苗语东部方言状词的"词根" …… 158

第八章　制导状词属性与功能的元问题简析 …… 173
第一节　三个元问题 …… 173
第二节　状词构造与使用中的人文信息 …… 181
第三节　多重表义功能状词蕴含的文化信息 …… 185

第九章　苗语东部方言状词与汉语状词比较 …… 199
第一节　苗语东部方言状词与古汉语状词比较 …… 199
第二节　苗语东部方言状词同黔湘渝鄂民间汉语状词比较 …… 210
第三节　现代汉语没有状词的问题理解 …… 216

第十章　苗语三个方言状词比较 …… 220
第一节　比较方法与内容说明 …… 220
第二节　苗语三个方言的状词种类结构功能比较 …… 222
第三节　音义用相似的苗语三个方言状词举要 …… 238

参考文献 …… 243

后记 …… 245

第一章 绪 论

在语言学界，苗语研究是一个十分小众的行当。苗语东部方言状词研究，更是这一小众中的小众，甚至可以说是无人问津的冷僻课题。因此，无论是体制内的资源，还是体制外的资源，都极少支持开展此项研究。我自主开展苗语东部方言状词研究，并企图以专著的形式呈现研究成果，主要因为我初步断定，它是一个比较难觅的能够以小见大、以深见广和以特殊现象洞见一般规律的上好选题，它可以让我在前人研究的基础上实现一些较为关键的深化、突破和创新，甚至会发现一些鲜为人知的道理，破解一些长期困扰学界的谜团。

第一节 问题缘起

我对苗语东部方言状词研究发生兴趣，最初的也即最大的原因，是苗语东部方言状词研究的基础非常薄弱，而这种状况蕴藏着十分宝贵的学术契机。

1.1.1 研究基础薄弱

1. 主要体现

苗语东部方言状词研究之基础薄弱，主要体现在如下三个方面：

一是世界性的基础薄弱。状词，在语言学界是一个极为弱势和孤寂的词类。全世界各种语言的研究，都存在不太关注状词的共同倾向。截至目前，没有一部以状词为研究对象的专著。

二是国家性的基础薄弱。可以作为苗语东部方言状词研究总体理例和范式模板的，是汉语状词研究。然而，在现代汉语词类划分的定义中，没有"状词"这个词类。大学使用的《现代汉语》教材："照汉语语法的老传统，词可先粗略分出实词和虚词。实词再细分为名词、动词、形容词、区别词、数词、量词、副词、代词以及特殊实词拟声词、叹词；虚词再细分为介词、连词、助词、语气词。"① 在现代汉语研究的主流观点不承认有状词继而没有汉语状词研究论著的条件下，苗语东部方言状词研究必须参照的宏观框架就处于缺失状态，继而造成本研究拟借的用以体现论述体系之国家性和权威性的上位理据亦处于缺项状态。

三是累积性的基础薄弱。苗语虽有状词，且自20世纪50年代末兴起的苗语研究就讨论到状词的结构与功能②，但至今没有以状词为研究对象的专著。苗语东部方言状词研究，都是寓于苗语东部方言局域语法研究或语音研究之中，且前辈学人所形成的研究观点大同小异。

2. 研究基础薄弱的主要原因

导致苗语东部方言状词研究基础十分薄弱的主要原因有如下两个：

一是状词的相关问题位于语言学相关"问题链"的末梢。如上所述，在语言学界，状词是弱势而孤寂的词类，其所蕴含的问题，在语言学的"问题链"里面，是末端环节或几乎可有可无的环节，很少被体系化的学术理论所关注。而在极为式微的状词研究中，苗语东部方言状词研究，又处于状词相关"问题链"的末端。所有关于苗语东部方言状词的研究，都是位于其前端的状词共性问题在苗语东部方言状词的重复性表述，或给前端研究已经做出的结论添加苗语东部方言的例证，因而难有创新和突破，继而难以成为新发现的一般规律的产床。

二是单一的结构语言学学理应用和范式书写。自20世纪50年代末期始有学人研究苗语以来，70多年时间里，用来研究苗语东部方言的学理工具，都是结构语言学或描写语言学。作为分析工具，结构语言学所能开展

---

① 黄伯荣、廖序东主编：《现代汉语（增订四版）下册》，高等教育出版社，2009年6月版，第8页。

② 王辅世主编：《苗语简志》，民族出版社，1983年，第64页。

的只是语言的形式，而且，只能解决形式层面"有什么"，不具备探求形式和内容"是什么"与"为什么"的工具能力。因此，截至当下，已经形成的涉及苗语东部方言状词的论述，问题都是状词的结构模式与修饰功能，其余的诸如状词的语音、语义以及蕴含于状词之中的历史与文化内容，几乎无人触及。而且，其对状词的形式的说明，也只关注"有什么"，根本没有关注"是什么"和"为什么"。所以，蕴含于苗语东部方言状词的形式与内容之中的"是什么"和"为什么"，就长期深埋着。要解决苗语东部方言状词的形式与内容"有什么""是什么"和"为什么"，必须依靠别的学理工具，否则，包括状词在内的苗语东部方言研究，永远无法达及语言形式的本质和比形式更为丰富的内容，永远无法触及苗语东部方言状词的本相、本真、本质。

1.1.2 研究基础薄弱背后的契机

苗语东部方言状词的研究基础薄弱，至少说明，在这个研究对象中，还存在一些问题，此前的研究，或是没有切入，或是没有深入。因此，无论是着力于补齐短板与周全遗漏，还是致力于突破传统与开创新景，都存在足够大的空间。这个断言，并非出于对苗语及其文化的偏爱而随口说出，乃是基于我长时间参与整理译注国家级非物质文化遗产项目苗族"巴狄雄萨滚"的真实感悟，才形成的应当适于苗族文化（包括语言文化）研究状况评价的总体判断。在我的丈夫麻勇斌把我带入国家级非物质文化遗产项目"巴狄雄萨滚"整理、译注、研究之前，早就有前辈学人开展这项工作，而且，成果之丰富，远非苗语东部方言状词研究所能匹比。不少专家的著述，误读错解比比皆是。而这完全有可能就是包括语言在内的苗族文化从苗语世界转达到汉语世界的总体质量标高。诚如此，苗语东部方言状词研究一定还有不少问题，等待能够应用新的学理工具去弄清楚和说清楚。这对于看见这一事实的学人来说，毫无疑问是良好契机。

具体讲，苗语东部方言状词显而易见的学术契机在于如下两个方面。

一是由于上文述及的学理工具单一且存在显著的缺陷，苗语东部方言状词研究，只能发掘和发现形式层面即结构与功能层面的显见规律。这样的挖掘,最多能够搞到苗语东部方言状词的浅表层矿,因此,浅表层之下的厚重矿脉,就会一直沉积在原生之处,从未有人开采过。其中,状词的语音语义问题,至今无人讨论,就是最有力的证明。

二是开展包括状词在内的苗语东部方言研究,必须"真正懂得苗语"。这里所说的"真正懂得苗语",指的是:既要通晓苗语东部方言的日常用语,又要掌握口传经典或仪式场景中的规范用语,尤其是古苗语。没有这方面的基本功,根本无法深入。与此同时,蕴含于苗语东部方言状词之语音、语义、语用的大多数内容,既是含金量高的内容,也是密度高、硬度大的内容,必须"真正懂得苗语"又掌握多门语言学工具,可以进行学理工具集成应用,才能对其进行破解、遴选、萃取、提炼。需要如此条件才有望干得下、干得成、干得好的活路,就凭稀缺性这一点,也完全有可能产出好货、干货。按照常理,少有高手和缺乏里程碑的行当,无论是冷僻课题还是热门学科,往往都是富有奇思妙想的人创造奇迹的行当。

总而言之,正是因为看见了苗语东部方言状词研究基础薄,我才萌发了以专著的形式对其进行一次比较系统研究的强烈冲动,并希望填补状词研究迄今为止没有一部专著的"空白"。

第二节 研究价值

苗语东部方言状词研究,既是一个深藏奥妙的冷僻课题,也是一个价值独特的绝学课题。

1.2.1 有利于提高学界和社会各界对苗语的价值认知

苗语是一种跟苗族历史一样悠久的古老语言,是所有以苗语为媒介的非物质文化遗产(如"巴狄雄萨滚")的载体。其所蕴含的语言学、民族学、历史学、文化遗产学等方面的价值非常巨大,亟待深入探究。

苗语东部方言,也可以表达为:东部方言苗语。这两种表达的所指完全相同。它们都是指古代被称为"红苗"的苗族的母语,今主要由武陵山区的自称"ghob xiongb"（汉字拟音可用"仡雄"）"tei^{53}sou^{53}"和"qɑ^{35}suɑŋ^{53}"①的苗族人使用。在20世纪50年代到90年代，这种语言的名称，学界多表述为"苗语湘西方言"，进入21世纪后，随着苗族文化整体性的观念在学界逐渐形成和基本稳定，才越来越多地被表述为"苗语东部方言"或"东部方言苗语"。其中的"东部"，是空间概念，即"苗语东部方言"是指相对而言处于东部地区的苗族使用的苗语。与之相应，相对来说处于中间地带的原本被表述成"苗语黔东方言"的黔东南一带的苗语，今多被表述成"苗语中部方言"或"中部方言苗语"；原本被表述成"苗语川黔滇方言"和"苗语滇东北方言"的大致以黔南、遵义为模糊边界的西部地区的苗语与国外苗语，被合成表述为"苗语西部方言"或"西部方言苗语"。

苗语三个方言在苗族传统社会广泛使用，历时数千年，自然形成了表达功能比较完整的表述工具。它们是最为完整的至今仍然保持活态性的苗族历史文化信息"堆积体"，是极为宝贵的非物质文化遗产。

随着我国经济社会的不断发展，苗语三个方言尤其是东部方言，赖以生存的语言生态系统和支撑发展的社会物理条件，在急速衰变，消失的速度非常惊人。有关专家根据近50年来的苗语使用变化情况测算，如果衰变的趋势没有得到有力的遏制，再过40—50年，就连当今苗语东部方言的核心区，也很难找到能掌握2000个苗语单词并能使用苗语进行日常用语交流的人。无论是站在人类文化责任的角度，还是站在国家文化责任的角度，这都是一件不容忽视的大事，得有人致力于延缓这种似乎不可逆转的态势，为这种非物质文化遗产的生命延递多争取一些机会。

跟所有种类的非物质文化遗产一样，苗语尤其是苗语东部方言的传承、保护和利用，最为重要的基础工作是研究。换言之，从学理上弄清楚它的形式与内容，尤其是蕴含于形式与内容之中的关系与逻辑，是学界和社会各界对其进行价值认知、价值共识、价值保全、价值再生的关键。本研究就是试图从状词这个窄小孔洞，进行深度探究，以发现苗语固有的迄今为止鲜为人知的事实、关系和规律，为苗语东部方言在语言学、民族

---

① 王辅世主编：《苗语简志》，民族出版社，1985年，第1页。

学、历史学、文化遗产学上的价值评估,提供新的参考值。

1.2.2 有可能揭开苗语文化的一些不解之谜

因参与整理译注 7 部以苗语东部方言为媒介的古老神辞,我发现,苗语东部方言状词的语音、语义、语用,所蕴含的问题和道理,不仅丰富得令人兴奋,而且有可能是解析苗语本原存在的诸多深层次关系与逻辑的关键阀门。这个阀门一旦打开,人们就能清晰洞见苗语研究这个行当固然存在的前所未开的厚实矿脉,继而有望形成前所未有的学术景象;甚至,苗语东部方言状词研究的相关发现,可能为汉语研究之某些悬而未决的问题解决提供有价值的参考。

1. 苗语与汉语在状词上存在相互关联的学术"趣点"

苗语与汉语在状词上存在相互关联的学术"趣点",主要是以下 4 个。

(1) 苗语与古代汉语存在关系密切的状词

前辈学人的研究表明,苗语三个方言都存在"状词"这一"词类",而且,构造方式与使用方法,有较多的共性特征。这是苗语从古至今一直保持的一个重要特征因子。

现代汉语的词类划分虽然没有提到有状词,但很多研究表明,古汉语存在大量的状词。中央民族大学曹翠云教授的《苗汉语比较》认为:"古汉语有大批的双音状词,在语音上它们可分重言的、双声和叠韵的等数种。"[①] 古汉语的状词,"除大批重言词外,一般为双声或叠韵词;语法特点也通常是从后面修饰前面的动词或形容词,当动词或形容词后带有名词或代词宾语时,则双音词退居宾语之后,甚至离开动词或形容词而独立存在等。这些语音、语法特点都与上古汉语只能从前面修饰动词、形容词的单音副词是不同的,也与只能从前面修饰名词的单音形容词更是不同的,而和苗语的状词十分相像。因此,我们也称上古汉语一些韵文中大量存在的上述双音词叫做状词,但它和现代汉语的'(红)艳艳''(绿)油油''(白)生生'等词尾是不同的,二者不能同日而语、相提并论。"[②] 从曹翠云教授的表述能够体味

[①] 曹翠云编著:《苗汉语比较》,贵州民族出版社,2001 年 12 月版,第 170 页。
[②] 曹翠云编著:《苗汉语比较》,贵州民族出版社,2001 年 12 月版,第 172 页。

得出，其中存在对现代汉语没有状词的"说法和做法"保留意见的含义。

众所周知，苗语属于汉藏语系苗瑶语支。"语词种类"乃是语言的"源代码"。作为"子目录"的苗语，发展到现代，仍然保持有"状语"这一词类，为什么类似于"根目录"的汉语，发展到现代汉语阶段就没有了"状语"这一词类？这既是苗语研究的显而易见的学术问题，也是汉语研究不可忽视的学术问题。

（2）苗语状词与现代汉语的"特殊实词拟声词"相同

现代汉语中有"特殊实词拟声词"，又叫"象声词"，即"模拟声音的词"。在苗语研究的著述中，这些语词，重叠成双声词之后，都被视为状词。而这些语词，重叠成双声词，在汉语中已然还是"拟声词"。比如说，成语"磨刀霍霍"的"霍霍"，是拟写磨刀发出的声响。在汉语中，这个双叠音语词是拟声词；在苗语东部方言里面，有跟"磨刀霍霍"完全一致的成语"ho^{44} ntɛ^{44} qɑ^{42} qɑ^{42}"，其中的"qɑ^{42} qɑ^{42}"与"霍霍"音义相同，但被认定为状词。这到底是什么原因造成的？是苗语研究搞错了，还是汉语研究搞错了？运用简单逻辑就可以得出结论：要么是苗语研究，要么是现代汉语研究，其中必有一个，关于词类划分的做法是存在不足的。

（3）完全习用现代汉语研究框架的苗语研究为何坚持存在状词的学理共识

从历史的角度看，苗语研究的起点远远落后于汉语研究，甚至可以说，苗语研究的学理框架和学术制式，乃是脱模于汉语研究。在此种历史背景下，现代汉语没有"状词"这一词类，为什么苗语研究却坚持有"状词"这一词类划分观点，并且已经成为苗语研究的主流表述。

（4）现当代民间汉语存在状词

现当代的民间汉语，存在大量的状词。这一语言文化现象，至少在苗语与汉语和谐共生的武陵山区比较突出。比如，黔湘渝边区的汉语口语里面有如下状词："嘿哧嘿哧"（表示做事非常卖力，累得上气不接下气的程度）；"麻客麻客"（表示黑白灰间杂或麻的颜色不纯的程度）；"麻麻杂杂"（表示密密麻麻、凌乱无序的程度）；"红扯红扯"（表示红得不够鲜艳或纯粹的样子），等等。这些民间汉语常用的状词，既不像是苗语状词的翻译借用，也不像是古汉语状词的今用。

上述"趣点"的存在，说明苗语东部方言状语研究，有其不可忽视的学术价值。正如上文已然述及的，作为"子目录"的苗语有"状词"，而作为"根目录"的由古代汉语发展而成的现代汉语没有"状词"，里面必定存在尚未被认识的关系与逻辑。假如通过苗语东部方言状词研究，能够发现这种关系与逻辑并能够自圆其说，成为一种前人未开的论述，则必是突破或创新。学术研究的最大意义，就是触发和实现突破与创新。追求突破与创新，是本研究的最大愿望。

2. 苗语东部方言状词的内在属性里面存在有趣的问题链

在苗语东部方言状词的内在属性之中，存在大体上由5个相互关联问题组成的问题链。

一是苗语东部方言状词的种类、结构和属性皆已既然，且它们是具备专门表达功能的语词，那么，它们能否独立存在？

二是如果苗语东部方言状词曾经或者至今依然具有一定的独立存在能力，那么，它们独立存在的时候，有没有明确的词义？

三是苗语东部方言状词如果有词义，那么它们的词义最初是什么？如果没有词义，那么它们怎么会具有对动词、形容词的修饰功能？

四是苗语东部方言状词同它们所修饰的动词、形容词相比，到底是哪个先形成固定的音义？

五是苗语东部方言状词的语音稳定与否？结构稳定与否？如果不够稳定，那么，它们的变化规律是什么？

由于我长期从事苗语口传经典整理翻译工作，对苗语东部方言的语音、语义、语用尤其是状词的文化内涵，有较多来自翻译实践的心得体会。从苗语翻译的实践经验来看，苗语翻译最为困难的就是状词。苗汉语音义关系的认识和呈现，关键也在状词。进一步说就是：苗语东部方言状词研究，可能是打开苗语音义生成、演化之内在机理的关键；苗语与汉语在尚未进入文字化表达的上古时期，使表达生动化的共同方法与工具都是创造和应用状词。简单的道理是，至今，苗语仍然是无须附着于文字的语言，它的"生命特性"，未曾受到文字化的"扭曲"，始终保持着以语音传递语义的本原状态。因此，语词音义的萌发，源头最有可能在于"描摹",在于"较细致地表达动作的声音、情貌,描绘性状的状态、颜色、味道的词"①,即"状词"。假如这个猜想成立,那么,研究苗语东部方言状词,无疑是切入苗语音义史之核心问题的最佳捷径,其学术价值不可小觑。

3. 以状词为纽带的苗汉语关系研究价值巨大

以状词为纽带的苗汉语关系研究,同时存在不可低估的学术价值和社会价值。

在语言学的语境或论域里,以状词为纽带的苗汉语关系研究,是族际语言关系研究,既可以洞见语言接触的信息,又可以发现语言亲缘关系的信息。

在铸牢中华民族共同体意识的时代语境或现实论域里,以状词为纽带的苗汉语关系研究,乃是寓于语言的民族关系史的重要理据探索。

这两个语境或论域的问题链,由如下3个具体问题组成:

一是苗语东部方言状词与古汉语状词乃至现当代民间汉语状词本原存在的关系,是相似性关系?还是同源性、同质性、同理性关系?

二是如果苗语东部方言状词的生成发展史及其语音、语义、语用的内在规律,与汉语状词的生成发展史及其语音、语义、语用的内在规律,是系统性同源关系。

三是苗语东部方言状词研究,如果实现了上述问题的深度钩沉,其所提供出来的理据、价值和意义将是非常巨大的,应当怎样进行转化应用?

上述三组问题链所显示出来的具体问题,全是苗语东部方言状词研究的新问题,是对苗语东部方言状词"刨根问底"的关键问题,此前开展苗语东部方言研究的前辈学人极少有人触及,因此,这无疑也是填补以前研究空白的基础问题。这些问题一旦解开,蕴含于其中的事实、关系、规律一旦被揭示,定会轰然洞开苗语内部和苗汉语之间本原存在的诸多谜题。

---

① 曹翠云编著:《苗汉语比较》,贵州民族出版社,2001年12月,第162页。

第三节　研究框架

1.3.1　目标任务

1. 目标

本研究的总体目标是：呈现苗语东部方言状词的语言文化事实、重要关系和基本规律。

2. 任务

本研究的主要任务是：从"形""音""义""用"四个层面，阐述苗语东部方言状词"有什么""是什么""为什么"。

本研究的具体任务是：描述苗语东部方言状词的主要形态、结构模式与描摹功能；呈现苗语东部方言状词语音、语义、语用的基本事实；揭示蕴含于苗语东部方言状词语音、语义、语用的本原关系和主要道理；发掘苗语东部方言状词生成与发展的关键信息；分析苗语东部方言状词与汉语状词的固有关系。

1.3.2　主体框架

研究任务落实在文本框架上，大体上分成六个板块：

1. 苗语东部方言状词研究学术史梳理

对涉及苗语东部方言状词研究的前人成果，尤其是专著进行认真梳理和客观评价，对其中显见的偏颇观点和错误结论进行辨析矫正。

2. 苗语东部方言状词的结构模式与描摹功能研究

从口语和口传经典中循例，描述苗语东部方言状词的构造与使用的实际情形。比如，状词的表义功能分类，语音组合分类，专用状词与共用状词，状词使用时的词性和形态，以及使用时的语音变化等。

3. 苗语东部方言状词的语音、语义、语用研究

在状词的语音层面，重点弄清苗语东部方言状词语音固化的规律，语

音变化的主要形式，促成语音变化的条件。

在语义层面，重点弄清苗语东部方言状词与其所描摹的动词、形容词的关系，状词变成固定语义的独立语词的情形。

在语用层面，重点分析苗语东部方言状词在使用中的词性变化特点。主要是通过举例，说明状词形容词化、状词动词化等情形。

4. 基于状词定义的苗语东部方言状词研究

重点说明状词的定义，按照定义层层梳理苗语东部方言状词具有的特性。

5. "描摹文化"逻辑下的苗语东部方言状词研究

重点阐述"描摹文化"逻辑之下"摹声语言"的语音、语义、语用固然存在的基本规律，借以分析苗语东部方言状词的生成、发展与使用、演变的逻辑。

6. 苗语东部方言状词与汉语状词及苗语中部、西部方言状词比较研究

着重开展三个方面的分析比较。一是分析苗语状词与古汉语状词的关系；二是苗语东部方言状词同黔湘渝鄂地区现当代民间汉语状词比较。在此基础上，对苗语东部方言状词与汉语状词存在的关系，进行性质判断和价值判断。三是以汉语为桥梁开展苗语三个方言状词比较。

第四节　研究思路

本研究的基本思路，采取问题导向与目标导向相结合的方法，探究苗语东部方言状词的上文六个板块的"三个什么"，即"有什么""是什么""为什么"。其中，问题导向有2个基本向度，目标导向有3个基本向度。

1.4.1　问题导向的2个向度

1. 第一个向度：针对过去研究存在的问题

这个向度的靶点，是辨析和矫正此前研究存在的偏颇和错误，以便在此前研究的基础上，对苗语东部方言状词研究必须回答的基本问题进行深

化、细化研究。拟采用的基本方法有三个：一是文献综述法，即通过对前人研究的研读，吸收养分、发现问题、找出原因，铺设研究基础；二是完全归纳法，即对苗语东部方言状词进行不缺项的分类，形成分析研究的条件；三是举例说明法，即以口传经典和口语表述的例子，说明事象、回答问题、形成观点。

2. 第二个向度：针对尚未有人认识到的问题

这个向度的靶点有四个，即前文已然述及的苗语东部方言状词研究的四个"趣点"。这四个"趣点"，实际上是四个相关的"问题丛"。具体研究方法，是按照它们之间的逻辑关系，进行条理化处理，形成相互衔接、相互贯通的章节，而后逐项论述。

1.4.2 目标导向的3个向度

1. 第一个向度：辨析此前研究形成的偏颇观点与错误论断

设立这个靶点的原因有二：

一是此前研究苗语东部方言的专家学者，所持有和所使用的学理工具，是西方传入中国的结构语言学在汉语场域的"衍生品"。客观地说，这种由西方传入的结构语言学，在汉语的应用，只是针对白话文条件下的书面语言，而且也只适于汉语白话文的书面语言。其学理，根本无法做到对古汉语和现今鲜活存在的民间汉语里面本原存在的语言关系与逻辑进行"全覆盖"。进一步说就是，西方传入的结构语言学学理，不仅诠释不了古汉语实际存在的关系与逻辑，也诠释不了当今社会生活中的汉语实际存在的关系与逻辑。而据此学理研究苗语东部方言的专家学者，并没有认识到，作为研究对象的苗语东部方言乃是社会生活的语言，不是书面语言！更重要的是，他们没有认识到，虽然其所研究的苗语东部方言是日常生活用语，但里面包含有大量跟古汉语类似的古苗语独有的关系与逻辑，结构语言学的学理，做不到对其本原存在的关系与逻辑进行合乎本原道理的诠释。所以，简单套用结构语言学的学理，对苗语东部方言进行研究，至少在例词、例句等具体材料上是"削足适履"的选取，据之而获得的特点、属性、规律等，实乃缺乏普适性和说明力的"以偏概全"。进一步说就是，在这样的条件下，研究者哪怕对结构语言学的学理无比精通，也注定其呈现出来的苗语东部方言的关系与逻辑，是片面的理解或生硬的构拟。因此，偏颇与错误在所难免。

二是研究者对苗语的语音、语义、语用的懂得程度十分有限。此前形成的苗语东部方言研究成果的大量用例表明：研究者懂得日常用语，不懂得仪式场景用语和诗化表达用语；懂得某个局域的一种正确表达，不懂得多地存在的不同形式的正确表达；懂得单句苗语的表达样式，不懂得吟唱句的表达样式；等等。

2. 第二个向度：深化优化原有问题研究

结构语言学视角下的苗语东部方言研究，在状词上所做的工作主要有二：一是状词的种类归纳；二是状词的结构模式说明。例如，状词的种类归纳，仅以举例的形式列出"叠韵状词"的"AABB""ABAB"等结构模式，没有说明这些结构模式是否存在互相变换的性质，以及如何进行结构模式的互变。这是需要深化研究的内容，是本研究必须完成的任务。又例如，状词与其所修饰的动词、形容词之间的位置关系，是不是固定不变的，如果除了固定不变的情形，还有可变的情形，那么，可变的情形，通常有哪些形式。这是需要细化研究的内容，也是本研究必须完成的任务。

3. 第三个向度：揭示四个"问题丛"蕴含的关系与逻辑

上文已经述及的四个"问题丛"，所蕴含的关系与逻辑，简单概括，就是蕴含于苗语东部方言状词之语音、语义、语用的规律、规范、规矩，是状词在苗语东部方言应用层面固然存在和必须遵循的道理与范式。

此前进行的有关苗语东部方言状词的研究，是应用结构语言学的学理，对苗语东部方言状词的类型、样式、结构等表面属性的归纳总结，只是对其外在特征和浅表关系的描写。苗语东部方言状词的语音、语义、语用，这三个层面分别存在的关系与逻辑，以及这三个层面之间自然形成的关系与逻辑，根本没有人触及。

比如说，就语音层面而言，组成一个具体状词的单音词，即无论是"ABAB"式还是"AABB"式，其中的"A"和"B"，口语表述时，正确的读音分别是什么？它们存在与自己的词义相同的微变音单音词否？如果有，是有几个微变音单音词？这些单音词在何种情况下发生微变音？等等,此前的研究均没有触及。

又比如说,就语义层面来说,组成一个具体状词的单音词,即无论是"AB"式还是"AABB"式,其中的"A"和"B",单独存在时,都是有其词性和词义的,它们的词性和词义分别是什么?它们的词性和词义会不会因为使用环境而改变?它们组成状词之后,各自的词义同它们所修饰的动词或形容词的词义分别是什么关系?等等,同样是此前的研究所没有触及的。

以上所说两种情况,应该都是学理工具的"功能缺陷"造成。由于无力切入口语表述的苗语东部方言状词的语音层面的内在关系,其语义层面和语用层面的内容,自然就无法切入了。因此,苗语东部方言状词之语音、语义、语用的实质性、关键性的内容,就成了永久性"冻土地带"。而这恰恰是苗语东部方言状词研究的核心内容,是苗语东部方言状词研究的创新大场。对于我来说,这既是创造奇迹的宝贵契机,也是考验洞见力、分析力和说明力的重要关头。因此,我拟主要使用文化语言学的学理,结合结构语言学的学理,进行尽可能逼近本真的阐述。

第五节 表达说明

本研究的文字表达和内容安排,需要做3点说明。

1.5.1 新创概念说明

为了描述和概括前人未涉及的而又客观存在新的语言文化现象,本研究新创两个关键概念。

1. 微变音义语词

微变音义语词,指的是一些声音略微差异的同义词或近义词。这些语词,实际上是由某个具有词根意义的原始单音词经过语音的微变或语义的微变而形成的。

微变音义语词,存在三种微变情形:一是语音微变,形成微变音语词，即语音与原词略有差异的同义词。例如，通常用来描摹"ȵa⁴²"（红）的状词"qa⁴⁴ qa⁴²"，口语表述时又表述为"qa²² qa⁴²"，由一个单独使用时必须表述为"qa³¹"的单音词叠加而成。因此，构成口语形态的状词"qa⁴⁴ qa⁴²"或"qa²² qa⁴²"，有三个语音"qa⁴⁴""qa²²""qa⁴²"，这三个单音词都是"qa³¹"口语表述的微变音语词，在"ȵa⁴² qa⁴⁴ qa⁴²"这个语词中词义和作用，都与它们的原词"qa³¹"完全相同。二是词义微变，形成微变义语词，即语音与原词几乎没有变化而语义略有差异的近义词。例如，"巴狄雄"神辞中有这样的句子："deas sob nins sob wub mongx jioud xiob"①，语义是"假如松开一定是溢出酸酒水"。句中有两个"sob [so³⁵]"。位于前面的"sob [so³⁵]"，词义是"松开"；位于后面的"sob [so³⁵]"，词义是"溢出"。这里的"松开"和"溢出"，都是从"sob [so³⁵]"的本义"火燃时升起的烟子"引申出来的。三是语音语义同时微变，形成微变音微变义语词，即语音语义皆与原词略有差异的同义词或近义词。例如，单音词"tɕʰa⁴⁴"，日常用语表述为"qa³⁵ tɕʰa⁴⁴"，词义是"刺"和"垫子"；"tɕʰa³⁵"，日常用语表述为"qa³⁵ tɕʰa³⁵"，词义是"刺""对立""相斥"。这两个单音词乃是声调略有差异的语词，是微变音语词。同时，它们除了存在共同的词义，又存在不相同的词义，是微变义语词。它们的不同词义，乃是由相同的词义微变（引申）出来的。

2. 同源语词丛

这是借助汉语"同源字""同源词"的概念而创建的概念。

汉语"同源字"指的是："音义皆近、音近义同或义近音同的字。不管是先后产生还是同时产生，都有同一来源。如'背'和'负'、'氂（牦牛）'和'旄'（用牦牛尾装饰的旗子）。常以某一概念为中心，而以语音的细微差别（或同音），表示相近或相关的几个概念。如草木缺水为'枯'，江河缺水为'涸'、为'竭'，人缺水欲饮为'渴'。"② 汉语"同

---

① 麻勇斌、龙秀海、吴琳整理译注：《苗族口传活态元典·招亡》，贵州人民出版社，2014年12月，第142页。

② 辞海编辑委员会：《辞海（上）》，中华书局（香港）出版有限公司，上海辞书出版社，1989年9月，第515页。

源词"指的是："词汇中音义相关，由同一语源孳生的词。如汉语的'毋'和'无'、'强'和'健'、'迎'和'逆'、'买'和'卖'。就意义上看，有同义、反义或其他的关联；就声音上看，有同音或双声、叠韵的关联。"①

单音词的微变音、微变义和同时微变音微变义，是苗语东部方言不断扩展语词数量和词义空间，以增强描述能力的主要方法，甚至可以说是根本方法。而且，微变音或微变义，对于苗语东部方言来说是不断发生的。所以，在苗语东部方言有很多基于同一具有词根意义的单音词的同源语词，它的含义包含汉语的"同源字"和"同源词"的所指。

苗语东部方言的"同源语词"，音和义都由某个具有词根意义的单音词发展而成。那些具有词根意义的单音词，本研究拟将其定义为"原种语词"或"原种单音词"。包括汉语和苗语在内的多种人类语言，都存在"原种单音词"，而且它的数量是有限的，多的有两三百个，少的只有几十个。由同一"原种单音词"孳生的全部单音词，就是我们所说的"同源语词丛"。

以苗语东部方言之描摹果实等物体落地发出的声响"$tuŋ^{53}$"（或"$tuŋ^{42}$"）为例。这个拟声词具有动词的本原词性，是一个原种单音词。它经若干次微变音微变义，形成一个围绕它的原始音义的同源语词丛。首先，它的"使……掉落"的词义，经若干次的微变音微变义，形成一系列的同源动词。如，"$tɑ^{53}$"，词义是"捅""刺杀"；"$tɑ^{31}$"，词义是"砸下""掉落"；"$tɑ^{22}$"，词义是"踏"；"$tɑ^{44}$"，词义是"用签子把食物穿透带走"；"$t^huŋ^{44}$"，词义是"捅"；"$nt^huŋ^{53}$"，词义是"讨伐"；等等。其次，它的"往下掉落"的词义，经若干次的微变音微变义，亦形成一系列同源动词。如，"$tɑ^{31}$"，词义是"掉落"；"to^{42}"，词义是"妥"；"tu^{22}"，词义是"沉淀"；"$tɑ^{22}$"，词义是"往下踩"；"$ntɑŋ^{53}$"，词义是"反复捶打"；等等。

---

① 辞海编辑委员会：《辞海（上）》，中华书局（香港）出版有限公司，上海辞书出版社，1989年9月，第515页。

1.5.2 文字使用说明

1. 中文为主，苗文和国际音标为辅

本研究的文字表达，以中文为主，苗文和国际音标为辅。其中，苗文是我国于1956年创制并公布试行的"湘西方言苗文"，读音主要适于贵州省松桃苗族自治县，湖南省花垣县、凤凰县、吉首市，重庆市秀山土家族苗族自治县，以及广西壮族自治区都安县、南丹县等，至今保持苗语东部方言的地区。

本研究使用的苗语例词、例句，或使用苗文注音，或使用国际音标注音，原因有二。一是前辈学人对苗语例词、例句的书写，有的习惯于用苗文，有的则习惯于用国际音标，引用必须尊重原著的书写。二是本研究所用的部分例词、例句，无论是用苗文记音，还是用汉语拼音记音，都有可能存在误差，为了记音精准，而附加国际音标记音。

凡是使用苗文或国际音标表达的内容，都在其前或后，附加汉语语义说明。这样表述虽然有点累赘，但有利于读者理解其语义。

2. 苗文书写

本研究使用的苗文，是参考汉语拼音方案创制的拼音文字。由于自试行以来，国家相关机构没有就规范书写做出严格规定，包括我在内，苗文记音往往不够准确。其中，最为常见的表现，是按照汉语拼音的规范必须使用介音"i"的语词，在学习和使用苗文的人群中，通常忽略介音，形成"硬拼"的书写方式。例如说，苗族自称的"ghob xiongb"，绝大多数学习和使用苗文的人士，都记作"ghob xongb"。省掉介音"i"的"硬拼式"记音，在学习和使用东部方言苗文的人群中，已经成为普遍现象，不宜视为错误记音。

3. 对前辈学人的称呼

本研究多处引用前辈学人的观点和用例。为了表达的简洁，对所有前辈学人的称呼，某些地方采取直呼其名，敬请所有前辈学人和同行、读者原谅。

1.5.3 主次内容说明

1. 轻于重复性表述

苗语东部方言状词的形态、形式、模式等，外在层面的语言事实、语言关系、语言规律，大多数已经被前辈学人归纳总结了，本研究不做过多的重复性表述。

2. 重在创新与突破

本研究的内容安排，重在创新与突破。其中，创新的主要作业面：一是状词的音义诠释；二是状词描摹功能的生成道理；三是苗语东部方言状词与汉语状词的关系。突破的主要作业面：一是对前辈学人作出的某些可能存在错误或不当的基本结论进行辨析矫正；二是对前辈学人已经讨论但尚存在遗漏或不足的问题进行深化研究。

第二章　苗语东部方言状词研究述评

截至目前，还没有专门针对苗语东部方言状词的课题研究及其相应成果。涉及苗语东部方言状词的研究，都隐含在有关专家学者对苗语东部方言的某个局域的语法研究的专著中，需要进行提取和梳理，才有可能呈现出涉及苗语东部方言状词的此前研究之总体状况。

第一节　苗语研究状况简述

2.1.1　苗语研究的主要时段

苗族是一个历史悠久的民族，同时又是一个以中国为主的世界性民族。大部分苗族人至今保持着自己的母语。全世界苗族有1200多万人，分布在中国、越南、老挝、泰国、美国、澳大利亚、法属圭亚那等国家和地区。其中，1000万人居住在中国。按照1956年创制的苗文方案，共有四种拼音文字的苗文，对应的苗语应是三个方言和一个次方言。近年来，苗族研究的主流观点认为，苗语应当划分为三个方言，即东部方言（湘西方言）、中部方言（黔东方言）和西部方言（川黔滇方言和滇东北次方言）。

由于历史等方面的原因，苗语的内部差异性较大，方言、次方言、土语的构成关系比较复杂。苗语研究的难度很大，加之通晓苗语和掌握苗族口传经典的学人数量极少，苗语研究的历史不长，苗语研究的学人群体和学术成果，数量比较有限。大体上说，是20世纪50年代才有学者研究苗语。明朝、清朝和民国时期，虽然官方机构和官吏学人也有使用汉字记录苗语的，但那些工作还不能算作苗语研究。20世纪50年代开始的苗语研究，与当时我国大力推动民族调查工作有密切联系，与苗文创制和苗文推广工作有密切联系。

2.1.2 苗语研究的代表人物及其著作

经过半个多世纪的萌生和发展至今，苗语研究的学人不断涌现，成果越来越多，专业水平越来越高。尤其是20世纪80年代末，以"苗族为研究对象"的苗学兴起之后，苗语研究作为苗学研究的重要内容，得到很大的发展。

从时间轴上看，20世纪90年代前，苗语研究的学者群，主要由语言学专业的学人构成，非苗族学者为主，代表性的学者有马学良、王辅世、曹翠云、陈其光、王春德、向日征、罗安源、石怀信等。其中，研究对象涵盖所有苗语方言的代表性学者，是王辅世先生。他主编的《苗语简志》（民族出版社，1985），至今是研究苗语必不可少的工具书；他著的《苗语古音构拟》，1994年于日本东京出版，是涉及苗语各方言土语之语音异同关系的第一部专著，是研究苗语各方言土语的共性关系和研究苗汉语共性关系的重要基础文献。

自从20世纪80年代末苗学兴起之后，苗语研究的学者群，逐渐演变成以苗族学者为主。其中，至今仍然充满活力的代表性的人物，是中国社科院民族研究所的李云兵研究员，中央民族大学少数民族语言文学学院的石德富教授、贵州民族大学的教授李锦平、胡晓东、罗兴贵、吴秀菊、李一如，贵州省民宗委语文办的杨亚东，贵州民族研究院的姬安龙研究员，贵州毕节市高级实验中学教师王维阳，湖南吉首大学的杨再彪教授，湖南苗学学者麻荣远、龙文玉、周纯禄、龙晓飞，云南省民宗委语文办的熊玉有，云南师范大学的余金枝教授等。

苗学兴起之前的苗语研究，主要是遵循语言学学理的研究；苗学兴起之后，苗语研究使用的学理工具，除了语言学，还有文字学、文化人类学、历史学等，是以苗语为对象的文字研究、文化研究、历史研究。其中，遵循语言学学理的研究，主要代表是李锦平、李云兵、胡晓东、石德富、余金枝、罗兴贵、杨再彪、姬安龙、吴秀菊、李一如、杨亚东、王维阳等；遵循文字学、文化人类学、历史学等学理范畴的研究，主要代表是熊玉有、麻荣远、龙文玉、周纯禄、龙晓飞等。可能是由于苗语内部差异性较大，独特性比较突出，遵循语言学学理并且贯通所有苗语方言土语的研究成果，还是十分有限。也就是说，苗语研究成果，至少在用例上，还较多集中在某个方言或某个局域。因此，立足于苗语多个方言土语的共性问题的研究，成果不太多。

有鉴于此，仅对如下 2 部代表性著作进行简介。一是李锦平、李天翼等著的《苗语方言比较研究》（西南交通大学出版社，2012）。这是第一部由苗族学者完成的以苗族各方言土语为研究对象的苗语研究专著。其在"苗语三个方言语音比较"中发现的"苗语三个方言不少语词的声母都相同，不相同的一般也有对应规律"[①]。"三大方言在语音上有许多对应规律，每两个方言之间的同源词在30%以上，甚至一些语词的构造心理也极为相似。"[②] 以及从语音、词汇、语法三个方面进行苗汉语比较发现的"苗语和汉语的密切关系及其相互影响"[③]，都是对苗语研究的后来者很有启发意义的研究观点。二是李云兵研究员的《苗瑶语比较研究》（商务印书馆，2018），是第一部把整个苗族语言文化事象纳入自己的学术视野，贯通苗语各方言今存的语言特征，应用超越单纯结构语言学学理的思维工具，对本原存在亲缘关系的苗瑶语进行比较研究的专著，属于国家社科基金后期资助项目成果，堪称具有里程碑意义的苗语研究力作。其"基于共同苗瑶词汇的声母历史比较"和"基于共同苗瑶词汇的韵母历史比较"，所揭示出来的苗瑶语之间固有的关系，对于包括苗瑶语在内的语言学研究具有重要意义，对于还原苗瑶历史文化真相、加深苗瑶民族的历史感情具有重要意义，是进一步铸牢苗瑶民族的中华民族共同体意识的学理桥梁和文化依据。

[①] 李锦平、李天翼等著：《苗语方言比较研究》，西南交通大学出版社，2012 年 6 月，第 38 页。

[②] 李锦平、李天翼等著：《苗语方言比较研究》，西南交通大学出版社，2012 年 6 月，第 75 页。

[③] 李锦平、李天翼等著：《苗语方言比较研究》，西南交通大学出版社，2012 年 6 月，第 195 页。

苗语研究的学人数量和成果数量，与苗族各方言区的语言学人才结构存在对应关系。具体说，由于有语言学专业方面的知名学者，如王春德、曹翠云、张永祥、李锦平、李天翼、胡晓东、石德富、姬安龙等，不断深耕和培养人才，中部方言苗语的研究，较之东部方言和西部方言，研究实力、研究成果和研究的深度广度，均格外突出；由于有李云兵、熊玉有、罗兴贵、杨亚东、王维阳等，功底深厚、学风严谨的学人带头，进入21世纪后，西部方言苗语研究，成绩显著，后继学人不断涌现，形势喜人；研究力量和相应成果略显式微的，是东部方言苗语研究，具有代表性的学者，有向日征、罗安源、石怀信、麻荣远、余金枝、杨再彪等。

第二节　苗语状词研究简述

截至目前，既没有以苗语状词为对象的专著，也没有以贯通苗语三个方言之状词关系为目标的专题研究。但是，有专门研究苗语某个方言的多部著作，把"苗语状词"作为内容的组成部分，镶嵌在苗语研究的著作之中，并对苗语状词的定义、属性、用法等，进行概括和说明，可以作为后辈学人的公共知识和继续研究苗语状词的重要参考。比如，王辅世主编的《苗语简志》（民族出版社，1985），王春德著的《苗语语法（黔东方言）》（光明日报出版社，1986），向日征著的《吉卫苗语研究》（四川民族出版社，1999），曹翠云编著的《苗汉语比较》（贵州民族出版社，2001），罗安源著的《现代湘西苗语语法》（中央民族学院出版社，1990）、《松桃苗话描写语法学》（中央民族大学出版社，2005），罗兴贵和杨亚东编著的《现代苗语概论（西部方言）》（贵州民族出版社，2004），张永祥、曹翠云著的《苗语与古汉语特殊语句比较研究》（中央民族大学出版社，2005），王维阳著的《苗语基础理论（滇东北次方言）》（云南民族出版社，2005），石怀信著的《苗语语音苗语语法》（贵州大学出版社，2008），余金枝著的《湘西矮寨苗语参考语法》（中国社会科学出版社，2011），等等，里面都有关于苗语状词的论述，以及相应的例词、例句。

如果以"苗语状词"作为研究对象，则前辈学人已然开启的研究，总体局面有两个特点：一是苗语状词的定义基本上形成了趋同的内涵指向和外延边界；二是关于苗语状词的形态、结构、功能，研究者多是以某个苗语方言或某个苗语方言的某个局域的苗语例子为材料，进行理解和说明，而且，各自采用的说明框架并不一样，因此，尚未形成具有统揽性的观点和方法。概而言之，苗语状词研究，乃是一片有很多宝贵贡献但同时存在不少问题需要解决的"半荒地"。

2.2.1 苗语状词定义的趋同情况

关于苗语状词的定义，多位前辈学者的概括虽然存在异同，但基本上是有共同指向、同质内容和外延边界的，趋于相同的态势显见。

王辅世定义的状词："状词能修饰动词和形容词，修饰时，在动词和形容词的后面。""修饰动词的状词表示速度、情貌、声音、颜色、味道。"[1]

王春德定义的状词："状词是表示动作行为、事物发展变化或其性状的情貌、速度、颜色、味道声音等的词。"[2]

曹翠云定义的状词："状词是较细致地表达动作的声音、情貌，描绘性状的状态、颜色、味道的词。"[3]

陈其光定义的状词："状词是模拟声音，描绘事物性质、状态的词，在汉藏语系各个语言里都有。"[4]

石怀信定义的状词："状词是表示事物运动状态的词。它大致可以分为表示人的行动的状态的状词和表示物的运动状态的状词两类。"[5]

罗安源定义的状词："状词是说明行为或性质的特征的词类。说明行为的状词叫做'动状词'；说明性质的状词叫做'形状词'。"[6]

李锦平、李天翼定义的状词："苗语有一类修饰动词和形容词，表示

---

[1] 王辅世主编：《苗语简志》，民族出版社，1985年5月，第62页。
[2] 王春德著：《苗语语法（黔东方言）》，光明日报出版社，1986年1月，第75页。
[3] 曹翠云编著：《苗汉语比较》，贵州民族出版社，2001年12月，第162页。
[4] 陈其光著：《苗瑶语文》，中央民族大学出版社，2013年3月，第192页。
[5] 石怀信著：《苗语语音苗语语法》，贵州大学出版社，2008年4月，第144页。
[6] 罗安源著：《松桃苗话描写语法学》，中央民族大学出版社，2005年12月，第88页。

情状、速度、颜色、味道、声音等的词，称为状词。"①

余金枝定义的状词："矮寨苗语有状词一类。其语义功能是说明动作或事物性质的词，语法功能是用在动词、形容词后面做状语，用在名词后面做谓语。"②

罗兴贵、杨亚东定义的状词："状词是表示动作行为或事物发展变化的性状、情貌、速度、颜色、味道和声音的词。"③

王维阳定义的状词："在苗语里，表动作行为、事物发展变化或其性状的情貌、速度、颜色、味道和声音、感觉、形状的词，称之为状词。"④

这些表述的共同背景：每种表述都基于一个苗语方言或一个苗语方言局域的实地调查与研究，是第一手资料托起的苗语状词定义，具有直接来自乡土的鲜活性与权威性。

这些表述趋同的表现：一是状词用来模拟声音和描绘动作、形状、情貌、速度、颜色、味道、程度等；二是状词主要是用来修饰动词和形容词。

2.2.2 苗语状词研究的用例特点

苗语状词研究的用例特点是：限于某个苗语方言。例如，马学良主编的《汉藏语概论》之"苗瑶语篇"的第三章第一节，"八、状词"，主要用例是中部方言苗语；曹翠云编著的《苗汉语比较》"第14章 状词"，全部用例都是中部方言苗语。李锦平、李天翼等著的《苗语方言比较研究》，在第202页有"名词作状词"，在第203页有"后状词"，共两处涉及苗语状词与汉语状词的关系讨论，用例是中部方言苗语。陈其光著的《苗瑶语文》"第四章语法"的"第二节词类"的"八、状词"，专门介绍"状词"，用例主要是中部方言苗语。罗兴贵、杨亚东编著的《现代苗语概论

---

① 李锦平、李天翼：《苗语方言比较研究》，西南交通大学出版社，2012年6月，第203页。
② 余金枝著、戴庆厦审订：《湘西矮寨苗语参考语法》，中国社会科学出版社，2011年6月，第133页。
③ 罗兴贵、杨亚东编著：《现代苗语概论（西部方言）》，贵州出版集团、贵州民族出版社，2016年12月，第95页。
④ 王维阳著：《苗语理论基础（滇东北次方言）》，云南民族出版社，2005年5月，第281页。

(西部方言)》,"第六章语法(下)"的"第一节状词",全部用例是西部方言苗语。此外,向日征著的《吉卫苗语研究》、石怀信著的《苗语语音苗语语法》、余金枝著的《湘西矮寨苗语参考语法》和罗安源著的《松桃苗话描写语法学》,全部用例是东部方言苗语。

2.2.3 苗语状词研究的主要观点

苗语状词研究已然形成的主要观点,有以下四个方面。
1. 类型

王辅世认为,苗语状词应单独成为一个词类。"状词同副词都修饰动词和形容词,是不是可以把状词并入副词呢?我们认为单由作用上来看,状词并入副词是可以的,但是状词同副词还有些区别:副词一般在动词、形容词前面修饰动词、形容词,只有少数几个在动词和形容词后面作为修饰部分,而状词无例外地都在动词和形容词后面修饰动词和形容词(可以在动词前面修饰动词的状词,仍然可以在动词后面修饰动词);状词在词汇意义上比副词实在一些;有的地区,状词可以作谓语,副词则不能作谓语;表声音、速度的状词可以重叠,副词不能重叠。所以我们认为把状词作为一个独立的此类比较恰当。"[1]

曹翠云认为:"苗语(中部方言)有单音节状词,但更多是二音节甚至三音节的。"[2]"苗语二音节或三音节的多音状词,大多是韵、调全同的叠韵叠声词。"[3]

向日征认为:"状词有叠音状词和非叠音状词。"其中,"叠音状词又有单叠音状词和双叠音状词。"[4]

罗安源认为:"从形式上看,状词可以分为'叠音状词'和'非叠音状词'。叠音状词又可分为'单叠音状词'和'双叠音状词'。单叠音状词是两个音节声、韵、调全同的(即重叠的),双叠音状词是四个音节两

---

[1] 王辅世主编:《苗语简志》,民族出版社,1985年5月,第63页。
[2] 曹翠云编著:《苗汉语比较》,贵州民族出版社,2001年12月,第162页。
[3] 曹翠云编著:《苗汉语比较》,贵州民族出版社,2001年12月,第163页。
[4] 向日征著:《吉卫苗语研究》,四川民族出版社,1999年1月,第67页。

两相叠的（或双声，或叠韵，或完全重叠）。"① "状词还可以分为'专用状词'和'通用状词'。专门说明某个动词或形容词的状词叫做专用状词；能够说明一批动词或形容词的状词叫做通用状词。"②

余金枝认为："从状词的语音形式上看，状词可以分为叠音式和非叠音式两类。"③

罗兴贵、杨亚东认为：苗语有"单音节状词""多音节状词""双声状词"和"叠韵状词"，一共四种类型。其中，"单音节状词，可分为两类，一类是随从型的，另一类是非随从型的。"④ "多音节状词，是由两个或两个以上的状词联合在一起，修饰动词或形容词。"⑤ "双声状词是指两状词的声母完全相同。"⑥ "叠韵状词即两个状词的韵母完全相同的状词。"⑦

上述学者关于苗语状词的认识，存在如下交集：中部方言苗语和西部方言苗语都存在单音节的状词，东部方言苗语没有单音节状词；东、中、西三个方言苗语都存在叠音或叠韵的状词。

2. 特点

关于苗语状词的特点，前辈学者的认识和表述差异很大。主要原因是，有的学者表述了苗语状词形态、结构、功能的特点，有的只表述了结构的特点。

王辅世认为，"表示声音和速度的状词大部分可以重叠，重叠后表示声音的延续和速度的加快。"⑧

---

① 罗安源著：《松桃苗话描写语法学》，中央民族大学出版社，2005年12月，第88-89页。
② 罗安源著：《松桃苗话描写语法学》，中央民族大学出版社，2005年12月，第89页。
③ 余金枝著、戴庆厦审订：《湘西矮寨苗语参考语法》，中国社会科学出版社，2011年6月，第134页。
④ 罗兴贵、杨亚东编著：《现代苗语概论（西部方言）》，贵州出版集团、贵州民族出版社，2016年12月，第96页。
⑤ 罗兴贵、杨亚东编著：《现代苗语概论（西部方言）》，贵州出版集团、贵州民族出版社，2016年12月，第98页。
⑥ 罗兴贵、杨亚东编著：《现代苗语概论（西部方言）》，贵州出版集团、贵州民族出版社，2016年12月，第98页。
⑦ 罗兴贵、杨亚东编著：《现代苗语概论（西部方言）》，贵州出版集团、贵州民族出版社，2016年12月，第98页。
⑧ 王辅世主编：《苗语简志》，民族出版社，1983年，第62页。

王春德认为,"状词能补足接在它前面的动词和形容词。""状词能够重叠。一些表示速度、情貌和声音的状词重叠后,表示某种速度的加快,情貌的加深,声音的延续。"①

曹翠云认为,中部方言苗语状词的特点有四个:一是"能够修饰动词或形容词";二是"部分状词能重叠";三是"状词词义非常精细";四是"有的状词能单独作谓语"。

罗兴贵、杨亚东认为,西部方言苗语状词的特点有三个:一是"有些单音节状词可以重叠";二是"状词可以修饰动词和形容词";三是"状词可以区别同音词"。

石怀信认为,东部方言苗语状词的构造特点是:"状词全以重迭的形式来构造,它的重迭格式有 BABA 和 BBAA 两种。"②

余金枝认为,矮寨苗语状词的构造特点是:"叠音式分为 AA、ABAC、AABB、ABAB 四类。"③ 语法特点是:"加在形容词、动词、名词之后,对性质、动作或事物的状态进行修饰描摹。"④ "状词的句法功能,主要是做状语。"⑤

3. 苗语状词与古代汉语状词的关系

关于苗语状词与古代汉语状词的关系,有三项研究涉及。一是曹翠云编著的《苗汉语比较》;二是李锦平、李天翼等著的《苗语方言比较研究》;三是麻荣远、龙晓飞、周纯禄、龙文玉合著的《苗汉语的历史比较》,讨论到苗语状词与古代汉语"然尾"之类语词的关系。

曹翠云认为,苗语状词同古汉语状词存在关系,并归纳成如下《苗语、古代汉语状词异同比较表》⑥:

---

① 王春德著:《苗语语法(黔东方言)》,光明日报出版社,1986 年 1 月,第 76 页。
② 石怀信著:《苗语语音苗语语法》,贵州大学出版社,2008 年 4 月,第 145 页。
③ 余金枝著、戴庆厦审订:《湘西矮寨苗语参考语法》,中国社会科学出版社,2011 年 6 月,第 134 页。
④ 余金枝著、戴庆厦审订:《湘西矮寨苗语参考语法》,中国社会科学出版社,2011 年 6 月,第 137 页。
⑤ 余金枝著、戴庆厦审订:《湘西矮寨苗语参考语法》,中国社会科学出版社,2011 年 6 月,第 137 页。
⑥ 曹翠云编著:《苗汉语比较》,贵州民族出版社,2001 年 12 月,第 173 页。

异同	苗语	古汉语
相同点	①有双声词。 ②有叠韵词。 ③大部分为双音节词。 ④词义非常精细，如有三种"飞状"，三种"鸣声"。 ⑤能作谓词的后状词。 ⑥可立于谓宾结构之后。 ⑦有的可单独运用作谓语。 ⑧部分状词可以重叠。	
不同点	①有一声、二声、三声的。 ②状词词组不能中加虚词。	只有二声的。 谓宾结构和后状语之间可加"之"字。

李锦平、李天翼认为，"状词修饰动词和形容词时，其位置一般在动词和形容词之后，在句子中充当后状语。""无论是现代汉语还是古代汉语，都有类似现象。""当动词和形容词之后还有名词时，苗语状词要放在名词之后。""汉语也是如此"。[①]

麻荣远、龙晓飞、周纯禄、龙文玉认为，苗语东部方言状词，实际上是古汉语中的"'类然'尾"的语词。

第三节　苗语东部方言状词研究现状简述

2.3.1　现状

就此前出版和发表的成果来看，苗语东部方言状词研究，学理工具的运用是非常精当的，但不足或缺陷也明显存在。具体表现在以下三个方面。

1. 结构语言学视角下苗语东部方言状词研究，至今尚处于共识性表述还比较有限和全面性呈现仍有不小距离的状态

专门研究苗语东部方言的主要学者及其著述，如罗安源、向日征、石

---

① 李锦平、李天翼等：《苗语方言比较研究》，西南交通大学出版社，2012年6月，第203页。

怀信、余金枝、麻荣远等，他们对苗语状词的定义、分类、构造、使用等问题做了比较细致的考察和思考，分别形成很有分量的成果，为后续研究奠定良好基础，但仍有一些问题尚未触及，同时，他们对某些基础问题作出的判断，存在偏颇或错误，需要修改完善。

(1) 向日征的表述

向日征先生在苗语东部方言研究上的贡献是前所未有的。他是王辅世先生主编的《苗语简志》"最后参加讨论"的"四位同志"[①] 之一。他编著的《汉苗词典》（四川民族出版社，1992），是以苗语东部方言（湘西方言）西部土语的词为基础编写的第一部规范汉苗对照词典，所收条目达11300余条。他著的《吉卫苗语研究》，应是最早的也是迄今为止唯一的一部以吉卫苗语为研究对象的专著。众所周知，湖南省湘西州花垣县吉卫镇（苗语称作：jib weis）是苗语东部方言（湘西方言）的标准音点，是苗语东部方言自主传承的核心区。20世纪50年代，全国少数民族语言调查第二工作队，在此开展调查，采集了大量的苗语资料。《吉卫苗语研究》所用资料，一部分是20世纪50年代少数民族语言调查采集的，另一部分是他于20世纪80年代两次深入吉卫镇开展实地调查采集的。现在，吉卫镇一带虽然还保持着苗语，但苗语生态和苗语存量均发生了巨大的变化。因此，他的《吉卫苗语研究》和《汉苗词典（湘西方言）》，对于本研究和后来者开展的苗语东部方言研究，借鉴意义非常巨大。

关于苗语状词的结构与功能，向日征认为："单叠音状词是两个相同的音节重叠，修饰动词和形容词，修饰时在动词和形容词的后面。修饰动词的状词表示情貌、声音。修饰形容词的状词表示颜色、味道、性质、形态等。""双叠音状词是四个音节两两相叠，其中有的是第一个音节和第三个音节同声母，第二个音节和第四个音节同声母；有的是第一个音节和第二个音节相同，第三个音节和第四个音节相同。一般放在动词的后面，表示声音。也有放在动词前面的，表示动作行为的特征。""非叠音状词是两个声、韵、调完全不同的音节连在一起，放在动词的后面，表示动作行为

---

① 王辅世主编：《苗语简志》，民族出版社，1983年，第202页。

的速度。"① 这些归纳和总结，在今天看来，还是存在显见的不足，需要进一步补充完善。

(2) 石怀信的表述

贵州大学的石怀信先生，一生致力于苗语东部方言研究，是以苗语东部方言为母语的很少被学界关注的苗语研究专家。他的研究成果，集中体现在他的著作《苗语语音苗语语法》。该著作的书稿写成于 20 世纪 80 年代中期，由于种种原因，到 2008 年 4 月才由贵州大学出版社出版发行。由于当时他在病中，无力校对、修改书稿，故而书中存在较多的记录错误和不当表述。虽然如此，该著作在苗语东部方言研究中的标志性意义和原创性价值，仍然是不可抹杀的。该著作在"第一章概论"的"第二节形态"和"第四节词类"分别述及苗语状词，并将其作为形容词的"后缀"进行说明："苗语形容词有一批专用的配对后缀和一个公共后缀，它们加在形容词之后，表示形状程度加深的意义。"② "苗语形容词有一个后缀 zheib zheib，它能与所有的形容词结合，因此称为公共后缀。当它在形容词之后表示性状程度加深的意义。"③ 该著作还将部分叠韵状词，如"gial npleid gial nbud"（不十分呆）、"gial nplud nplud"（呆极）④ 等等，解释为："形容词有比较级语法意义。"⑤ 该著作"第三章 词类"的"第十二节 状词"，给予状词定义，并在说明"状词的语法特征"时提出的音节构造模式和"状词在句法上的功能"。该著作虽有不少独创性的见解，但关于状词的定义、状词的构造和状词使用的说明，有明显的局限性。

(3) 罗安源的表述

罗安源教授根据"1953 年至 1964 年三次深入松桃苗族自治县采集的"苗语资料，而著成的《松桃苗话描写语法学》，跟石怀信先生的《苗语语音苗语语法》，研究对象相同，语料取点基本重合，有些观点明显具有相似性或一致性。该著作分别在"第八章 形容词和状词"的"四 状词种

---

① 向日征著：《吉卫苗语研究》，四川民族出版社，1999 年 1 月，第 67-68 页。
② 石怀信著：《苗语语音苗语语法》，贵州大学出版社，2008 年 4 月，第 87 页。
③ 石怀信著：《苗语语音苗语语法》，贵州大学出版社，2008 年 4 月，第 91 页。
④ 石怀信著：《苗语语音苗语语法》，贵州大学出版社，2008 年 4 月，第 92 页。
⑤ 石怀信著：《苗语语音苗语语法》，贵州大学出版社，2008 年 4 月，第 91 页。

类","第十二章 联立词组"的"九（形容词+状词）+（形容词+状词）联立词组"中讨论状词。把松桃苗语状词分为"动状词"和"形状词"，并以"动状词"和"形状词"为纲、以"专用状词"和"通用状词"为目、以"单叠音"和"双叠音"为科，归纳形成八种情形的状词。同时，该著作认为，有"形状词'tei^{31} tei^{31,13}'"，"它是一个通用的单叠音形状词，用在形容词之后说明形容词，表示'程度加深'。任何一个形容词都可以与'tei^{31} tei^{31,13}'搭配，而且二者之间还可以插进名词。"① 这个观点与石怀信先生完全一致。此外，该著作在"第十二章"之"九（形容词+状词）+（形容词+状词）联立词组"的内容里面，以例说明："每一个形容词都可以配一个专用的'双声叠韵的状词'，这种状词称为'专用单叠音形状词'。"② "这种带'单叠音形状词'的形容词自身可以组成联立结构"③，并用三个步骤完成。

松桃苗语是苗语东部方言的重要区域。在地望上，松桃苗语区域包括今贵州省松桃苗族自治县，铜仁市碧江区和江口县与松桃接壤的部分苗族乡镇，重庆市秀山土家族苗族自治县与松桃交壤的部分苗族乡镇，是苗语东部方言状词类型及口传古籍保持较好的区域。在罗安源教授研究松桃苗语期间或前后，仅有石怀信先生开展该区域的苗语研究。因此，罗安源教授 2005 年出版的《松桃苗话描写语法学》和他在 1990 年出版的《现代湘西苗语语法》，同样是具有标志性意义的苗语东部方言研究的开创性成果。

（4）余金枝的表述

余金枝著、戴庆厦审订的《湘西矮寨苗语参考语法》，"第四章 词类"之"第八节 状词"，专门讨论"状词的语音形式""状词的表义功能""状词的语法特点"。该著作的研究点虽然限定在"湘西矮寨"，但其所归纳的特点与规律，实际上属于苗语东部方言状词的共性特征。该著作认为，"从状词的语音形式上看，状词可以分为叠音式和非叠音式两类"。其中，"叠音式可分为 AA、ABAC、AABB、ABAB 四类"。"非叠音式状词不多，

---

① 罗安源著：《松桃苗话描写语法》，中央民族大学出版社，2005 年 12 月，第 94 页。
② 罗安源著：《松桃苗话描写语法》，中央民族大学出版社，2005 年 12 月，第 142 页。
③ 罗安源著：《松桃苗话描写语法》，中央民族大学出版社，2005 年 12 月，第 142 页。

多含 ta^{31}，可能是由动物、名词前缀 ta^{35} 类推产生的，变读为 ta^{31}。"[1]

矮寨位于湘西州首府吉首市西郊，是苗语东部方言区中心地带的代表性语音点。"矮寨"是苗语"$te^{31}\ haŋ^{44}$"意译而成的汉语词。苗语"$te^{31}\ haŋ^{44}$"，是相对于腊尔山山脉而言，本义是：位于（山脉）下面的地方。这个地方，是湖南省湘西州之花垣县、凤凰县和贵州省铜仁市之松桃苗族自治县苗族，姓氏迁徙史的重要记忆点，可能也是"腊尔山"得名的起点。在苗语称作《dut ghot》（翻译成《古老话》）的口传古籍中，这个地方原本是"$te^{35}\ q^{h}a^{44}$"（麻氏）的祖居地。以此地为标志，居住在腊尔山上的麻氏，苗语谓之"$q^{h}a^{44}\ z̩ẽ^{31}$"，意思是"山岭上的麻氏"。腊尔山东麓山下的苗族称谓腊尔山为"$la^{53}\ z̩ẽ^{31}$"，意思是"岭上"，读音跟"腊尔"相近，故而被汉字记录锁定成"腊尔山"。余金枝教授选择矮寨（$te^{31}\ haŋ^{44}$）作为苗语语法研究点，无论是从历史的角度看，还是从当今东部方言苗族人口分布的角度看，都具有显著的代表性。

2. 基于历史学、文字学、民俗学、文化学等学科资料的苗语东部方言状词的著作，没有引起结构语言学学人的积极关注

基于历史学、文字学、民俗学、文化学等学科资料的苗语东部方言研究，涉及状词的著作，主要是湖南苗族学者麻荣远、龙晓飞、周纯禄、龙文玉合著的《苗汉语的历史比较》。该著作虽然涉及苗语状词，但没有将其作为"状词"进行专门讨论。具体内容在"第十四章 苗、汉语的词头和词尾及其共同基础"的"第六节'然'及'类然'尾的由来和发展兼得字"。具体做法是将古汉语的"然"或"类然"语词，同苗语状词进行比较阐释，形成一些有意思的观点。比如："这种'然类'词尾，就已知的事实可以推测它的两个来源。"[2] "一是由双叠韵的结构转化而来。"[3] "如 sheub reid rous reid rous（移悠然悠然）、jid hlieb dongs ras dongs ras（跑咚

---

[1] 余金枝著、戴庆夏审订：《湘西矮寨苗语参考语法》，中国社会科学出版社，2011年6月，第134页。

[2] 麻荣远、龙晓飞、周纯禄、龙文玉合著：《苗汉语的历史比较》，湖南师范大学出版社，2001年4月，第206页。

[3] 麻荣远、龙晓飞、周纯禄、龙文玉合著：《苗汉语的历史比较》，湖南师范大学出版社，2001年4月，第206页。

然咚然)、bad ras dax nongs（沛然下雨）到现在仍是苗语的口头语"①。"另一个来源是单音节仿声词。"②"然的使用范围虽然扩大了，但是仍然保留着拟声拟象的性质。拟象又是从拟声发展出来的，由声联想到'象'。"③

3. 苗语东部方言状词研究尚未触及的问题

此前开展的苗语东部方言状词研究，只关注状词的结构模式和修饰功能，没有触及状词的结构模式之间的关系，更没有涉及状词的语音、语义。例如说，虽然所有学者都说苗语东部方言的状词有"叠音"和"非叠音"两类，有"双音节"和"四音节"两种，且双音节状词的结构形式有"AA""AB"两式，四音节状词归纳为"AABB""ABAB""ABAC"三式，但从未有人讨论过这些结构样式之间是否存在关系，即"AABB""ABAB""ABAC"的结构形式是固有的、不可变的，还是由"AA""AB"组合而成的？如果是"AA""AB"组合而成的，那么，"AA""AB"要具有怎样的音义关系才可以组合？又例如说，无论是"AA"制式的状词，还是"AABB"制式的状词，其中的单音词"A"或"B"，语音是固定的还是可变的？单独存在的语义是什么？等等，都没有人涉及。

2.3.2 尚需解决的问题

上述所列举的涉及苗语东部方言状词的研究，无论是采用语言学的学理，还是采用历史学、文字学、文化人类学的学理，工具的可靠性、理论的系统性、归纳的完整性，都是毋庸置疑的。这些研究成果，形成了对苗语东部方言状词相关问题的基本覆盖，是进一步深入研究的必要条件和坚实基础。同时，这些研究成果叠加而成的研究基础，也还存在一些需要弥合的间隙和需要辨正的问题。

---

① 麻荣远、龙晓飞、周纯禄、龙文玉合著：《苗汉语的历史比较》，湖南师范大学出版社，2001年4月，第206页。
② 麻荣远、龙晓飞、周纯禄、龙文玉合著：《苗汉语的历史比较》，湖南师范大学出版社，2001年4月，第206页。
③ 麻荣远、龙晓飞、周纯禄、龙文玉合著：《苗汉语的历史比较》，湖南师范大学出版社，2001年4月，第208页。

1. 研究思想的问题

此前开展的苗语东部方言研究,研究思想上存在的问题有两个方面。

一是所有涉及苗语东部方言状词的研究,都是从研究者擅长的学理工具出发,而不是从状词的本体出发。所以,"被研究"的苗语东部方言,其实是接受不同学理工具的简单解剖,而不是得到多种学理工具的"联合会诊"。

二是所有的研究只解决状词的结构模式与描摹功能,至于作为研究对象的状词,语音、语义方面有什么内容,语音、语义、语用存在什么关系和基于怎样的规律,以及为什么会存在这些关系和规律,等等,可能比状词的结构模式与描摹功能更为深邃丰富的东西,全部没有涉及。这是研究苗语东部方言状词必须解决的关总性的问题。

2. 状词的用例选取存在缺陷

所谓状词的用例选取存在缺陷,有如下两层含义:

一是几乎所有的研究成果,用例都是口语,很少取自苗族口传经典(比如《"巴狄雄"神辞》《苗族婚姻礼词》等)。实际上,包括苗语状词在内的苗语语音、语义、语法研究,都应当更多从口传经典中寻找例子,因为存在于口传经典之中的语音、语义、语法,更加具有标准性和稳定性。口语表述的例子,在语音、语义、语法上,都有可能存在不够规范、不够严谨、不够可靠的成分。完全选用口语表述的例子,容易导致苗语状词研究乃至苗语研究在材料层面存在"低质化"。

二是几乎所有的研究成果,用例都取自范围较窄的一个局域。例如,向日征先生的用例取点,仅限于湖南花垣吉卫镇;石怀信先生的用例取点,仅限于贵州松桃磐石镇一带;罗安源教授的用例取点,基本上限定在蓼皋镇及周边近地村寨;余金枝教授的用例取点,在湖南吉首矮寨一带。用例取点的空间范围有限,就有可能出现这样的情形:口语形态相同的状词,仅因口语表述的微小差异,而被视为和记作不同的状词,并做出不尽相同的说明。

3. 对苗语状词的分类说明还有不足

对苗语状词的分类说明还有不足,主要表现在以下三个方面:

一是由于每个学者采用的分类方式不同,而得出不同种类数量的苗语状词。从已然形成的成果所反映出来的情况看，至今，只有"叠韵"（叠音）和"非叠韵"（非叠音）这个层次的分类，研究者们的观点是一致的。到了"表义功能"和"结构模式"这些层面的分类，就不一致了。而且，对于比较少见的"非叠韵"或"非叠音"一类状词，到底能不能视为状词？或有哪几个代表性的状词？还没有展开讨论。

二是状词的语法特点当中，还有些特点没有进行分类讨论。比如说，状词可否置于它修饰的动词的前面？可否有不需动词或形容词作为修饰对象而独立存在的状词？有没有状词形容词化的情形，等等，还没有触及。

三是石怀信先生和罗安源教授都认为，苗语存在能够修饰所有形容词的"通用状词"。石怀信先生记作："zheib zheib"，罗安源教授记作："tei^{31} tei$^{31 \cdot 13}$"。这个观点可能有误，需要切实辨析清楚。

四是前辈学人认为，苗语东部方言没有单音节状词，这个判断可能存在偏差。

4. 对苗语状词音义与结构的认知还存在不足

此前形成的涉及苗语状词的研究成果，对苗语状词音义与结构的认知还存在不足，主要体现在以下两个方面：

一是语音方面。主要表现为对苗语东部方言状词的语音是固定还是可变，缺乏考辨意识。即，苗语东部方言状词之语音可不可变？若可变是怎么变？是受什么样的因素影响才发生变化？组成一个状词的几个单音词的语音是不是会因口语表述的需要而发生变音或变调？等等问题，此前没有人进行设问和思考。

二是语义方面。主要表现为对苗语东部方言状词有没有明确清晰的词义缺乏必要的追问。即，苗语东部方言状词有无词义？若是存在词义，则其词义是构成状词的各个单音词叠加而成？还是其中具有核心意义的单音词的词义？等等问题，此前同样没有人进行必要的设问和考察。

2.3.3 深化研究的问题线索

通过对此前开展的涉及苗语状词的研究成果进行梳理，发现这些研究成果，除了就其关心的问题进行讨论外，还对一些问题的深化研究提供了宝贵的线索或端口。最为显见的线索有如下三个：

一是状词的定义优化。优化的重点，是分析此前研究使用的状词定义的准确性和涵盖度，力争通过定义表述的精准化，使之能够适于所有类型、样式和功能的状词。很显然，此前形成的状词定义，在类别列举上存在未能穷举的情形。比如说，如果按照"状词是较细致地表达动作的声音、情貌，描绘性状的状态、颜色、味道的词"，则有描摹"程度"的状词，如描摹重实程度的"hẽ⁴⁴ tuŋ⁴⁴ tuŋ⁵³"，描摹轻巧程度的"ɕa³⁵ ŋkʰaŋ⁴⁴ ŋkʰaŋ⁴⁴"等，没有被状词的定义包含进去。因此，修饰"程度"类形容词的状词，必须进入状词定义的范畴之内。状词的定义精准化之后，苗语东部方言的状词分类，就有了完全归纳的可能性。

二是状词的音义问题研究。研究的重点，是构成苗语状词的单音词的语音是固定还是可变的？它们组合之后形成的状词的语音，同其中的哪个单音词关系最大？苗语状词是否有词义？其词义与其中的单音词是什么关系，等等，都是苗语东部方言状词研究的空白点。如果用以修饰动词、形容词的状词没有词义，它何以能够对其进行修饰以增强其表现力呢？如果用以修饰动词、形容词的状词有词义，那么，它的词义，是其中的某个单音词的词义？还是几个单音词复合而成的词义？状词的音义先于其所修饰的动词、形容词形成与固化呢？还是后于其所修饰的动词、形容词形成与固化？这些都是极其有趣的而且是苗语状词研究应当回答的问题。

三是苗语状词与汉语状词比较研究。这是跳出苗语视界研究苗语状词及其相关文化的关键，也是通过汉语状词的镜面切实看见苗语状词之更多"语言事实"的关键。

第三章 苗语东部方言状词的定义与特性

认识苗语东部方言状词本原存在的一切关系与逻辑，都得从其实际所指和固有特性出发。为了使状词的定义能够对内含实现全面覆盖，对状词类型和结构模式的归纳可以实现脉络清晰而且提纲挈领，本研究拟对前辈学人给出的状词概念，进行适当补充，使之准确、完整，同时，对其固有的属性进行简要说明，以形成本研究之论述逻辑的基石。

第一节 苗语东部方言状词的定义

3.1.1 定义说明

1. 状词的所指

本研究采用的状词定义，与王春德、曹翠云两位苗语研究前辈学者给出的状词概念基本相同。即，状词是表示动作行为、事物发展变化或其性状的情貌、速度、颜色、味道、声音等的词。

2. 苗语东部方言状词的定义

苗语东部方言状词，是苗语东部方言的一个固有词类。其作用主要是修饰动词、形容词和部分名词，使之更加生动、更加形象、更加贴切；其修饰功能的实现方式是描摹，故又称"摹状词"；其主要描摹对象是声音、情貌、程度、形态、色彩、味道。

3. 状词对于摹状表达的意义

摹状表达或具状表达，是口语表达生动化、形象化、贴切化极为重要的表达方式。口语表达是苗语东部方言千百年来一直使用表达方式，也是最为重要和最为普遍的表达方式。口语表达要实现生动化、形象化、贴切化，就必须不断强化摹状表达，而状词是实现这种表达要求的关键因素。因此，苗语东部方言的状词异常丰富，也异常重要。

第二节　苗语东部方言状词的特性

苗语东部方言状词的特性，是其固有内在关系的表现。主要有三个方面的内容：一是"摹法"与"摹式"的关系；二是状词的语音语义与其所修饰的动词、形容词、名词的关系；三是状词的语音和结构的稳定性关系。

3.2.1　"摹法"与"摹式"的关系

1."摹法"与"摹式"的概念

"摹法"与"摹式"，是本研究为了贴切描述苗语东部方言状词的特性而构造的两个概念。

"摹法"，指的是摹状描述的方法。如上所述，摹状描述，是苗语东部方言常用的使得动词、形容词以及部分名词的表达更加生动、形象、贴切的方法。这一表达方法具体化，有如下两种形式：

一是用不同于其所修饰的动词、形容词的语词对动词、形容词进行摹状。例如说，苗语词"n̠iẽ^{44}"，是词义为"哭泣"的动词，可用"pz̪^{h}ɯ^{53} pz̪^{h}ɯ^{53}""pz̪^{h}ɑ^{44} pz̪^{h}ɑ^{44}"和"qu^{22} qu^{22}"这三个语音完全不同于"n̠iẽ^{44}"的双音节叠音状词对其进行摹状（修饰），形成"n̠iẽ^{44} pz̪^{h}ɯ^{53} pz̪^{h}ɯ^{53}""n̠iẽ^{44} pz̪^{h}ɑ^{44} pz̪^{h}ɑ^{44}"和"n̠iẽ^{44} qu^{22} qu^{22}"的生动表达。又例如说，苗语词"ʑɑŋ^{53}"，是词义为"稚嫩""幼小"的形容词，只能用"tsa^{44} tsa^{53}"这一个语音完全不同于"ʑɑŋ^{53}"的双音节叠音状词进行摹状（修饰），形成"ʑɑŋ^{53} tsa^{44} tsa^{53}"的生动表达。这种摹状方法，本研究拟命名为"它摹"。这种描摹方法，适于描摹所有动词、形容词和部分名词，

是苗语东部方言"摹法"的普遍方法。这是此前研究苗语的专家学者关注和阐释的描摹方法。换言之，此前研究苗语东部方言的全部著述，所讨论的状词，都是这种"摹法"之下的状词。

二是用语音完全同于自身的语词对形容词进行摹状表达，即以形容词本身作为自己状词。例如，词义是"弯曲"的苗语单音词"ŋkʰu⁴⁴"，没有与之语音完全不同的状词修饰，具状表述时，就表达为"ŋkʰu⁴⁴ pa⁴⁴ ŋkʰu⁴⁴"。此种情况，本研究拟命名为"自摹"。此前研究苗语东部方言的全部著述，未涉及这种"摹法"及其之下的状词。

对于"摹法"，需要做两点说明：一是在苗语东部方言里面，没有不同于自身的状词的那种形容词，数量并不少。比如，"ʐu⁵³"（词义是"好""佳""优""良"），"ʂaŋ⁵³"（词义是"迅速""快捷"），"tɕa⁴⁴"（词义是"坏""不好""咎"），"l̥o³¹"（词义是"大"），等等。这些形容词，都没有不同于自身的语词进行生动化、形象化、贴切化表达，需要对其进行摹状表达时，都只能采用"自摹"。二是所有具备"它摹"状词的形容词，都可以"自摹"。换言之，苗语东部方言的形容词，摹状表达时，"它摹"和"自摹"是可以并行不悖的。例如，"ɳtʰo⁵³"（词义是"紧"），有"它摹"状词"qa⁴⁴ qa⁴⁴"，组成"ɳto⁵³ qa⁴⁴ qa⁵³，又可以"自摹"表达为"ɳtʰo⁵³ pa⁴⁴ ɳtʰo⁵³"。

2."摹式"

"摹式"指的是对应于"摹法"的状词表达式。其中，"它摹"适于动词、形容词和部分名词，"自摹"只适于形容词。两种"摹式"的状词各自都有比较固定的表达式。

3."它摹"的状词表达式

"它摹"的状词有两个表达式，分别对应的结构是双音节状词和四音节状词。

假设：被描摹的动词、形容词、名词用"X"表示；描摹它的状词为两个音节的，且这两个音节不同，用"AB"表示；若是两个音节相同，用"AA"表示。描摹它的状词为四个音节的，必定是叠音结构，且只有两种情形，分别用"AABB""ABAB"表示。则"它摹"状词的两种表达式，可用类似于数学公式进行直观表达。

(1) 双音节"它摹"状词的表达式

双音节"它摹"状词的表达式有如下两种：

一是"X+AA"。在这种表达式里面，状词"AA"的前后两个单音词，读音完全相同或仅是声调不相同。即，这两个相叠的单音词不是两个音义完全不同的单音词，而是同一个单音词的两种微变音语词。例如，"qwẽ^{31} ʐaŋ^{31} ʐaŋ^{35}"里面的"ʐaŋ^{31}"和"ʐaŋ^{35}"，后者乃是前者的微变音单音词，词义丝毫没有变化。

二是"X+AB"。在这种表达式里面，"A"和"B"是两个语音完全不同的单音词。这种结构的状词，具体存在两种情形。第一种情形是，"A"和"B"的韵母大体相同，即"AB"为"双音节叠韵语词"。例如，"mpo^{53} tuŋ^{42} ʐuŋ^{42}"里面的状词"tuŋ^{42} ʐuŋ^{42}"。第二种情形是，式中的"A""B"的声母韵母都完全不同。例如，"ɕə^{44}tuŋ^{42} ntʰẽ^{53}"里面的状词"tuŋ^{42} ntʰẽ^{53}"。

(2) 四音节"它摹"状词的表达式

四音节"它摹"状词的表达式有两种：

一是"X+AABB"。例如，"ŋa^{35} qei^{44} qei^{44} qã^{44} qã^{44}"里面的四音节状词"qei^{44} qei^{44} qã^{44} qã^{44}"。

二是"X+ABAB"。例如，"ŋa^{35} qei^{44} qã^{44} qei^{44} qã^{44}"里面的四音节状词"qei^{44} qã^{44} qei^{44} qã^{44}"。

四音节"它摹"状词的上述两个表达式，有三个特性：

一是这两个表达式中的"A"和"B"，可能是两个语音完全不同的单音词，也可能是两个语音接近的单音词。例如，在"X+AABB"式中，有"ʂɿ^{35} ʐei^{44} ʐei^{44} ʐaŋ^{44} ʐaŋ^{53}"，词义是"颤颤巍巍地缓慢移动"。而在"X+ABAB"式中，有"ʂɿ^{35} ʐa^{44} ʐɯ^{42} ʐa^{44} ʐɯ^{42}"，词义是"缓慢地移动或蠕动"。

二是在这两种表达式中，有部分状词，语义完全一样。例如，把属于"X+AABB"式的"mpo^{53} ta^{44} ta^{44} tuŋ^{42} tuŋ^{42}"，改成"X+ABAB"式的"mpo^{53} ta^{44} tuŋ^{42} ta^{44} tuŋ^{42}"，语义没有任何变化。

三是在"X+ABAB"表达式中，位于后面的"A"或"B"，在某些条件下会发生语音微变，形成一个不同于"A"或"B"的单音词"C"，使得"X+ABAB"变成"X+ABAC"或"X+ABCB"或"X+CBAB"。例如,"$m^{35}\ pa^{44}\ z̯uŋ^{42}pa^{44}\ z̯uŋ^{42}$ 变成 $m^{35}\ pa^{44}z̯a^{22}\ pa^{44}\ z̯uŋ^{42}$",在口语表达时可能又会变成"$m^{35}\ pa^{44}\ z̯a^{22}\ pu^{44}\ z̯uŋ^{42}$",或"$m^{35}\ pei^{44}\ z̯a^{22}\ pa^{44}\ z̯uŋ^{42}$",但语义完全不变。

4."自摹"表达式

"自摹"式状词中的表达式有两种:一是三音节;二是四音节。

(1) 三音节"自摹"状词的表达式

假设:被描摹的形容词为"X",则三音节"自摹"状词的表达式为:$X+pa^{44}+X$

例如,词义是"高"的形容词"$ʂã^{35}$",三音节"自摹"状词是"$ʂã^{35}\ pa^{44}\ ʂã^{35}$";同样,词义是"矮"的形容词"$ŋa^{44}$",三音节"自摹"状词是"$ŋa^{44}\ pa^{44}\ ŋa^{44}$"或"$ŋa^{44}\ pa^{42}\ ŋa^{44}$"。

需要说明的是,在三音节"自摹"状词里面的"pa^{44}"(口语表达时有时会微变音成"pa^{42}")。这个单音词的词义,存在如下三种情形:一是缀在没有生命性征的事物名称之前,通常作为词前缀用,没有实际意义。例如,"$pa^{44}\ z̯o^{31}\ pa^{44}\ ṇa^{42}$",词义是"胎记","$pa^{44}$"是纯粹的词前缀。二是缀在有生命性征的事物名称前面,表示"雄性"。例如,"$pa^{44}\ qwu^{44}$",词义是"公狗",其中的"pa^{44}",词义是"公的""雄性"。三是缀在形容词之前,词义是"粘接""靠拢""巴结"等。例如,"$pa^{44}\ z̯u^{53}$",词义是"粘接得很紧",其中的"pa^{44}",词义是"粘接"。在"$X+pa^{44}+X$"这个"自摹"状词表达式里面,"pa^{44}"应是一个没有实际语义的衔接词。

(2) 四音节"自摹"状词的表达式

假设:被描摹的形容词为"X",则四音节"自摹"状词的表达式为:X+一个与X的韵母接近的"53"调值调零声母单音词+X+读轻声的 m

例如,词义是"大"的形容词"$l̥o^{31}$",四音节"自摹"状词表达为"$l̥o^{31}\ o^{53}\ l̥o^{31}\ m$";词义是"宽""大"的形容词"$qwẽ^{44}$",四音节"自摹"状词表达为"$qwẽ^{44}\ ẽ^{53}\ qwẽ^{44}\ m$"。

上述四音节"自摹"状词表达式,有三点需要说明:一是嵌在两个"X"之间的那个与"X"的韵母接近的调值"53"的零声母单音词,是一个没有实际意义的语词,随着形容词"X"的韵母的变化而变化,唯有调值没变。二是位于末尾的单音词"m²²",口语表述时,读音轻而短促,相当于只读"m"。三是适于"它摹"的所有形容词和适于三音节"自摹"的所有形容词,都可用此种四音节"自摹"式状词表达。

(3)"自摹"式状词的特性

"自摹"式描摹,有两个重要属性:

第一,无论是三音节结构还是四音节结构的"自摹"式表达,适于所有的形容词。换言之,"自摹"式状词,是苗语东部方言形容词的万能描摹程式。

第二,"自摹"式状词,严格地说不是语词,而是固定结构的短语。因此,往往不被纳入状词的范畴。但是,没有了解这种描摹方式和相应的表达式,则难以洞见苗语东部方言之描摹方法与状词制式的整体,进而正确、全面地呈现"它摹"式状词之语音、语义、语用的内在关系与全部逻辑。

3.2.2 苗语东部方言状词的语音和结构不太固定

语音和结构不太固定,是苗语东部方言状词的一个重要的特性。其具体表现有如下三个方面的内容。

1. "状词集"不是固定不变的

这是用历史的视角审视苗语东部方言状词,而显现的特性。它的具体表现是:如果把苗语东部方言的全部状词视为一个集合,则这个集合内含的状词数量是有限的,而且,随着时代的变迁,里面的某些状词在日常用语中会消失或是很少被使用,而一些明显具有时代气息的状词,会形成并被广泛使用。因此,现实态的苗语东部方言状词集里面,不仅有上古时代就生成和使用的状词,而且有近现代生成的苗汉语夹杂的状词。

古代存在而今已经消失的苗语东部方言状词。例如,描摹大象、犀牛、鳄鱼、虎豹、豺狼、熊罴声音动作的状词,在古代苗语中是有的,但在当今没有了;描摹战车疾驰、弩箭纷飞、将士争先等战争烈度的状词,古代是有的,但当今也没有了。这些状词消失的主要原因,应是它们所表达的对象或内容在当今没有了,在人们的生产生活再也用不着了。

在特定场景还在使用,但在日常用语中极少使用的状词。例如,"cʰa³¹ cʰa³⁵",是描摹飞行状态的状词,与动词"ei⁵³"组成"ei⁵³ cʰa³¹ cʰa³⁵"。这个状词在"巴狄雄"神辞里面多次出现,在四五十年前的苗歌里也还经常出现,但当今的苗语日常用语已经很少有人使用了。又例如,描摹捆绑结实牢靠的四音节状词"pei³¹ pei³⁵ wei³¹ wei³⁵"和"pu⁴⁴ pu⁴⁴ lu⁴⁴ lu⁴⁴",在苗语称作"çi⁴⁴ so³⁵",汉语翻译成"祀雷"的"巴狄雄"法事神辞里面出现,但在日常用语中极少有人使用。这种情形的存在,应是那些在特定场景还在使用的状词,所描摹的对象或内容,在当今的日常生活中已经没有多少意义或效能了。它们处于逐渐走向消失的后期里程。

随着时代变迁而生成的具有近现代气息的甚至是苗汉语混搭的状词。例如,用来描摹愚蠢、冲动、爱出风头、流里流气等行为的四音节状词:"tʰu³⁵ tʰu³⁵ tʰu³⁵ zaŋ³⁵","tʰu³⁵ tʰei³⁵ tʰu³⁵ tʰei⁴⁴","ca⁵³ ci³⁵ ca⁵³ ci⁴⁴","ʑ³⁵ ɬɯ³¹ ʑ³⁵ ɬɯ⁴⁴","ʑ³⁵ hwe⁵³ ʑ³⁵ hwe⁵³",等等,在黔湘渝共同边地的当代苗语里面较为常用。其中,"tʰu³⁵ tʰei³⁵ tʰu³⁵ tʰei⁴⁴"的核心单音词"tʰu³⁵",在苗语和民间汉语中的语义都是"愚蠢而又爱出风头",无法判定是苗语词还是汉语词;"ca⁵³ ci³⁵ ca⁵³ ci⁴⁴"的核心单音词"ca⁵³",是个苗语词,在苗语和民间汉语中的语义都是"傲慢无礼",这应该是汉语词"假"或"骄"或"矜"苗语化而形成的语词;"ʑ³⁵ ɬɯ³¹ ʑ³⁵ ɬɯ⁴⁴"的核心单音词"ʑ³⁵ ɬɯ⁴⁴",在苗语和民间汉语中的语义都是"流里流气的样子",是个汉语词;"ʑ³⁵ hwe⁵³ ʑ³⁵ hwe⁵³"的核心单音词"hwe⁵³",在苗语和民间汉语中的语义都是"放荡不羁",无法判定是苗语词还是汉语词。又例如,表达极为卖力干事的状词,民间汉语口语表述为"嘿哧嘿哧",苗语表达成"hei⁵³ tso⁴⁴ hei⁵³ tso⁴⁴",无法判定是苗语借用汉语还是汉语借用苗语,或是苗汉语同时发明和使用的当代状词。

2. 状词的语音和结构不太固定

在苗语东部方言的状词里面,有不少语词的语音和结构不太固定。具体表现为三种情形:

一是构成状词的个别单音词可以用其微变音语词替换,不影响其表义功能。例如，描摹移动缓慢的状词"$z̻a^{22} z̻a^{22} z̻ɯ^{44} z̻ɯ^{42}$"，口语表述时其中的"$z̻a^{22}$"可以用"$z̻ei^{44}$"替换，使得"$z̻a^{22} z̻a^{22} z̻ɯ^{44} z̻ɯ^{42}$"读成"$z̻ei^{44} z̻ei^{44} z̻ɯ^{44} z̻ɯ^{42}$"。又例如，描摹急速的状词"$wu^{42} tei^{31}$"，与词义是"离开"的动词"$çə^{44}$"组合而成的"$çə^{44} wu^{44} tei^{31}$"，口语表述时，可以读成"$çə^{44} wu^{44} ntʰẽ^{53}$""$çə^{44} a^{44} tei^{31}$""$çə^{44} a^{44} ntʰẽ^{53}$""$çə^{44} a^{44} tuŋ^{53}$"。经上述替换而形成的状词，词义没有发生丝毫变化。

二是状词里面的个别单音词的位置可用交换，不影响其表义功能。例如，上文已经列举的状词"$z̻a^{22} z̻a^{22} z̻ɯ^{44} z̻ɯ^{42}$"和"$z̻ei^{44} z̻ei^{44} z̻ɯ^{44} z̻ɯ^{42}$"，位于中间的两个单音词，都可以交换位置，变成"$z̻a^{22} z̻ɯ^{42} z̻a^{22} z̻ɯ^{42}$"和"$z̻ei^{44} z̻ɯ^{44} z̻ei^{44} z̻ɯ^{42}$"。经这样的变换而形成的状词，表义功能亦是没有发生变化。因此，苗语状词，有些是有可变性的语词或语词组成模式，而不是完全固定不变的语词。

三是双音节叠音状词，可以同其所修饰的动词、形容词组成三个音节的固定语词，也可以组成四个音节的固定语词，而这两种语词的词义完全相同。例如，用来描摹"稚嫩"的双音节叠音状词"$tsa^{44} tsa^{53}$"，用来描摹词义是"嫩"或"幼"的"$z̻aŋ^{53}$"，可以组成三音节的"$z̻aŋ^{53} tsa^{44} tsa^{53}$"，亦可以组成四音节的"$z̻aŋ^{53} tsei^{44} z̻aŋ^{53} tsa^{53}$"，两者的语义相同。

3. 可以省略其所修饰的动词、形容词的状词

苗语东部方言状词，有些具有省略其所修饰的动词、形容词的特性。具体分为两种情形。

一是修饰具有"在动"属性的名词的状词。例如，苗语有描述伤心痛哭之状的常用句子："$wu^{35} n̻o^{31} pz̻ʰa^{44} pʰa^{44}, qa^{44} mz̻ə^{42} pz̻ʰɯ^{44} pz̻ʰɯ^{53}$"。句中的"$pz̻ʰa^{44} pʰa^{44}$"和"$pz̻ʰɯ^{44} pz̻ʰɯ^{53}$"，都是双音节叠音状词，并可以组成四音节的叠音状词"$pz̻ʰa^{44} pʰa^{44} pz̻ʰɯ^{44} pz̻ʰɯ^{53}$"。表面上看，句中没有动词，即双音节叠音状词"$pz̻ʰa^{44} pʰa^{44}$"修饰的"$wu^{35} n̻o^{31}$"（词义是"口水"）和"$pz̻ʰɯ^{44} pz̻ʰɯ^{53}$"修饰的"$qa^{44} mz̻ə^{42}$"（词义是"鼻涕"）都是名词，不太合理，其实，这是因为被状词修饰的名词自身具有"在动"的属性，进一步说就是，句子中流体状的"$wu^{35} n̻o^{31}$"和"$qa^{44} mz̻ə^{42}$"是"在动"的。所有存在"在动"特点的名词，都可以被

第三章　苗语东部方言状词的定义与特性

相应的状词描摹，形成描摹名词的语词或短语。比如，"wu^{35} l^{h}i^{53} qu^{44} tu^{44} qu^{44} tu^{44}"，语义是"饭水咕咚咕咚"。"qu^{44} tu^{44} qu^{44} tu^{44}（咕咚咕咚）"之所以可以修饰"饭水"，是因为煮饭时，烧开的"饭水"是"在动"的。

二是省略所修饰的动词、形容词而独立存在的状词。例如，四音节叠音状词"wu^{42} nt^{h}ẽ^{53} wu^{42} nt^{h}ẽ^{53}"，汉字拟音可用"忽腾忽腾"，其所描摹的是"干活卖力之状"，正常表达是"t^{h}u^{44} tuŋ^{35} wu^{42} nt^{h}ẽ^{53} wu^{42} nt^{h}ẽ^{53}"，但在日常用语的句子"n̥e^{35} n̥e^{35} wu^{42} nt^{h}ẽ^{53} wu^{42} nt^{h}ẽ^{53}"（语义是：天天忽腾忽腾）里面，就没有"干活"这个语词，也就是说，"wu^{42} nt^{h}ẽ^{53} wu^{42} nt^{h}ẽ^{53}"这个状词可以不要动词而存在。具有类似特性的状词很多。比如，描摹繁衍增长之状的"tə^{22} tə^{22} nt^{h}ɑ^{53} nt^{h}ɑ^{53}"，描摹和睦繁盛之状的"tɕi^{42} tɕi^{42} huŋ^{44} huŋ^{53}"，等等，都是可以不要其所描摹的动词、形容词而独立存在的状词。

4. 状词词组

在苗语东部方言里面，存在一些状词，可以被其描摹的动词、形容词嵌入其中，形成一种由状词的核心单音词与单音节动词、形容词组合而成的"形状混合词组"。例如，用于描摹呆傻、憨厚的双音节状词"mpu^{44} mpu^{44}"，口语表达时有的读作"mp^{h}u^{44} mp^{h}u^{44}"，同词义是"呆傻"的"cɑ^{22}"组合时，可以组成三音节的"cɑ^{22} mpu^{44} mpu^{44}"，四音节的"cɑ^{22} mpei^{44} cɑ^{22} mpu^{44}"，五音节的"cɑ^{22} mpei^{44} mpei^{44} mpu^{44} mpu^{44}"，所形成的这三种状词表达，语义不变。其中的"cɑ^{22} mpei^{44} cɑ^{22} mpu^{44}"，形容词"cɑ^{22}"，不仅嵌入了状词"mpu^{44} mpu^{44}"的内部，而且造成了位于前面的"mpu^{44}"发生微变音，成为"mpei^{44}"，形成"形状混合词组"。又如，用于描摹动作缓慢而且不停顿的双音节状词"ʐɑ^{22} ʐɯ^{42}"，口语表达时有的读作"ʐɑ^{44} ʐɯ^{42}"，同词义是"移动"的"ʂə^{35}"组合时，可以组成三音节的"ʂə^{35} ʐɯ^{44} ʐɯ^{42}"，四音节的"ʂə^{35} ʐɑ^{22} ʂə^{35} ʐɯ^{42}"，五音节的"ʂə^{35} ʐɑ^{22} ʐɯ^{42} ʐɑ^{22} ʐɯ^{42}"或"ʂə^{35} ʐɑ^{22} ʐɑ^{22} ʐɯ^{42} ʐɯ^{42}"，所形成的这几种不相同的表达，语义不变。其中的"ʂə^{35} ʐɑ^{22} ʂə^{35} ʐɯ^{42}"，是动词"ʂə^{35}"，嵌入了状词"ʐɑ^{22} ʐɯ^{42}"的内部，对其进行拆分，形成状词与动词组合而成的"动状混合词组"。

第三节　状词的词义词性与其边界问题讨论

包括本研究在内，所有关于状词的定义，都是针对状词功能的描述。因此，状词的本体内容，如状词的音义、状词的边界等，都无法从定义得到理解。而音义与边界，恰恰是掌握状词的全部属性的关键，必须在分析状词的结构与使用及相关问题之前说明清楚。

3.4.1　状词的语音

1. 被使用约定的语音存在

可以肯定，已然被认定是状词的那些苗语词，无论在口语表述中是否发生了语音的变化，都是有本原之音的。进一步说就是，所有的苗语东部方言状词，无论是双音节、三音节还是四音节，固有的语音是存在的，且其中各个音节的语音是明确的。举例说，四音节叠音状词"$z_lα^{22} z_lα^{22} z_lɯ^{44} z_lɯ^{42}$"，在使用时，语音是固然的，且其中的四个单音节语词，无论是相互微变音形成的语音，还是独自存在的语言，都是在长期使用中约定了的语音存在。

2. 状词的单音词语音

从当今苗语单音词应用的实际情况来看，构成苗语东部方言状词的单音词，语音可以分成三个类别。一是拟声词；二是早期形成固定含义的一些语词；三是一些没有实际语义的词缀。

（1）拟声词

构成状词的单音词的语音，大多数是拟声词，即模仿声音所形成的语词。例如，多用于描摹形势紧急的状词"$wẽ^{42} wẽ^{42}$"（如"$ta^{42} wẽ^{42} wẽ^{42}$"，"$tẽ^{44} wẽ^{42} wẽ^{42}$"等），就是模拟火乘风势燃烧发出的声响。苗语用单音词"$wẽ^{42}$"描摹的这种声响，汉语通常用"呼"拟音，故，叠音而成的双音节状词"$wẽ^{42}wẽ^{42}$"，汉语对应拟声词是"呼呼"。又例如，多用于描摹结构不牢、做事拖拉的状词"$qei^{44}qei^{44} qa^{44} qa^{53}$"，其中的"$qei^{44}$"

"qa⁵³"都是模拟捆扎不紧、结构不牢的物体在外力作用发出的声响。这种声响,汉语通常用"吱嘎吱嘎"拟音。

在苗语东部方言里面,拟声词有单音节、双音节、三音节等。例如,单音节拟声词"cʰiɛ⁴⁴ cʰiɛ⁴⁴"或"cʰiɛ⁴⁴",通常用来模拟打锣、弹丸弹射、炮弹发射、人或动物弹跳等发出的声响;双音节拟声词"ta⁴⁴tuŋ⁴²"或"tei⁴⁴ tuŋ⁴²",通常用来模拟有节奏的比较密集的撞击声(如奔跑时足击地面、打鼓等);三音节拟声词"tsi⁵³ kwei³⁵ fu⁴⁴"用来描摹阳雀的叫声,"tsi⁵³ tsei³⁵ ʐa⁴⁴"用来描摹知了的叫声。

在苗语东部方言,只有单音节和双音节的拟声词可以叠加构成状词。

(2)早期形成固定含义的一些语词

所谓早期形成含义的语词,指的是在当今苗语中属于名词、动词但可以判断其音义源自拟声词的语词。换言之,这些名词或动词,是直接从拟声词发展成当今的有固定音义的单音词,并且继续保持着拟声词可以通过叠加实现生动化、形象化、贴切化表达的"原始属性"。由于其产生的年代十分久远,这些单音词的音义,已然被其叠加使用的"状词化行为"覆盖了,往往只能叠加起来作为状词使用,不单独使用了。

例如,本义是"腐臭"的单音词"mpʐʰaŋ⁵³",汉字拟音可用"滂",只能作为词义是"腥臭""难闻"的"tɕə⁵³ tɕa⁴⁴"的状词,组成"tɕə⁵³ tɕa⁴⁴ mpʐʰaŋ⁵³ mpʐʰaŋ⁵³",或省略"tɕə⁵³ tɕa⁴⁴"而独立存在的依然表达"腥臭""难闻"的"mpʐʰaŋ⁵³ mpʐʰaŋ⁵³"。"mpʐʰaŋ⁵³"这个单音词,音义来自古人嗅到或吃到腐臭食物赶紧吐出并不断吐口水以清理口腔而发出的声音,苗语用"mpʐʰaŋ⁵³"或"pʰe⁵³"表达,汉语多用"呸"表达。这种声音和相应的动作,当今的苗族人汉族人都还在沿用。故,吵架时,表述蔑视对方的用语还有"呸"。

(3)没有实际语义的词缀

苗语东部方言中没有实际语义的词缀,主要有如下四个。

一是"qo³⁵",有的苗语区域读作"qa³⁵"或"qa⁴⁴"。其辅音脱落退化后,在口语表达时变成"a³⁵"或"a⁴⁴"。其音义和功能,与汉语单音词"阿"大体相同。例如,双音节叠音状词"ʐei⁴⁴ʐaŋ⁵³",用四音节表达时,可以是"ʐei⁴⁴ ʐaŋ⁵³ ʐei⁴⁴ ʐaŋ⁵³"和"ʐei⁴⁴ ʐei⁴⁴ ʐaŋ⁴⁴ ʐaŋ⁵³",还可以表达成"qɑ⁴⁴ ʐei⁴⁴ qɑ⁴⁴ ʐɑŋ⁵³"。又例如，描摹情势紧张的双音节状词"wẽ⁴² wẽ⁴²"，可以表达成"ɑ⁴⁴ wẽ⁴² ɑ⁴⁴ wẽ⁴²"。

二是"pɑ⁴⁴"。例如，四音节叠音状词"ʐei⁴⁴ ʐei⁴⁴ ʐɯ⁴⁴ ʐɯŋ⁴²"，可以表达成"pɑ⁴⁴ ʐei⁴⁴ pɑ⁴⁴ ʐɯŋ⁴²"，亦可以用"pɑ⁴⁴"的微变音语词"bei⁴⁴"和"pɯ⁴⁴"替换"pɑ⁴⁴"，表达成"pei⁴⁴ ʐei⁴⁴ pɯ⁴⁴ ʐɯŋ⁴²"。又例如，双音节叠音状词"hẽ⁴⁴ huŋ⁴⁴"，可以表达成四音节的叠音状词"hẽ⁴⁴ hẽ⁴⁴ huŋ⁴⁴ huŋ⁴⁴"，亦可以表达成四音节叠音状词"pɑ⁴⁴ hẽ⁴⁴ pɑ⁴⁴ huŋ⁴⁴"。

三是"tɕi³¹"（有时读作"tɕi⁴⁴"）。例如，四音节叠音状词"tɕi³¹ lei³⁵ tɕi³¹ lã⁴⁴""tɕi³¹ ntei³⁵ tɕi⁴⁴ ntə⁵³""tɕi³¹ tʰo³⁵ tɕi³¹ ɲciẽ⁴⁴"等。

四是"tɑ⁴⁴"（有时微变音读作"tɑ⁵³"或"tɑ⁴²"）。例如，四音节叠音状词"tɑ⁴⁴ tuŋ⁴² tɑ⁴⁴ tuŋ⁴²""tɑ⁴⁴ wen⁴² tɑ⁴⁴ wẽ⁴²""tɑ⁴⁴ pu⁴² tɑ⁴⁴ pu⁴²"等。

3.4.2 状词的词义

1. 状词的词义所指

本研究所说的状词的词义，不是它与动词、形容词结合之后所形成"合成词"或词组、短语的语义，而是指构成状词的单音词，尤其是核心单音词，是有明确词义的。例如，常用来描摹"红"或"黄"之程度的双叠音状词"ʐɯ⁴⁴ ʐɯ⁴⁴"的"ʐɯ⁴⁴"，本义是太阳、火、新鲜兽肉的颜色，是古人最常见多见的红色、明亮，其音义与汉字"日""融""热""肉"可能相同。又例如，常用来描摹"绿""蓝"或山林茂密程度的双叠音状词"ntsʰã⁴⁴ ntsʰã⁴⁴"（口语表述时有的读成"tsa²² tsa²²"），其核心单音词"ntsʰã⁴⁴"（或读成"tsa²²"），本义是"翠"，音义与汉字"翠"和"湛蓝"的"湛"可能相同。它的微变音骈俪词"ntsʰu⁴⁴"，音义与汉字"苍""楚"可能相同。

2. 状词描摹功能的生成逻辑

苗语东部方言状词描摹功能的生成逻辑，归结起来就两点。

第一，状词尤其是它的核心单音词，有既定的并且与它们所修饰的语词属性相同的词义。举例说，类似于汉语"绿油油"的苗语"合成词""ȵu²² ntsʰã⁴⁴ ntsʰã⁴⁴"，语义有"阴森森""绿油油""生翠翠"等。其中的状词"ntsʰã⁴⁴ ntsʰã⁴⁴"，之所以能够描摹"ȵu²²"，是因为"ȵu²²"的词义是"生""陌生"，而"ntsʰã⁴⁴ ntsʰã⁴⁴"的"ntsʰã⁴⁴"，本义是"苍翠""湛蓝""生鲜"等。

第二，状词的音义都先于或同期于它所修饰的动词、形容词形成稳定的音义。这是状词对与其属性相同的动词、形容词具有描摹功能的关键。最有力的例据是，所有与声音相关的动词、形容词，需要缀加状词以生动化、形象化、贴切化时，都是描摹声音的叠音状词。至少在苗语东部方言里面，最早形成音义的语词，都是拟声词；绝大多数名词、动词的音义，都是从拟声词引申出来的。

3.4.3 状词与其所描摹语词的词性关系

状词的词性与其所描摹语词的词性的关系，是洞悉状词之语音、语义、语用的深层逻辑的重要开关。

1. 状词与其所描摹语词的词性相同

无论是描摹动词的"动状词"，还是描摹形容词的"形状词"，核心单音词与其所描摹语词的词性相同。

举例说，如果是双音节状词与其所描摹的动词或形容词组合成"X+AB"或"X+AA"模式的"合成词"，其中的"A"或"B"的词性与"X"的词性相同。例如，"ȵiɛ⁴⁴ qu²² qu²²"里面的状词"qu²² qu²²"的核心单音词"qu²²"，其本原音义是"哭泣之声"，而"ȵiɛ⁴⁴"在当今苗语东部方言的词义是哭泣。又例如，跟汉语合成词"红艳艳"相当的"ȵa⁴² qɑ⁴⁴ qɑ⁴²"，状词"qɑ⁴⁴ qɑ⁴²"的核心单音词"qɑ⁴²"的词义是"红色"，是形容词，与"qɑ⁴⁴ qɑ⁴²"所修饰的词义是"红"或"赤"的"ȵa⁴²"，词性是相同的（都是形容词）。同样的道理，"çə⁴⁴ ta⁴⁴ pu⁴²"的状词"ta⁴⁴ pu⁴²"的核心单音词"pu⁴²"，是动作快速而发出的声响，属于动词，与词义是"起立""离开"的"çə⁴⁴"，词性是相同的（都是动词）。

因此，所有由拟声词叠加而成的状词，无论是双音节还是四音节，都能描摹动词，因为所有的拟声词都是由动作发出的，天生具有动词属性。

3.4.4 使用时的词性变化

1. 状词变成名词

（1）描摹声音的状词变成名词

描摹声音的状词变成名词比较多见。具体变化，有如下情形。

一是描摹声音的语词彻底变成发声物类的名称。比如，"qu^{53} qu^{22}""qɑ^{22} qɑ^{22}"等，描摹鸟类鸣叫的摹声状词，多数变成了该类动物的名称。又如，描摹刺猬行走时其身上的尖刺磕碰发声的声音"ȵtɕī^{44} ȵtɕī^{44}"，经口语表述化简成"tɕi^{44} tɕī^{42}"，就是刺猬的苗语称谓。再如，朝傩、打绕棺等民间信仰活动时使用的打击乐：锣钵，有的区域苗语称作"ŋk^{h}waŋ^{35} ŋk^{h}waŋ^{35} ȵtɕ^{h}ie^{53}"，这个称谓就是描摹这种乐器的击打节律和声音。

二是描摹声音的拟声词，既保留状词的词性，又在某些语境下变成发声物类的名称。比如，描摹车子鸣叫的拟声词"qã^{44} qã^{44}"，在描摹声音的语境里是状词，但在儿童交流语言里，就变成了车子的代名词。日常用语中，大人给孩子说"tɕuŋ^{53} qã^{44} qã^{44}"，其中的"qã^{44} qã^{44}"，就是车子。

（2）个别状词变成专用名词

例如，描摹痛苦呻吟之状的"a^{44} lu^{44} a^{44} li^{35}"，在"巴狄雄"神辞里面，用作专司疼痛的神鬼的名字。

2. 状词变成形容词

（1）拟声单音词叠加构成形容词

例如，描摹飞行状态的"cʰa^{31} cʰa^{35}"，在"巴狄雄"神辞里面，就直接用作滑翔式降落的形容词。具体经句是"cʰa^{31} cʰa^{35}tso^{42} tɯ^{35} lo^{22} tã^{44}, tso^{42} la^{42} lo^{22} pã^{42}"（语义是：平稳地滑翔降临大地，转回人间）。

又例如，描摹行走吃力而缓慢的四音节状词"ʐei^{44} ʐei^{44} ʐaŋ^{44}

ʐaŋ^{53}",在"巴狄雄"神辞里面,被拆解使用。使用时稍作变音处理,形成"ʐei^{31} ʐei^{35}"和"ʐaŋ^{44} ʐaŋ^{53}"。具体经句是:"ʐei^{31} ʐei^{35} qo^{31} kɯ^{44},ʐaŋ^{44} ʐaŋ^{53} qo^{31} kuŋ^{35}"(语义是:徐徐上路,悠悠而行)。拆分状词而成的两个摹声状词,既作为动词,又作为形容词。

（2）通过引申义的作用使状词变成形容词

例如,描摹声音的状词"qei^{44} qei^{44} qa^{44} qa^{53}"和"qei^{44} qa^{53} qei^{44} qa^{53}",在日常用语中被引申为"做事不果断",且其语义与汉语的"犹豫不决""举棋不定""首鼠两端"等相当。

（3）使用习惯促成状词变成形容词

例如,描摹矮小短粗之状的"pei^{35} pei^{35} lu^{44} lu^{44}",在日常用语中,变成了形容矮小短粗的形容词。

3.4.5 状词与形容词、程度副词的边界

苗语东部方言状词与形容词、程度副词有没有非此即彼的边界,是一个非常有趣的问题。如果仅仅按照状词的定义来理解苗语东部方言状词,这个问题是不存在的。问题是,苗语东部方言是口语形态的语言,其所遵循和适用的语法,并没有经过官方用语和文字表达的长期模塑,形成强行固化或照例约定,很是自然,很是民间。因此,某些具体的状词,跟某些形容词和程度副词的功能和用法,是很难严格区分的。

以单音词"tsei^{35}"为例。在某些苗语区域的日常用语中,这个单音词读成"tei^{35}"。它是"tsei^{31}"的微变义语词,本义是"齐整""齐全",即事情发展达到了圆满、完美的状态,本义可能与汉字"齐"相同。这个单音词的微变义骈俪词是"tsə^{44}",音义可能与汉字"周""正"相同。"tsei^{35}"和它的骈俪词"tsə^{44}",都可以用来修饰所有的形容词。如:"ʐu^{53} tsei^{35}",词义是"好极";"tɕa^{44} tsei^{35}",词义是"坏极"。按照结构语言学的学理,形容词是不能修饰形容词的。于是,在修饰形容词的语词中,单音词"tsei^{35}"和它的骈俪词"tsə^{44}",只能属于程度副词,词义和功能与"很""最""极"相当。然而,"tsei^{35}"进行双叠音处理之后的"tsei^{35} tsei^{35}"(有的苗语区域读成"tsei^{31} tsei^{35}"),却成了可用修饰所

有形容词的"通用单叠音形状词"[①]。

实际上,在苗语东部方言里面,类似上例的语词还有不少。这种状词、形容词、程度副词边界模糊的现象,不知是不是苗语东部方言独有的特点,本研究也无法进行合理的诠释。

[①] 罗安源著:《松桃苗话描写语法学》,中央民族大学出版社,2005年12月,第94页。

第四章 苗语东部方言状词研究的四个基础问题讨论

苗语东部方言状词研究，已然形成的需要解决的主要问题有四个：一是"非叠音状词"问题；二是"通用状词"问题；三是"状词种类"问题；四是"单音状词"问题。这些问题都是对苗语东部方言状词研究具有制导性意义的基本问题，也是关键问题，因为对这四个基本问题的理解，直接影响研究者对苗语东部方言状词的形态、属性、结构和功能的基本判断的正确性，继而联动影响研究者对苗语东部方言状词所采用的分析框架的正确性，故设专章讨论。

第一节 "非叠音状词"问题讨论

绝大多数前辈学人认为，苗语东部方言存在"非叠音状词"。它是状词的一个种类，由"两个声、韵、调完全不同的音节连在一起"[1]组成，是结构稳定和功能明确的固定语词。

4.1.1 "非叠音状词"的观点溯源

认为苗语东部方言存在非叠音状词的前辈学者，主要是罗安源教授、向日征教授和余金枝教授。

---

[1] 向日征著：《吉卫苗语研究》，四川民族出版社，1999年1月，第68页。

1. 罗安源教授列举的"非叠音状词"

罗安源教授认为："动状词包括单叠音状词、双叠音状词、非叠音状词三类。"①"非叠音动状词可以用在动词之后说明动词，也可以用在动词之前说明动词。放在动词之前时，它与动词之间要插入副词 tɯ³⁵（就）。"② 并在此后列举如下 4 个例句③：

（1）wu⁴⁴ ɕə⁴⁴ tɑ⁴⁴ wei⁴². 他突然起来了。

（2）wu⁴⁴ tɑ⁴⁴ wei⁴² tɯ³⁵ ɕə⁴⁴ tɕu²². 他突然就起来了。

（3）wu⁴⁴ ɕə⁴⁴ tɑ⁴⁴ wu⁴². 他突然起来了。

（4）wu⁴⁴ tɑ⁴⁴ wu⁴² tɯ³⁵ ɕə⁴⁴ tɕu²². 他突然就起来了。

罗安源教授所用例句的中"非叠音状词"是："tɑ⁴⁴ wei⁴²"和"tɑ⁴⁴ wu⁴²"。

2. 向日征教授列举的"非叠音状词"

向日征教授认为："非叠音动状词是两个声、韵、调完全不同的音节连在一起，放在动词的后面，表示动作行为的速度。""这种状词也能放在动词前面，但中间要加副词 tɯ³⁵'就'，表示动作行为的速度"。④ 他所列举的"非叠音状词"例句有如下 4 个⑤：

（1）a⁴⁴ ŋoŋ³³ ka⁵³ ka⁵³ zi⁵³ tɑ⁴⁴ci³⁵. 一只喜鹊突然飞走了。

一只 喜鹊 飞 突然飞起貌

（2）wu⁴⁴ ɕə⁴⁴ tɑ⁴⁴hu⁵³. 他忽然站起来了。

他 站 忽然站起来貌

（3）wu⁴²tei⁴² tɯ³⁵ tɑ³¹ noŋ⁴² tɕu³³. 突然就下起雨来了。

突然下雨貌 就 下 雨 了

（4）wu⁴⁴ wu⁴²ntʰei⁵³ tɯ³⁵ ŋɛ⁴⁴ tɕu³³. 他突然就哭起来了。

他 突然哭泣貌 就 哭 了

向日征教授所列举"非叠音动状词"有四个："tɑ⁴⁴ ci³⁵""tɑ⁴⁴ hu⁵³""wu⁴² tei⁴²""wu⁴² ntʰei⁵³"。

---

① 罗安源著：《松桃苗话描写语法学》，中央民族大学出版社，2005 年 12 月，第 89-90 页。
② 罗安源著：《松桃苗话描写语法学》，中央民族大学出版社，2005 年 12 月，第 91-92 页。
③ 罗安源著：《松桃苗话描写语法学》，中央民族大学出版社，2005 年 12 月，第 92 页。
④ 向日征著：《吉卫苗语研究》，四川民族出版社，1999 年 1 月，第 68 页。
⑤ 向日征著：《吉卫苗语研究》，四川民族出版社，1999 年 1 月，第 68 页。

第四章　苗语东部方言状词研究的四个基础问题讨论

3. 余金枝教授列举的"非叠音状词"

余金枝教授认为："非叠音式状词不多，多含前缀 ta³¹，可能是由动物、名词前缀 ta⁵³ 类推产生的，变读为 ta³¹。"① 其所列举的例句有如下 6 个②：

(1) （χwei³⁵) ta³¹ wu²². 突然抽身状。
(2) （çə⁴⁴) ta³¹ kɑ³⁵. 突然起身状。
(3) （χwei³⁵) ta³¹ pu⁴². 猛然离开状。
(4) （ʂə⁵²) ta³¹ təŋ²². 突然跑离状。
(5) （ʐəŋ³⁵) ta³¹ χu⁴⁴. 快速飘离状。
(6) （pjo⁵³) ta³¹ ʂu⁵³. 快速穿行状。

余金枝教授所列举的"非叠音式状词"有六个："ta³¹ wu²²"，"ta³¹ kɑ³⁵"，"ta³¹ pu⁴²"，"ta³¹ təŋ²²"，"ta³¹χu⁴⁴"，"ta³¹ ʂu⁵³"。

4. 上述学者列举的"非叠音状词"构造特点

罗安源、向日征、余金枝三位教授所列举的上述"非叠音状词"有三个特点：

一是多数存在词前缀"tɑ⁴⁴"。这个词前缀，有的记音为"tɑ⁴⁴"，有的记音为"ta³¹"，乃是口语表述的细微差别。

二是有一个共同的"非叠音状词"："tɑ⁴⁴ wu⁴²"（由于局域口语表达的差异，记音者用国际音标记作："tɑ⁴⁴ wu⁴²"，"ta³¹ wu²²"，"tɑ⁴⁴ hu⁵³"，"ta³¹ χu⁴⁴"）。因此，三位学者所列举的"非叠音状词"，累加起来共有九个："tɑ⁴⁴ wei⁴²"，"tɑ⁴⁴ wu⁴²"，"tɑ⁴⁴ ci³⁵"，"wu⁴² tei⁴²"，"wu⁴² ntʰei⁵³"，"ta³¹ kɑ³⁵"，"ta³¹ pu⁴²"，"ta³¹ təŋ²²"，"ta³¹ ʂu⁵³"。本研究之所以如此断言，是因为三位前辈学者的苗语调查点虽不相同，但是，罗安源教授的调查点松桃与向日征教授的调查点花垣县吉卫镇比邻，余金枝教授的调查点吉首市矮寨距离吉卫镇不到 30 公里，三地苗语相同，仅是个别语词的韵母或声调存在细微差别，属于口语表述的局域差异。三地的苗族群众完全可以进行无障碍口语交流。

三是在这九个状词中，有七个存在词前缀"tɑ⁴⁴"（"ta³¹"）；有两个

---

① 余金枝：《湘西矮寨苗语参考语法》，中国社会科学出版社，2011 年 6 月，第 134 页。
② 余金枝：《湘西矮寨苗语参考语法》，中国社会科学出版社，2011 年 6 月，第 134 页。

没有词前缀，但有共同的第一个单音词的"wu⁴²"，它们是："wu⁴² tei³¹"和"wu⁴² ntʰei⁵³"。

有词前缀的七个"非叠音状词"，去除没有实际语义的词前缀"tɑ⁴⁴"或"ta³¹"，剩下来的真正发挥"状词"功能的是七个单音词："wu⁴²""ci³⁵""wei⁴²""təŋ⁴²""kɑ³⁵""pu⁴²""su⁵³"。

完全符合"非叠音状词"定义的"wu⁴² tei⁴²"和"wu⁴² ntʰei⁵³"，拆分出来的能够发挥"状词"功能的单音词是："wu⁴²""tei⁴²¹""ntʰei⁵³"。

构成"非叠音状词"的上述单音词，确切音义是什么，上述三位前辈学者都还没有说明。

4.1.2 "非叠音状词"的属性辨析

上述三位前辈学者仅是从结构与功能的角度，阐释其所列举的九个"非叠音状词"，并未探讨这些状词的词性与音义，没有深究这些状词在使用过程中的音义变化和词性变化。实际上，要弄清楚这些状词的结构与功能，首先要弄清楚"wu²²""wei⁴²""ci³⁵""təŋ²²""kɑ³⁵""pu⁴²""ʂu⁵³""wu⁴²""tei⁴²""nthei⁵³"这十个单音词的词性与音义。这十个单音词都是描摹动作快捷的拟声词。下面，依照其语音、语义、语用的实际状况，予以分述。

1. "wu²²""wei⁴²""wu⁴²"的语音、语义、语用

首先，这三个单音词存在这样两重关系：一是苗语词"wu²²"（苗文：wul）与"wei⁴²"（苗文：wens）是一对骈俪词，即它们是音近义同的同义词或近义词，在日常用语中，作为彼此的骈俪词使用。二是罗安源教授取自贵州松桃和向日征教授取自湖南花垣吉卫镇的苗语词"wu⁴²"（苗文：wus），与余金枝教授取自湖南湘西矮寨的苗语词"wu²²"（苗文：wul），乃是同一个单音词。

其次，"wu²²""wei⁴²""wu⁴²"，皆是拟声词，是拟声词变成的形容词。通常，"wu²²"和"wu⁴²"是描摹气流的拟声词。故，苗语东部方言形容风乱吹，一般表达为"pzₕã³⁵ ci⁴⁴ ɑ⁴⁴ wu⁴² ɑ⁴⁴ wu⁴²"，语义都是"风呜呜地吹"或"风呼呼地刮"；形容呼吸急促，一般表达为"ɕɯ⁵³ ɕiẽ⁴⁴ ɑ⁴⁴ wu^{42} a^{44} wu^{42}",语义是"呼呼地呼吸";形容吹火卖力,一般表达为"pẓʰo^{35} tə^{22} a^{44} wu^{42} a^{44} wu^{42}",语义是"呼呼地吹火"。"wẽ^{42}"或"wei^{42}"多数是描摹"猛火燃烧"发出的声响和热度上升的状态。所以,苗语东部方言形容火猛烈地燃烧,一般表达为"tɑ^{22} tɑ^{42} a^{44} wẽ^{42} a^{44} wẽ^{42}",语义是"火炆炆地燃烧";形容脸色迅速涨红,一般表达为"tɑ^{42} me^{42} a^{44} wẽ^{42} a^{44} wẽ^{42}",语义是"脸色炆炆地燃烧"。

"wu^{22}""wu^{42}""wẽ^{42}"这三个拟声词,还表示"动作快捷",作形容词用,且三者所刻画的程度,没有显著的区别。这三个单音词可以形成的主要句式是"呼的一下就……"也就是说,这三个单音词与"忽然"的"忽"音义可能近同。例如:

(1) tə^{22} tɑ^{42} ʂaŋ^{53} tɑ^{44}, a^{44} wu^{42} tɯ^{35} tẽ^{44} tçu^{22}.

火燃得快,呼的一下就很旺了。

(2) wu^{35} ȵtçʰĩ^{53} lo^{22} ʂaŋ^{53} tɑ^{44}, tɑ^{44} wẽ^{42} tɯ^{35} tẽ^{44} tçu^{22}.

洪水来得太快,呼的一下就达峰了。

必须说明的是,在日常用语中使用"wu^{22}""wu^{42}""wẽ^{42}",一般须加上"tɑ^{44}"(苗文:dad)、"tɑ^{53}"(苗文:dat)或"a^{44}(苗文:ad)",组成"tɑ^{44} wu^{42}"(苗文:dad wus)、"tɑ^{44} wei^{42}"(苗文:dad wens)或"a^{44} wu^{42}"(苗文:ad wus)、"a^{44} wei^{42}"(苗文:ad wens),才能作为描摹动作快捷的状词。例如,罗安源教授用做例子的"wu^{44} çə^{44} tɑ^{44} wei^{42}",若是去除"tɑ^{44}",变成"wu^{44} çə^{44} wei^{42}",这样的句子就不成立。

再次,"wu^{22}""wei^{42}""wu^{42}"的词前缀,或是记作"tɑ^{44}"(苗文:dad),或是记作"tɑ^{53}"(苗文:dat),乃是苗语东部方言不同局域口语表述而形成的微小差异,其语义和语用均完全相同。

在苗语日常用语中,"wu^{22}""wei^{42}""wu^{42}"这三个单音词能够组合形成的双音节叠音状词是:"wei^{42} wei^{42}"或"wẽ^{42} wẽ^{42}","wu^{22} wu^{22}"或"wu^{42} wu^{42}",都是描摹类似于"火旺状"的情势,故引申义是"情势发展迅速之极"。例如:

(1) nəŋ^{31} ʂaŋ^{53} tɑ^{44}, a^{44} le^{35} tçʰi^{35} pe^{44} a^{44} wẽ^{42} wẽ^{42}.

吃得快了,这个肚子呼呼地鼓出来。

（2）ci⁵³ ʂu⁴⁴ ɑ⁴⁴wu⁴²wu⁴²，nəŋ⁵³ tʰɯ³⁵ nəŋ⁵³ ʑɑŋ²² tɕu²².

风呼呼地刮，冷极了。

"wu²²""wei⁴²""wu⁴²"这三个单音词能够组合形成的四音节叠音状词是："wei⁴⁴ wei⁴⁴ wu⁴² wu⁴²"或"wẽ⁴² wẽ⁴²wu⁴² wu⁴²"，"wei⁴² wu⁴² wei⁴² wu⁴²"或"wẽ⁴² wu⁴² wẽ⁴² wu⁴²"，都是"火旺状"或"猛然状"，引申义是"情势复杂混乱而且发展迅速之极"。例如：

（1）tɕi³¹ hɯ³⁵ wei⁴⁴wei⁴⁴wu⁴⁴wu⁴²，we²² tɕe³¹ n̥ɑŋ⁴⁴ mɯ³¹ pʰu⁴⁴ qo³⁵ nɑŋ³⁵ nɑŋ⁴⁴.

呜哇呜哇的混响，我听不清你说什么。

（2）Mʐɑ²²teu²² wei⁴⁴wu⁴²wei⁴⁴wu⁴² nɑŋ⁴⁴，le³⁵ tɕi³⁵ ciẽ⁵³ m²² tɕi⁴⁴ hə⁵³？

火苗忽上忽下地乱窜，谁敢去救。

2. "ci³⁵"的语音、语义、语用

"ci³⁵"是一个不常用的拟声词。其所模拟的是疾风略过空枝或手持木条在空快速划过而发出的声响，用作状词须在前面加词前缀"tɑ⁴⁴"或"ɑ⁴⁴"，组成"tɑ⁴⁴ ci³⁵""ɑ⁴⁴ ci³⁵"，作为描摹带着哨声的快速移动的状词，表达的语义是："唧的一声就……"固化后的语义是"猝然"。

3. "təŋ⁵³"的语音、语义、语用

"təŋ⁵³"，口语表述时，有的读成"təŋ⁵³"，有的读成"təŋ⁴²"。这是描摹物体相搏（如跑动时脚步声）的一个拟声词，是一个由拟声词变成的形容词。在日常用语中使用，须加上"tɑ⁴⁴"或"ɑ⁴⁴"，组成"tɑ⁴⁴ təŋ⁴²"或"ɑ⁴⁴ təŋ⁴²"，才能作为描摹动作快捷的状词，表达的语义是："咚的一声就……"固化后的语义是"突然"或"顿时"。例如：

（1）tu⁵³ sa⁵³ tɕe³¹ kɑŋ⁴² we²² pʰu⁴⁴ tɕu²²，ɑ⁴⁴ təŋ⁵³ tɯ³⁵ çə⁴⁴ ʂə³⁵.

话都不让我说完，咚的一声就起身走了。

由"təŋ⁵³（təŋ⁴²）"这个核心单音词构成的双音节非叠音状词有："təŋ⁴² ʐuŋ⁴²""təŋ⁴² qwẽ⁴²""təŋ⁴² ɳtɑ⁵³"等等；四音节状词有："tɑ⁴⁴ təŋ⁴² tɑ⁴⁴ təŋ⁴²"或"tei⁴⁴ təŋ⁴² tei⁴⁴ təŋ⁴²"，"tɑ⁴⁴ tɑ⁴⁴ təŋ⁴⁴ təŋ⁵³"或"tɑ⁴⁴ tɑ⁴⁴ təŋ²² təŋ⁴²"，等等。这几个叠音状词的语义都是"行动稳重而快速状"，引申义都是"形容身体健硕有力"。例如：

（1）wu⁴⁴ ta³¹ ta⁴⁴, ȵqẽ⁵³ pu³⁵ pa⁵³ kaŋ³⁵ tei⁵³ tɕi⁴⁴qwaŋ⁴² ta⁴⁴ təŋ⁵³ ta⁴⁴ təŋ⁵³ naŋ⁴⁴.

他太有力气了，挑三百斤还能叮咚叮咚地跑。

（2）a⁴⁴ ko⁴⁴ te³⁵te³⁵ tei³¹ ȵɛ²² ɕo⁵³ naŋ⁴⁴, ta⁴⁴təŋ⁵³ta⁴⁴təŋ⁵³ tɕi³¹ ɕi³⁵ a⁴⁴ n̥ʰe³⁵ a⁴⁴ n̥ʰe³ maŋ²².

这些孩子不知休息，奔跑一整天都不累。

4. "ka⁴²"的语音、语义、语用

"ka⁴²"，口语表述时，有的读成"ka³⁵"，有的读成"ŋka⁵³"。这是描摹物体高的一个拟声词。"ka⁴²"（ka³⁵、ŋka⁵³）这个单音词的本义是"高"。加上词前缀"ta⁴⁴"或"a⁴⁴"，形成"ta⁴⁴ ka⁴²"或"a⁴⁴ ka⁴²"，固化在日常用语中的语义是"猛然往上蹿"或"骤然立起"，语义跟"戛然""骤然""猛然"差不多。这个单音词可以同自身的微变音语词"kei⁴⁴"组合形成四音节叠音状词"kei⁴⁴ ka⁴² kei⁴⁴ ka⁴²"和"kei⁴⁴ kei⁴⁴ ka²² ka⁴²"。例如：

（1）tu⁵³ sa⁵³ tɕe³¹ kaŋ⁴² we²² pu⁴⁴ tɕiẽ³¹, wu⁴⁴ a⁴⁴ ka⁴² tɕi³⁵ ʂə³⁵ tɕu²².

话都没让我说完，他猛然起身走了。

（2）wu⁴⁴kei⁴⁴ kei⁴⁴ ka⁴⁴ ka⁴² naŋ⁴⁴, l̥a³¹ ntʰəŋ⁴⁴ ʐa⁴⁴ tu³¹.

他很瘦很高，像一扇门。

5. "pu⁴²"的语音、语义、语用

"pu⁴²"是描摹快速行动而发出的短促声响，是一个大体上可以用汉字"噗""砰""啪"拟声的拟声词，作形容词用。其固化在日常用语中的语义是："砰的一声就……"音义与"甫"字可能相同，表示"忽然""突然"等。这个单音词可以同自身的微变音语词"pa⁴⁴"组合形成四音节叠音状词："pa⁴⁴ pa⁴⁴ pu⁴² pu⁴²"，"pa⁴⁴ pu⁴² pa⁴⁴ pu⁴²"，语义是"急促毛躁"或"快手快脚"；可以同拟声词"ntʰẽ⁵³"组合而成双音节状词"pu⁴² ntʰe⁵³"，以及四音节状词"pu⁴² ntʰẽ⁵³pu⁴² ntʰẽ⁵³"，语义是"干活卖力"或"不停息地干"。例如：

（1）wu⁴⁴ tɕa⁴⁴ kɯ⁴⁴ təŋ³⁵ ta⁴⁴, tʰu⁴⁴ qo³⁵ naŋ³⁵ naŋ³¹ pa⁴⁴ pa⁴⁴ pu⁴⁴ pʰu⁴² naŋ⁴⁴.

他活儿干得差，做什么都是毛毛躁躁的。

(2) wu⁴⁴ ɑ⁴⁴ ȵtɕe³¹ tɕe³¹ ɕo⁵³ naŋ⁴⁴, n̥ʰe³⁵ n̥ʰe³⁵ naŋ³¹ pu⁴² ntʰẽ⁵³ pu⁴² ntʰẽ naŋ⁴⁴ tʰu⁴⁴.

他从不闲着，天天都做。

6. "ʂu⁵³" 的语音、语义、语用

"ʂu⁵³"，口语表述时，有的读成"su⁵³"，有的读成"su⁴⁴"。是描摹物体快速移动的声响的一个语词，与汉语拟声词"嗖""倏"可能相同，是拟声词变成的形容词。其固化了的语义是："嗖的一声就……"音义与"倏然"的"倏"可能相同。这个单音词可以同它的"微变音语词""su⁴⁴"和"sei⁴⁴"组成的四音节叠音状词："sɑ⁴⁴ su⁴⁴ sɑ⁴⁴ su⁴⁴"，"sɑ⁴⁴ sɑ⁴⁴ su⁴⁴ su⁵³"，"sei⁴⁴ su⁵³ sei⁴⁴ su⁵³"，"sei⁴⁴ sei⁴⁴ su⁴⁴ su⁵³"。这四个四音节叠音状词所表达的语义都与汉语"窸窣窸窣"差不多。

通过上面的叙述和说明，基本上可以得出结论，上述三位学者所列举的"非叠音状词"，有两种构成模式：一是由一个单音节拟声词同一个词前缀构成的双音节状词，它们可以与其微变音语词组成稳定的四音节状词；二是由两个单音节拟声词组成的双音节状词。若是以语词的稳定性作为主要考量因素，则它们似乎还不是"词"。举例，被包括上述三位学者在内的研究者认定是"双音节状词"的"tɑ³¹ pu⁴²"或"tɑ⁴⁴ pu⁴²"，实际上不是一个固定的语词，因为在表述时，它既可以表达成"tɑ⁵³ pu⁴²"，又可以表达成"ɑ⁴⁴ pu⁴²"，且这两种表达没有任何语义上的差别。"tɑ⁵³"和"ɑ⁴⁴"都是词前缀，功能是使得单音词"pu⁴²"能够进行双音节表达。上述诸例"非叠音状词"的核心单音词都是拟声词，但在使用过程中锁定成了形容词。进一步说就是，"wu⁴²"或"fu⁵³""hu⁵³"，跟汉语词"忽然"的"忽"音义相当；"təŋ⁵³"或"təŋ⁴²"，跟汉语词"突然"的"突"音义相当；"kɑ⁴²"或"kɑ⁵³"，跟汉语词"戛然"的"戛"音义相当；"pu⁴²"跟汉语词"甫然"的"甫"音义相当；"su⁵³"跟汉语词"倏然"的"倏"音义相当。

因此，上面讨论的"非叠音状词"："tɑ⁴⁴ pu⁴²"，"tɑ⁴⁴ wei³⁵"，"tɑ⁴⁴ su⁵³"，"tɑ⁴⁴ təŋ⁵³"等，皆是一个单音节状词加上一个词前缀，进行双音节化口语表述而形成的，严格地说是单音节状词。而这些单音节状词本来是拟声词，形容词化之后再加上词前缀，才成为描摹动作的

"非叠音状词"。

7. "wu⁴² tei⁴²"和"wu⁴² ntʰei⁵³"的语音、语义、语用

把"wu⁴² tei⁴²"和"wu⁴² ntʰei⁵³"这两个词视为"非叠韵状词"的前辈学者，仅向日征教授一人。构成这两个"非叠韵状词"的单音词"wu⁴²""tei⁴²""ntʰei⁵³"，都是拟声词。其中，"wu⁴²"与上述已经述及的"wẽ⁴²"差不多，是动作急速而发出的近似于"呼""呜"的声响；"tei³¹"与"ntʰei⁵³"与上述已经述及的"təŋ⁵³""təŋ⁴²"差不多，是弹跳、弓箭发射等而发出的类似于"咚""嗒""噔""突"之类声响。例如：

（1）pi⁴⁴ ʐa³¹ ța⁴⁴ tɑ⁴⁴ təŋ⁵³.

梨子咚的一声落地。

（2）pɑ³⁵ ce³¹ ʐo³⁵ a⁴⁴ ntʰẽ⁵³ tɯ³⁵ ntã³⁵ ʂə³⁵ tɕu²².

蚱蜢腾的一下就跳走了。

单音节拟声词"wu⁴²"和"tei³¹"组合而成的"wu⁴² tei³¹"，"wu⁴²"和"ntʰei⁵³"组合而成的"wu⁴² ntʰei⁵³"，本来仍是拟声词，用来描摹那种连续而重复的动作声响，但它们的组合之后，词性已经形容词化了，且所表达的语义跟汉语的"忽地""突然"相当，引申义为"意外""诡异""偶然"等，因而可以作为双音节状词。它们可以与自己或自己的微变音语词组成如下两个四音节的状词：一是"wu⁴² tei³¹ wu⁴² tã²²"，表示"意外之事"和"突然发生"，引申为"怪异事件"等；二是"wu⁴² ntʰei⁵³ wu⁴² ntʰei⁵³"，表示"不停地十分卖力地做事"。这两个四音节状词，在口语交流时使用，既是状词，也是形容词。以"wu⁴² tei³¹ wu⁴² tã²²"为例：

（1）wu⁴⁴ me³¹ hɯ⁵³ de³⁵ mʐo⁴² tɕu²², pʰu⁴⁴ tu⁵³ wu⁴² tei³¹ wu⁴² tã²² naŋ⁴⁴.

他有点疯了，说话很怪异。

显然，此例句中的"wu⁴² tei³¹ wu⁴² tã²²"，作为"说"的状词用。

（2）wu⁴⁴ tɕi⁴⁴ tsʰaŋ⁵³ wu⁴² tei³¹ wu⁴² tã²² tɕu²².

他遭遇诡异怪事了。

显然，此例句中的"wu⁴² tei³¹ wu⁴² tẽ²²"，作为形容词用。

8. 文化语言学学者对上述"非叠音状词"的理解

在麻荣远、龙晓飞、周纯禄、龙文玉合著的《苗汉语的历史比较》里面，对属于上述三位学者视为"非叠音状词"的词类有些讨论。比如，该著说："dad 做声貌词词头使用频率最高，同单音拟声词加然尾的意义完全相同，凡单音节拟声词加然尾的在苗语都可以与 dad 加单音节拟声词相当。如'忽然'可以同 dad wus，'浡然'可同 dad bus 完全相等。而且有证据表明，dad wus 这个词在先秦曾一度非常流行，古书上作'倏忽'或'儵忽'。"[①]

该著所说的词头"dad"（国际音标记作：tɑ⁴⁴），与上述所说的非叠韵状词共同的词前缀"tɑ⁴⁴"（苗文书写是：dad）或"tɑ⁵³（tɑ⁵³）"（苗文书写是：dat），乃是同一个语词。之所以书写有异，是因为不同局域的口语表述有细微差异，不同的记录者记录的结果有差异。进一步说就是，罗安源、向日征、余金枝三位前辈学者列举的"非叠音状词"的核心单音词，全部是单音节拟声词。其中，"wu²²"，词义是"忽然"；"wei⁴²"，词义是"忽然"；"təŋ²²"，词义是"突然"；"kɑ³⁵"，词义是"戛然"；"pu⁴²"，词义是"甫然"；"su⁵³"，词义是"倏然"。这些单音节的形容词，本原是拟声词。加上词前缀"tɑ⁴⁴"或"tɑ⁵³"之后，在口语表述中，就变成了跟"忽然""突然""甫然""倏然"等意涵和功能完全相同的形容词。正因为它们本质上是形容词，才可以对动词进行描摹，成为描摹动词的状词。

4.1.3 "非叠音状词"不稳定的问题

结构和功能都符合前辈学者共同认定为"非叠音状词"的语词，在苗语东部方言的日常用语中还有很多。比如，"tɑ⁴⁴ tsʰɯ⁵³"，"tɑ⁴⁴ ʐɑ⁴²"，"qa⁴⁴ ʐuŋ⁴²"，"ɑ⁴⁴ ȵtɕɑ⁵³"，等等。这些"非叠音状词"的最大特点，是结构上存在不稳定性，甚至可以说不是已然固化的语词，但它们却在日常用语中被广泛使用。为了避免从单词的构成条件出发开展讨论必然造成的

---

① 麻荣远、龙晓飞、周纯禄、龙文玉著：《苗汉语的历史比较》，湖南师范大学出版社，2001年4月版，第211页。

逻辑困扰，本研究拟用"同义不稳定非叠音状词丛"的概念，对其表义功能和结构特点进行梳理说明。

1. 同义不稳定非叠音状词丛

前辈学者所列举的苗语东部方言"非叠音状词"，实际上是一些同源语词丛。它们多是以一个单音节拟声词为核心，进行双音节化组合，且每个"非叠音状词"都有两个或两个以上的同义表达。为了更加切近这些语词的固有特性，在此，用"同义状词丛"表示。例如，以"tsʰɯ⁵³"为核心单音词的词义是"悄然"的双音节非叠音状词"ta⁴⁴ tsʰɯ⁵³"，在日常用语中，有至少五种同义的表达："ta⁴⁴ tsʰɯ⁵³""a⁴⁴ tsʰɯ⁵³""qa³⁵ tsʰɯ⁵³""pa⁴⁴ tsʰɯ⁵³""tsʰa⁴⁴ tsʰɯ⁵³"。在日常交流时，言说者使用这5个双音节"非叠音状词"表述，功能是完全相同的。不仅如此，这几个双音节"非叠音状词"，还可以组成词义仍然是"悄然"的至少四个四音节叠音状词："pa³⁵ tsʰa⁴⁴ pa⁴⁴ tsʰɯ⁵³""qa³⁵ tsʰa⁴⁴ qa⁴⁴ tsʰɯ⁵³""tsʰa⁴⁴ tsʰa⁴⁴ tsʰɯ⁴⁴ tsʰɯ⁵³""tsʰa⁴⁴ tsʰɯ⁴⁴ tsʰa⁴⁴ tsʰɯ⁵³"。本研究拟将这种现象概念为：基于同一个核心单音词的同义不稳定非叠音状词丛。

2. 同义不稳定非叠音状词丛的"同心环"

基于某个核心单音词的不稳定非叠音状词，总体上构成两个以核心单音词为圆心的"同心环"。其中，双音节的同义不稳定非叠音状词丛构成内环，四音节的同义不稳定非叠音状词丛构成外环。兹取部分常用的以单音节拟声词为核心词"非叠音状词"，予以列表说明。

基于同一核心单音词的同义状词简表

核心词	词性	双音节状词丛	四音节状词丛
pa⁴²	拟声词	ta⁴⁴ pa⁴²	ta⁴⁴ pa⁴² ta⁴⁴ pa⁴²
		a⁴⁴ pa⁴²	a⁴⁴ pa⁴² a⁴⁴ pa⁴²
		təŋ⁴²（tuŋ⁴²）pa⁴²	tuŋ⁴² pa⁴² tuŋ⁴² pa⁴²
			peiː⁴⁴ peiː⁴⁴ pa⁴² pa⁴²
			peiː⁴⁴ pa⁴² peiː⁴⁴ pa⁴²

续表

核心词	词性	双音节状词丛	四音节状词丛
pu⁴²	拟声词	tɑ⁴⁴ pu⁴²	tɑ⁴⁴ pu⁴² tɑ⁴⁴ pu⁴²
		ɑ⁴⁴ pu⁴²	ɑ⁴⁴ pu⁴² ɑ⁴⁴ pu⁴²
		pɑ⁴⁴ pu⁴²	pɑ⁴⁴ pu⁴² pɑ⁴⁴ pu⁴²
			pei·⁴⁴ pei·⁴⁴ pu⁴² pu⁴²
			pei·⁴⁴ pu⁴² pei·⁴⁴ pu⁴²
pʐɑ⁴²	拟声词	tɑ⁴⁴ pʐɑ⁴²	tɑ⁴⁴ pʐɑ⁴² tɑ⁴⁴ pʐɑ⁴²
		ɑ⁴⁴ pʐɑ⁴²	ɑ⁴⁴ pʐɑ⁴² ɑ⁴⁴ pʐɑ⁴²
			təŋ⁴² pʐɑ⁴² təŋ⁴² pʐɑ⁴²
			pi·⁴⁴ pʐɑ⁴² pi·⁴⁴ pʐɑ⁴²
			pi·⁴⁴ pi·⁴⁴ pʐɑ⁴² pʐɑ⁴²
tsʰɯ⁵³	拟声词	tɑ⁴⁴ tsʰɯ⁵³	tɑ⁴⁴ tsʰɯ⁴⁴ tɑ⁴⁴ tsʰɯ⁵³
		qɑ⁴⁴ tsɯ⁵³	qɑ⁴⁴ tsʰɯ⁴⁴ qɑ⁴⁴ tsʰɯ⁵³
		pɑ⁴⁴ tsʰɯ⁵³	pɑ⁴⁴ tsʰɯ⁴⁴ pɑ⁴⁴ tsʰɯ⁵³
		tsʰɯ⁴⁴ tsʰɯ⁵³	pɑ⁴⁴ tsʰɯ⁵³ pɑ⁴⁴ tsʰɯ⁵³
			tsʰei·⁴⁴ tsʰɯ⁴⁴ tsʰei·⁴⁴ tsʰɯ⁵³
			tsʰei·⁴⁴ tsʰei·⁴⁴ tsʰɯ⁵³ tsʰɯ⁵³
tuŋ⁵³	拟声词	tɑ⁴⁴ təŋ⁴² (tuŋ⁴²)	tɑ⁴⁴ tuŋ⁵³ tɑ⁴⁴ tuŋ⁵³
		ɑ⁴⁴ təŋ⁴² (tuŋ⁴²)	ɑ⁴⁴ tuŋ⁵³ ɑ⁴⁴ tuŋ⁵³
		tei⁴⁴ təŋ⁴² (tuŋ⁴²)	tei⁴⁴ tuŋ⁵³ tei⁴⁴ tuŋ⁵³
			tɑ⁴⁴ tɑ⁴⁴ tuŋ⁴⁴ tuŋ⁵³
			tei⁴⁴ tei⁴⁴ tuŋ⁴⁴ tuŋ⁵³

续表

核心词	词性	双音节状词丛	四音节状词丛
tuŋ⁴²	拟声词	ta⁴⁴ təŋ⁴² (tuŋ⁴²)	ta⁴⁴ tuŋ⁴² ta⁴⁴ tuŋ⁴²
		a⁴⁴ təŋ⁴² (tuŋ⁴²)	a⁴⁴ tə⁴² a⁴⁴ tuŋ⁴²
		tei⁴⁴ təŋ⁴² (tuŋ⁴²)	tei⁴⁴ tuŋ⁴² tei⁴⁴ tuŋ⁴²
		təŋ⁴² təŋ⁴² (tuŋ⁴²) (tuŋ⁴²)	tuŋ⁴² ʐuŋ⁴² tuŋ⁴² ʐuŋ⁴²
		təŋ⁴² (tuŋ⁴²) n̩ta⁵³	tuŋ⁴² n̩ta⁵³ tuŋ⁴² n̩ta⁵³
		təŋ⁴² (tuŋ⁴²) ka⁵³	tuŋ⁴² ka⁵³ tuŋ⁴² ka⁵³
		təŋ⁴² (tuŋ⁴²) qwẽ⁴²	təŋ⁴² qwẽ⁴² tuŋ⁴² qwẽ⁴² ⁴²
			ta⁴⁴ ta⁴⁴ tuŋ⁴² tuŋ⁴²
			tei⁴⁴ tei⁴⁴ tuŋ⁴² tuŋ⁴²
ka⁵³	拟声词	ta⁴⁴ ka⁵³	ta⁴⁴ ka⁵³ ta⁴⁴ ka⁵³
		a⁴⁴ ka⁵³	a⁴⁴ ka⁵³ a⁴⁴ ka⁵³
		wu⁴² ka⁵³	wu⁴² ka⁵³ wu⁴² ka⁵³
			kei⁴⁴ ka⁵³ kei⁴⁴ ka⁵³
			kei⁴⁴ kei⁴⁴ ka⁵³ ka⁵³
ka⁴²	拟声词	ta⁴⁴ ka⁴²	ta⁴⁴ ka⁴² ta⁴⁴ ka⁴²
		a⁴⁴ ka⁴²	a⁴⁴ ka⁴² a⁴⁴ ka⁴²
		kei⁴⁴ ka⁴²	kei⁴⁴ ka⁴² kei⁴⁴ ka⁴²
			kei⁴⁴ kei⁴⁴ ka⁴² ka⁴²
kuŋ⁵³	拟声词	ta⁴⁴	ta⁴⁴ kuŋ⁵³ ta⁴⁴ kuŋ⁵³
		a⁴⁴ kuŋ⁵³	a⁴⁴ kuŋ⁵³ a⁴⁴ kuŋ⁵³
		kei⁴⁴ kuŋ⁵³	kei⁴⁴ kuŋ⁵³ kei⁴⁴ kuŋ⁵³
		ka⁴⁴ kuŋ⁵³	ka⁴⁴ kuŋ⁵³ ka⁴⁴ kuŋ⁵³
qa⁵³	拟声词	ta⁴⁴ qa⁵³	ta⁴⁴ qa⁵³ ta⁴⁴ qa⁵³
		a⁴⁴ qa⁵³	a⁴⁴ qa⁵³ a⁴⁴ qa⁵³
		qei⁴⁴ qa⁵³	qei⁴⁴ qa⁵³ qei⁴⁴ qa⁵³
			qei⁴⁴ qei⁴⁴ qa⁴⁴ qa⁵³

续表

核心词	词性	双音节状词丛	四音节状词丛
qwa^{42}	拟声词	ta^{44} qwa^{42}	ta^{44} qwa^{42} ta^{44} qwa^{42}
		a^{44} qwa^{42}	a^{44} qwa^{42} a^{44} qwa^{42}
		qwei$^{·44}$ qwa^{42}	qwei$^{·44}$ qwa^{42} qwei$^{·44}$ qwa^{42}
			qwei$^{·44}$ qwei$^{·44}$ qwa^{42} qwa^{42}
qwẽ^{42}	拟声词	ta^{44} qwẽ^{42}	ta^{44} qwẽ^{42} ta^{44} qwẽ^{42}
		a^{44} qwẽ^{42}	a^{44} qwẽ^{42} a^{44} qwẽ^{42}
		qwa^{44} qwẽ^{42}	qwa^{44} qwẽ^{42} qwa^{44} qwẽ^{42}
		tuŋ^{42} qwẽ^{42}	tuŋ^{42} qwẽ^{42} tuŋ^{42} qwẽ^{42}
ȵtɕʰa^{53}	拟声词	ta^{44} ȵtɕʰa^{53}	ta^{44} ȵtɕʰa^{53} ta^{44} ȵtɕʰa^{53}
		a^{44} ȵtɕʰa^{53}	a^{44} ȵtɕʰa^{53} a^{44} ȵtɕʰa^{53}
		ȵtɕi^{44} ȵtɕʰa^{53}	ȵtɕʰi$^{·44}$ ȵtɕʰa^{53} tɕi^{44} ȵtɕʰa^{53}
			ȵtɕʰi$^{·44}$ ȵtɕʰa^{53} ȵtɕʰi$^{·44}$ ȵtɕʰa^{53}
ntʰẽ^{53}	拟声词	ta^{44} ntʰẽ^{53}	ta^{44} ntʰẽ^{53} ta^{44} ntʰẽ^{53}
		a^{44} ntʰẽ^{53}	a^{44} ntʰẽ^{53} a^{44} ntʰẽ^{53}
		ntʰa^{44} ntʰẽ^{53}	ntʰa^{44} ntʰẽ^{53} ntʰa^{44} ntʰẽ^{53}
		tuŋ^{42} ntʰẽ^{53}	təŋ^{42} ntʰẽ^{53} tuŋ^{42} ntʰẽ^{53}
			ntʰa^{44} ntʰa^{44} ntʰẽ^{44} ntʰẽ^{53}
		wu^{42} ntʰẽ^{53}	wu^{42} ntʰẽ^{53} wu^{42} ntʰẽ^{53}
ȵta^{53}	拟声词	ta^{44} ȵta^{53}	ta^{44} ȵta^{53} ta^{44} ȵta^{53}
		a^{44} ȵta^{53}	a^{44} ȵta^{53} a^{44} ȵta^{53}
		ȵtei$^{·44}$ ȵta^{53}	ȵtei$^{·44}$ ȵta^{53} ȵtei$^{·44}$ ȵta^{53}
		təŋ^{42} ȵta^{53}	tuŋ^{42} ȵta^{53} tuŋ^{42} ȵta^{53}
		wu^{42} ȵta^{53}	wu^{42} ȵta^{53} wu^{42} ȵta^{53}
			ȵtei$^{·44}$ ȵtei$^{·44}$ ȵta^{44} ȵta^{53}
ʐã^{44}	拟声词	qa^{44} ʐã^{44}	qa^{44} ʐã^{44} qa^{44} ʐã^{44}
		a^{44} ʐã^{44}	a^{44} ʐã^{44} a^{44} ʐã^{44}
		ʐei$^{·44}$ ʐã^{44}	ʐei$^{·44}$ ʐã^{44} ʐei$^{·44}$ ʐã^{44}
			ʐei$^{·44}$ ʐei$^{·44}$ ʐã^{44} ʐã^{44}

第四章　苗语东部方言状词研究的四个基础问题讨论

续表

核心词	词性	双音节状词丛	四音节状词丛
su⁵³	拟声词	tɑ⁴⁴ su⁵³	tɑ⁴⁴ su⁵³ tɑ⁴⁴ su⁵³
		ɑ⁴⁴ su⁵³	ɑ⁴⁴ su⁵³ ɑ⁴⁴ su⁵³
		qɑ⁴⁴ su⁵³	qɑ⁴⁴ su⁵³ qɑ⁴⁴ su⁵³
		sei˙⁴⁴ su⁵³	sei˙⁴⁴ su⁵³ sei˙⁴⁴ su⁵³
			sei˙⁴⁴ sei˙⁴⁴ su⁴⁴ su⁵³
			qɑ⁴⁴ sei˙⁴⁴ qɑ⁴⁴ su⁵³
wu⁴²	拟声词	tɑ⁴⁴ wu⁴²	tɑ⁴⁴ wu⁴² tɑ⁴⁴ wu⁴²
		ɑ⁴⁴ wu⁴²	ɑ⁴⁴ wu⁴² ɑ⁴⁴ wu⁴²
		wɑ⁴⁴ wu⁴²	wɑ⁴⁴ wu⁴² wɑ⁴⁴ wu⁴²
		wei˙⁴⁴ wu⁴²	wei˙⁴⁴ wu⁴² wei˙⁴⁴ wu⁴²
			wei˙⁴⁴ wei˙⁴⁴ wu⁴⁴ wu⁴²
			wɑ⁴⁴ wɑ⁴⁴ wu⁴⁴ wu⁴²

3. 由两个不同音义的单音词组成的"非叠音状词"也存在不稳定性

在苗语东部方言日常用语中，实际存在的由两个音义不同的单音词构成的非叠音状词，即完全符合"非叠音状词"定义的状词，数量也不少，但是，它们同样也存在结构不够稳定的问题。兹取三个十分常用的以"wu⁴²"为不变项的"非叠音状词"为例，进行简要说明。

一是由拟声词"wu⁴²"和"ntʰei⁵³（ntʰẽ⁵³）"构成的"wu⁴² ntʰẽ⁵³"，用以描摹行动快速。使用时，"wu⁴²"可以用词前缀"tɑ⁴⁴"或"ɑ⁴⁴"或"ntʰẽ⁵³"的微变音语词"ntʰɑ⁴⁴"替代，变成"tɑ⁴⁴ ntʰẽ⁵³"或"ɑ⁴⁴ ntʰẽ⁵³"或"ntʰɑ⁴⁴ ntʰẽ⁵³"，语义和功能均不变。这说明"wu⁴² ntʰẽ⁵³"并不是结构稳定的双音节词。

二是由拟声词"wu⁴²"和"tei³¹"构成的"wu⁴² tei³¹"，用以描摹行动突然快速。使用时，"wu⁴²"可以用词前缀"tɑ⁴⁴""ɑ⁴⁴"替代，变成"tɑ⁴⁴ tei³¹"或"ɑ⁴⁴ tei³¹"，语义和功能均不变。这说明"wu⁴² tei³¹"并不是结构稳定的双音节词。

三是由拟声词"wu⁴²"和"kɑ⁵³"构成的"wu⁴² kɑ⁵³"，用以描摹行动声响猛烈迅疾。使用时,"wu⁴²"可以用词前缀"ta⁴⁴"或"a⁴⁴"或"ka⁵³"的微变音语词"kei⁴⁴"替代,变成"ta⁴⁴ ka⁵³"或"a⁴⁴ ka⁵³"或"kei⁴⁴ ka⁵³",语义和功能均不变。这说明"wu⁴² ka⁵³"并不是结构稳定的双音节词。

4.1.5　研究结语

鉴于前辈学人所列的苗语东部方言非叠音状词,绝大多数由一个单音节拟声词与一个词前缀组合而成,少量由两个声、韵、调不同的单音节拟声词组合而成,而且,所组合形成的这些语词结构不太稳定。参照现代汉语关于词的定义,本研究认为,苗语东部方言不存在构造稳定的单词意义上的非叠音状词,但存在一些以某个拟声词为核心的结构不太稳定的同义非叠音状词丛。非叠音状词在苗语东部方言的存在,是一种客观存在的语言事实,只要不要求"结构稳定"和"语音固定",前辈学人所列的苗语东部方言非叠音状词,就可以视为单词意义上的"词"。

第二节　"通用状词"问题讨论

所谓"通用状词",在前辈学人对苗语东部方言的论著里,指的是能够修饰所有形容词的"双音节叠音状词",或"形容词的公共后缀"。具有"通用状词"功能的语词主要有两个:一是石怀信先生在其专著《苗语语音苗语语法》中列举的"zheib zheib";二是罗安源教授在其专著《松桃苗话描写语法学》中列举的"tei³¹ tei³¹·¹³"(苗文记作"zheax zheax")。苗语东部方言是否存在"通用状词"?被认定为"通用状词"的"zheib zheib""zheax zheax"到底是不是状词?此前未有学人提出过质疑。笔者细究发现,前辈学人提出的苗语东部方言存在"通用状词"这个观点可能是错的,故将其作为"问题"进行专门讨论。

4.2.1 "通用状词"概念溯源

苗语东部方言存在"通用状词",这一学术观点是罗安源教授最先提出的。他所用的例子是"zheax zheax",国际音标记作"tei^{31} $tei^{31.13}$"。具体论述在他 2005 年出版的《松桃苗话描写语法学》中表述为:"状词还可以分为'专用状词'和'通用状词'。专门说明某个动词或形容词的状词叫做专用状词;能够说明一批动词或形容词的状词叫做通用状词。"[①] "拿形状词'tei^{31} $tei^{31.13}$'来看,它是一个通用单叠音形状词,用在形容词之后说明形容词,表示'程度加深'。任何一个形容词都可以与'tei^{31} $tei^{31.13}$'搭配,而且之间可以插入名词。"[②]

最先发现苗语东部方言存在"通用状词"的学者,可能是贵州大学的石怀信先生,但他并没有将其作为状词看待,而是将其命名为"形容词的公共后缀"。他在成稿于 20 世纪 80 年代中期的《苗语语音苗语语法》中说:"苗语形容词有一个公共后缀 zheib zheib。它能与所有形容词结合。"[③] "苗语形容词与其配对后缀结合是比较紧密的,一般不能在其中间插入其他成分。"而"苗语形容词与公共后缀结合的情况较复杂些,可以直接结合;也可以在其间插入动词或名词等其他成分。"[④]

石怀信先生所列举的"形容词的公共后缀"(苗文记作"zheib zheib")与形容词结合的例子,同罗安源教授所列举的"通用状词"(苗文记作"zheax zheax")与形容词结合的例子,基本相同。由此可见,两位前辈学人分别提出的"形容词的公共后缀"与"通用状词",所指都是能够修饰所有形容词的状词。鉴于"通用状词"更为简便和贴切,本研究以之为这一苗语词种类的名称。

[①] 罗安源著:《松桃苗话描写语法学》,中央民族大学出版社,2005 年 12 月,第 89 页。
[②] 罗安源著:《松桃苗话描写语法学》,中央民族大学出版社,2005 年 12 月,第 94 页。
[③] 石怀信著:《苗语语音苗语语法》,贵州大学出版社,2008 年 4 月,第 87 页。
[④] 石怀信著:《苗语语音苗语语法》,贵州大学出版社,2008 年 4 月,第 88 页。

4.2.2 "通用状词"的属性辨析

石怀信先生用苗文记作"zheib zheib"、罗安源教授用国际音标记作"ʈei³¹ ʈei³¹·¹³"的这两个苗语词，用来修饰形容词，使之"程度加深"，在苗语东部方言的日常用语中的确十分常见。但是，这两个语词都不是状词。

1. "zheib zheib"（"ʈei³⁵ ʈei³⁵"）是叠音副词

苗文记作"zheib zheib"的这个语词，国际音标应记作"ʈei³⁵ ʈei³⁵"。其确切音义是什么，此前没有学人进行详细拆解。

至今仍然大量用来修饰所有形容词的"ʈei³⁵ ʈei³⁵"，主要是松江右岸的腊尔山西麓苗语区。在松江左岸的苗语区，这个语词通常表述为"tsei³⁵ tsei³⁵"，即声母由卷舌音"ʈ"变成了平舌音"ts"。民间对这种变化没有足够的敏感性。也就是说，民间交流时，松江右岸的苗族人说"ʈei³⁵ ʈei³⁵"，松江左岸的苗人都知道，其所指是"tsei³⁵ tsei³⁵"，反之亦然。然而，需要说明的是，这个语词的正确表述是"tsei³⁵ tsei³⁵"而不是"ʈei³⁵ ʈei³⁵"。主要道理有如下三个：

一是这个语词由一个单音词重叠而成。如果这个单音词是"ʈei³⁵"，则在日常用语中，它的词义是"螃蟹"，叠加而成的"ʈei³⁵ ʈei³⁵"，只适于教幼儿说话时使用，且词义是"蟹蟹"。显然，这样的词义是不可能用来修饰所有形容词的。而如果这个单音词是"tsei³⁵"，则它的音义跟汉语的"最"完全相同，也就是说，"tsei³⁵ tsei³⁵"的音义，跟汉语词"最最"没有任何区别。

二是苗语单音词"tsei³⁵"，在日常用语中，就是用来修饰形容词。在日常用语中，这样的例子极多。如："ʐu⁵³ tsei³⁵"，词义是"好极"；"tɕa⁴⁴ tsei³⁵"，词义是"丑极"或"坏极"；"ŋo³¹ tsei³⁵"，词义是"恶极"，等等。同时，在苗语中，"tsei³⁵"有音近义同的骈俪词"tsə⁴⁴"（苗文记作"zeud"）。通常，这两个互为骈俪的单音词会联成四言格的成语或短语，修饰同一个形容词，形成四言格的形容词。如："ʐu⁵³ tsei³⁵ ʐu⁵³ tsə⁴⁴"，语义是"好极好极"；"tɕa⁴⁴ tsei³⁵ tɕa⁴⁴ tsə⁴⁴"，语义是"丑极丑极"或"坏极坏极"。从这些语言事实来看，"tsei³⁵"应是副词，相当于"最""极"；"tsei³⁵ tsei³⁵"的音义与"最最"相当，是单音节副词叠加而形成的语词。

三是在苗语里，"tsei³⁵"的本原音义是"tsei³¹"，即"tsei³⁵"是"tsei³¹"的微变音语词，词义与"tsei³¹"相近。也可以把"tsei³⁵"理解为"tsei³¹"的词义延伸语词。"tsei³¹"的词义是"齐全""齐备"等，音义与汉字"齐""全"相当；它的骈俪词"tsə⁴⁴"，音义与汉字"周""匝"相当。这两个互为骈俪的音近义同语词，因本义是"整齐""周全""极致"，而引申出"最""极""太"等"无上程度"之义。从本义上理解，"tsei³⁵"应是形容词，"tsei³⁵ tsei³⁵"是形容词叠加而形成的叠音形容词，最终锁定为叠音副词。

2. "zheax zheax"（"ta³¹ ta¹³"）是叠音形容词

罗安源教授用国际音标记作"tei³¹ tei³¹·¹³"的这个苗语词，苗文书写虽是"zheax zheax"，但口语表述必须把位于后面的"zheax"读成"ta¹³"，因此，本研究且用"ta³¹ ta¹³"表示。由于这一声调的苗语词很少，1956年创制的《湘西苗文方案》没有将其用一个单独的符号来表达。"松桃"这个地名的苗语读音就是这个调子，虽然书写时用"sob dox [so³⁵ to³¹]"表达，但口语表述是必须读成"so³⁵ to¹³"；词义是"龙"的苗语词"rongx"（"ʐuŋ³¹"），在某些时候必须读成"ʐuŋ¹³"，如"taŋ³⁵ ʐuŋ¹³""tɕuŋ³⁵ ʐuŋ¹³"等。

苗文记作"zheax zheax"但口语表述必须读成"ta³¹ ta¹³"的这个语词，的确可以修饰所有形容词。例如："ʐu⁵³ ta³¹ ta¹³"，语义是"好极了"；"ʂaŋ⁵³ ta³¹ ta¹³"，语义是"快极了"。但是，这个语词不是"单叠音状词"，而是"单叠音形容词"，经长期的引申使用，它的词性应当是副词。因构成"ta³¹ ta¹³"这个语词的单音词"ta³¹"，在日常用语中的语义是"力气大""厉害""高明""狠"，故"ta³¹ ta¹³"的语义是"力大至极"或"厉害至极"或"高明至极"或"狠至极"。正因如此，它可以用来修饰所有的形容词，表示"程度极深"。

3. 能够修饰所有形容词的其他苗语词

具有类似于"zheib zheib"（"tei³⁵ tei³⁵"）和"ta³¹ ta³¹"（zheax zheax）的修饰功能，即能够修饰所有形容词的苗语词还有不少，但它们都不是状词。

（1）"qwa⁵³ na⁴²" 和 "qwa⁵³ qə²²"

"qwa⁵³ na⁴²" 和 "qwa⁵³ qə²²"这两个非叠音双音节语词，也可以修饰所有的形容词。例如，"ʐu⁵³ qwa⁵³ na⁴²" 和 "ʐu⁵³ qwa⁵³ qə²²"，语义都是"好极了"；"ɕu³⁵ qwa⁵³ na⁴²" 和 "ɕu³⁵ qwa⁵³ qə²²"，语义都是"太小了"。

在苗语东部方言里，"qwa⁵³ na⁴²" 和 "qwa⁵³ qə²²"这两个词是常用语词。组成这两个语词的"qwa⁵³"，语义是"超过""超越"等，音义可能与汉字"跨""过"相同；"na⁴²"的语义是"刻度""标尺"等，音义可能与汉语词"厘定"的"厘"相同；"qə²²"的语义是"山"，音义可能与汉字"岗""艮"相同，引申为"界"。组成双音节语词后，"qwa⁵³ na⁴²"的语义就是"过度"，"qwa⁵³ qə²²"的语义就是"越界"。显而易见，它们是"表示程度"的形容词，不是状词。

（2）"tʰɯ⁵³ ta⁴⁴" 和 "tʰɯ⁵³ ta⁴⁴ tʰɯ⁵³ tɕi³⁵"

"tʰɯ⁵³ ta⁴⁴" 和 "tʰɯ⁵³ ta⁴⁴ tʰɯ⁵³ tɕi³⁵"，也可以修饰所有的形容词。这两个语词，在日常交流中极为常用，而且，"tʰɯ⁵³ ta⁴⁴" 和 "tʰɯ⁵³ tɕi³⁵"是骈俪词，即 "tʰɯ⁵³ ta⁴⁴ tʰɯ⁵³ tɕi³⁵" 是 "tʰɯ⁵³ ta⁴⁴"的四言格表达，两者的语义相同。例如，"ʐu⁵³ tʰɯ⁵³ ta⁴⁴"，语义是"太好了"。这个句子可以表达成 "ʐu⁵³ tʰɯ⁵³ ta⁴⁴ tʰɯ⁵³ tɕi³⁵"，语义仍然是"太好了"。

"tʰɯ⁵³ ta⁴⁴" 和 "tʰɯ⁵³ ta⁴⁴ tʰɯ⁵³ tɕi³⁵"中的单音词"tʰɯ⁵³"，是"tɯ⁴⁴"的微变音语词，词义是"贴近""接近"；"ta⁴⁴"的词义是"天""顶部"；"tɕi³⁵"是"tɕi⁵³"的微变音语词，词义是"极""脊"，引申成"底""地"。因此，"tʰɯ⁵³ ta⁴⁴"的语义是"顶天"，"tʰɯ⁵³ ta⁴⁴ tʰɯ⁵³ tɕi³⁵"的语义是"顶天透顶"，都是表示"达及最高或最深的程度"的形容词。正因如此，它们可以修饰所有的形容词。

4.2.3 能够修饰所有形容词的单音词

苗语东部方言，不仅有上述所列举的能够修饰所有形容词的双音节语词和四音节语词，还存在能够修饰所有形容词的单音词。这一情况，此前没有学人触及。如果能够修饰所有形容词的语词可以视为"通用状词"，则除了上述讨论的双音节和四音节"通用状词"，还有至少 10 个单音节"通用状词"。

1. "通用状词"的核心单音词

罗安源教授和石怀信先生所列举的能够修饰所有形容词的双音节"通用状词""tsei^{35} tsei^{35}"和"ṭa^{31} ṭa^{31}"都是叠音语词，其核心单音词分别是"tsei^{35}"和"ṭa^{31}"。这两个单音词都是形容词。但在日常用语中，它们能够修饰所有的形容词。

上文所列举的可以修饰所有形容词的"qwɑ^{53} qə^{22}""qwɑ^{53} nɑ^{42}""tʰɯ^{53} ṭa^{44}"都不是叠音语词。其中，"qwɑ^{53} qə^{22}"和"qwɑ^{53} nɑ^{42}"的核心单音词"qwɑ^{53}"，本义是"过""超出"，是形容词；"tʰɯ^{53} ṭa^{44}"的"tʰɯ^{53}"，词义是"接近""贴近"等。这两个单音词都是形容词。但在日常用语中，它们也能够修饰所有的形容词。

（1）"tsei^{35}"

上文已经说明，单音词"tsei^{35}"，是"tsei^{31}"的微变音语词，本原音义可能与"齐""全"相同，是形容词，引申之后具有副词"最""极""很""太"的词义，可以修饰所有形容词。例如，"ʐu^{53} tsei^{35}"，语义是"好极了"；"ʂã^{35} tsei^{35}"，语义是"高极了"；"ɕu^{35} tsei^{35}"，语义是"太小了"；"to^{35} tsei^{35}"，语义是"太深了"。用"tsei^{35}"修饰单音节形容词时，口语表述通常要同它的骈俪词联结，表达成骈俪式四言格短语。例如，表示"好极了"的"ʐu^{53} tsei^{35}"，通常要表述成"ʐu^{53} tsei^{35} ʐu^{53} tsə^{44}"；表示"太深了"的"to^{35} tsei^{35}"，通常要说成"to^{35} tsei^{35}""to^{35} tsə^{44}"。

（2）"ṭa^{31}"

单音词"ṭa^{31}"，本义是"力气大""厉害""狠"，是形容词，引申之后具有副词"极""太"的词义和功能，可以修饰所有的形容词。例如，"lo^{31} ṭa^{31}"，语义是"大极了"；"mo^{42} ṭa^{31}"，语义是"累极了"或"病重极了"；"qwe^{35} ṭa^{31}"，语义是"黑极了"。

（3）"qwɑ^{53}"

单音词"qwɑ^{53}"，单独存在时，词性有两重：一是动词，词义是"跨""过"。例如，"ŋo^{35} qwɑ^{53} muŋ^{22}"，语义是"走过去"。二是形容词，词义是"过度""越界""超常"，引申之后可以修饰所有的形容词。例如，"a^{44} $mẽ^{22}$ te^{44} ei^{35} $ẓa^{42}$ qwa^{53} $tɕu^{22}$"，语义"那个小孩聪明极了"；"ta^{44} qwa^{53}"，语义是"坚硬过度了"。

(4) "ta^{44}"

单音词"ta^{44}"，单独存在时，词性有两重：一是形容词，词义是"硬""顽劣"。例如，"ntu^{53} ta^{44} ntu^{53} ne^{42}"，语义是"硬质的树木和软质的树木"，其中的"ta^{44}"乃是"坚硬"之义。二是形容词，词义是"顶天""登顶"，副词化之后可以修饰所有形容词。修饰形容词的"ta^{44}"，乃是"ta^{44}"或"ta^{31}"的微变音语词，即它的本原语音是"ta^{31}"，微变之后读成"ta^{44}"，为了口语表述"不拗口"，"ta^{44}"微变而成"ta^{44}"。其本义是"天"，在日常用语中的音义，可能与汉字"天""顶""巅"相同。故当今苗语的"ta^{31} $pẓa^{35}$"（有的读成"ta^{44} $pẓa^{35}$"），这个语词的词义是"天空"。"ta^{31} $pẓa^{35}$"由"ta^{31}"和"$pẓa^{35}$"这两个单音词组成，"ta^{31}"的词义是"天"，"$pẓa^{35}$"的词义是"（植物）梢部"和"末尾"，合成的"ta^{31} $pẓa^{35}$"，词义是"天空的梢部"，即"极高的天上"。

"ta^{44}"修饰形容词举例：

① a^{44} $hã^{53}$ $ẓei^{35}$ $nẽ^{44}$ qo^{53} ta^{44}.

这些菜（草）太老了。

② a^{44} $hã^{53}$ $ʂã^{44}$ $nẽ^{44}$ $mẓei^{22}$ ta^{44}.

这些姜辣极了。

2. 可以修饰所有形容词的其他 6 个单音词

(1) "$tẽ^{44}$"

单音词"$tẽ^{44}$"，词性有两重：一是形容词，词义是"抵达"，音义可能与"登""抵"相同。在苗族口传古籍《dut qub dut lanl（婚姻礼辞）》里有这样的句子："tso^{31} $taŋ^{35}$ $tẽ^{44}$ $tə^{44}$, $ȵtɕɯ^{53}$ ntu^{53} $tẽ^{44}$ cie^{35}."语义是："筑坝已经登顶，爬树已经登巅。"二是副词，词义是"极""太"等。用于修饰形容词的"$tẽ^{44}$"，取副词之义。

"$tẽ^{44}$"修饰形容词举例：

① a^{44} $ŋuŋ^{22}$ $mẓɯ^{22}$ $nẽ^{44}$ $ɭo^{31}$ $tẽ^{44}$.

这条鱼大极了。

②wu⁴⁴ ȵo³⁵ ʂaŋ⁵³ tẽ⁴⁴.

他走得快极了。

（2）"tʰɯ³⁵"

单音词"tʰɯ³⁵"，是"tʰɯ⁵³"的微变音语词，词义相当。词性有两重：一是动词，词义是"贴近""抵达"等，音义可能与汉字"贴""透"可能相同。日常用语有语词："tʰɯ³⁵ suŋ⁴⁴"，词义是"透骨"；"tʰɯ³⁵ ȵtɕɯ⁴⁴"，词义是"透盐"。二是副词，词义是"极""很"等。用于修饰形容词的"tʰɯ³⁵"，取副词之义。例如"hɛ⁵³ te³⁵ ȵtɕɯ⁴⁴ nẽ⁴⁴ tɕaŋ²² ʐu⁵³ tʰɯ³⁵"，语义是"这酒甜度好极了"。修饰形容词的时候，"tʰɯ³⁵"通常要跟"ʐaŋ²²"联结，形成骈俪式的四言格短语。例如，"ʐu⁵³ tʰɯ³⁵"，语义是"好得很"，口语表述时，通常表达为"ʐu⁵³ tʰɯ³⁵ ʐu⁵³ ʐaŋ²²"，语义依然是"好得很"。

（3）"ʐaŋ²²"

单音词"ʐaŋ²²"，词义是"多出""富余"，是形容词，其音义可能与汉字"裕""余"相同，可以用来修饰所有形容词。例如，"ɭo⁵³ ʐaŋ²²"，语义是"富裕极了"；"qwẽ⁴⁴ ʐaŋ²²"，语义是"宽阔极了"。在口语表述时，"ʐaŋ²"通常要跟词义是"盖子""盖过"的"ntʰe⁵³"联结，形成骈俪式的四言格短语。例如，"qwẽ⁴⁴ ʐaŋ²²"，口语表述时通常要说成"qwẽ⁴⁴ ʐaŋ²² qwẽ⁴⁴ ntʰe⁵³"，语义仍然是"宽阔极了"。

（4）"tɑ⁴²"

单音词"tɑ⁴²"，词义是"死亡"，用作修饰形容词的副词时，音义可能与汉字"殆尽"的"殆"相同。例如，"ɭo³¹ tɑ⁴²"，语义是"大得要死"。"tɑ⁴²"用来修饰形容词时，通常要跟它的骈俪词"sẽ³⁵"或"le⁴⁴"进行联结，形成骈俪式的四言格修饰短语。例如，"ɭo³¹ tɑ⁴²"，口语表述时通常要说成"ɭo³¹ tɑ⁴² ɭo³¹ sẽ³⁵"或"ɭo³¹ tɑ⁴² ɭo³¹ le⁴⁴"，语义仍然是"大得要死"。

（5）"tsʰe³⁵"

单音词"tsʰe³⁵"，是一个语音不太稳定的语词，有的读作"tsʰa³⁵"，有的读作"tsʰã³⁵"，词义是"尽""绝"，其音义可能与汉字"彻""绝"

相同，可以用来修饰所有的形容词。例如，"ɬo³¹tsʰe³⁵"，语义是"大极了"。"tsʰe³⁵"用来修饰形容词时，通常要跟它的骈俪词"tɕu²²"进行联结，形成骈俪式的四言格修饰短语。例如，"ɬo³¹ tsʰe³⁵"，口语表述时通常要说成"ɬo³¹ tsʰe³⁵ ɬo³¹ tɕu²²"，语义仍然是"大绝了"。

（6）"kɯ⁴²"

单音词"kɯ⁴²"，词义是"尽""绝"，其音义可能与汉字"尽"相同，可以用来修饰所有的形容词。例如，"ɬo³¹ kɯ⁴²"，语义是"大绝了"。"kɯ⁴²"用来修饰形容词时，通常要跟它的骈俪词"ŋwa²¹"进行联结，形成骈俪式的四言格短语。例如，"ɬo³¹ kɯ⁴²"，口语表述时通常要说成"ɬo³¹ ŋwa²² ɬo³¹ kɯ⁴²"，语义仍然是"大绝了"。

4.2.5　关于"通用状词"的研究结论

1. 苗语东部方言不存在"通用状词"

前辈学人所列举的"通用状词"例子，无论是"zheib zheib"（"tɕei³⁵ tɕei³⁵"）还是"ta³¹ ta³¹·¹³"（"zheax zheax"），都不是单叠音状词，而是单叠音副词。换言之，它们不是状词，自然不是"通用状词"。它们对所有形容词都具有的修饰作用，实际上是程度副词的后置，其所体现出来的修饰作用，是"形容词的公共后缀"。

2. 苗语东部方言有修饰形容词的"通用副词"

这些能够修饰很多形容词的副词，包括单音节的、双音节的和四音节的，数量不少于20个。这些副词，本原是动词或形容词，是因为词义引申才具有副词的属性和作用。

第三节　"状词种类"问题研究

研究苗语的学者几乎一致认为，苗语东部方言状词只有两个种类：一是专门修饰动词的状词，简称"动状词"；二是专门修饰形容词的状词，简称"形状词"。大概自20世纪50年代苗语研究兴起至今，学界一直秉持这个观点，并以之为分析框架的理论支柱，论述苗语东部方言状词的属性与功能。我利用自己通晓苗语东部方言口语和口传经典用语的特长，以客观存在的语言事实为据，检验苗语东部方言只有"动状词"和"形状词"这个观点。在不无刻意的较真中忽然发现，这个观点既有例外情形也有不及之处，属于既有不当又有不足的表述，应当修改完善。

4.3.1 苗语状词种类归纳溯源及其缺陷说明

苗语研究的前辈学者，主要是王辅世、向日征、罗安源、曹翠云等。他们对苗语状词的种类归纳，观点基本一致。王辅世认为："状词能够修饰动词和形容词，修饰时，在动词和形容词的后面。""如果动词支配一个名词还需要状词修饰时，状词要放在名词的后面。""如果形容词受名词补充还需要状词修饰时，则状词放在名词的后面。"[①] 罗安源认为："状词是说明行为或性质的特征的词类。说明行为的状词叫做'动状词'；说明性质的状词叫做'形状词'。"[②] 向日征认为："单叠音状词是两个相同的音节重叠，修饰动词和形容词，修饰时在动词和形容词的后面。"[③] 曹翠云认为："苗语状词的主要功能是修饰动词或形容词，作它们的后状语。"[④]

毋庸置疑，"动状词"和"形状词"是苗语东部方言状词的主干部分，而且，通常情况下这两个种类的状词功能是截然分开的。但是，断定苗语东部方言状词只有"动状词"和"形状词"，且默认两个种类的状词由于功能不同而没有"交集"，不太符合客观存在的语言事实。一方面，在苗语东部方言里，除了能够修饰动词的状词和能够修饰形容词的状词，还有能够修饰名词的状词。换言之，如果可以参照"动状词""形状词"的命名方式，那么，能够修饰名词的苗语东部方言状词，可以称作"名状词"，且这一词类是存在的。另一方面，苗语东部方言状

---

① 王辅世主编：《苗语简志》，民族出版社，1985年，第62页。
② 罗安源著：《松桃苗话描写语法学》，中央民族大学出版社，2005年12月，第88页。
③ 向日征著：《吉卫苗语研究》，四川民族出版社，1999年1月，第67页。
④ 曹翠云编著：《苗汉语比较》，贵州民族出版社，2001年12月，第163-164页。

词的修饰功能，不是要么可以修饰动词，要么可以修饰形容词，彼此排他。进一步说就是，苗语东部方言状词，多数是单一的"动状词"或"形状词"，但其中有一些，既能修饰动词，又能修饰形容词，甚至还能修饰名词，是名副其实的"多功能状词"。这是实际存在的但前辈学者从未涉足的状词种类之间的关系。

4.3.2 存在"名状词"的语言事实

1. 最先说明苗语东部方言存在"名状词"的学者

最先说明苗语东部方言存在"名状词"的学者是余金枝教授。她在介绍湖南湘西矮寨苗语的"状词的语法特点"之"组合功能"时说："加在形容词、动词、名词之后，对性质、动作或事物的状态进行修饰描摹。"①并在"3. 名词+状词"②的小标题下，列举"名状词"的两个例子：

(1) te^{53} ŋwei^{31} təŋ^{31} təŋ^{44} 姑娘亭亭玉立。

    姑娘 挺拔状

(2) u^{53} ȵo^{31} tha^{31}tha^{44} 口水连续滴落。

    口水 流落状

余金枝教授虽然认为状词的"组合功能"，除了"形容词+状词"（形状词）和"动词+状词"（动状词），还有"名词+状词"，但她还没有提出"名状词"这个概念，也没有阐述为什么会存在可以修饰名词的"名状词"。

2. 常见的"名状词"例子

在苗语东部方言的日常用语中，有很多应用"名状词"的鲜活例子，说明"名状词"的确存在。

案例1：民国时期，贵州松桃的鸡爪沟苗寨有一位年轻妇女被邻居告为"草鬼婆"（蛊婆），保长兼理老的麻阳胜受理案件，用"词体"理词断案，说出如下至今仍被当地苗人视为名言的理词："ne^{31} te^{35} ŋwei^{31} ʂa^{44} ʂa^{44}, te^{35} ŋwa^{42} ɕei^{44} ɕei^{53}. tɑ^{31} tɕi^{25} me^{31} tɕʰi^{44}?"语义是"人家姑娘挺拔俊美，亭亭玉立，哪里有蛊？"句中的"te^{35} ŋwei^{31}"和"te^{35} ŋwa^{42}"，是两个互为骈俪的名

---

① 余金枝著：《湘西矮寨苗语参考语法》，中国社会科学出版社，2011年6月，第137页。
② 余金枝著：《湘西矮寨苗语参考语法》，中国社会科学出版社，2011年6月，第137页。

词，词义都是"姑娘"或"年轻女子"；"ʂã⁴⁴ ʂã⁴⁴"和"ʂei⁴⁴ ʂei⁵³"，是两个互为骈俪的状词。很显然，在这段理词中，状词"ʂã⁴⁴ ʂã⁴⁴"和"ʂei⁴⁴ ʂei⁵³"可以用来修饰名词"姑娘"，是"名状词"。

案例2：民国时期，黔湘渝交壤地区的苗族家庭闹离婚，女方理师诉男方不安分守己、不忠诚婚姻，讼词都会有如下片段："ɳtɕɯ⁵³ qə²² pzʰo³⁵ nu³¹, ɳtɕɯ⁵³ ʐẽ³¹ ʂa⁵³ ci⁵³. ʂo³⁵ Nqə³⁵ ʐã⁴⁴ ʐã⁴⁴, ʂo³⁵ ɳtu⁵³ ʐei⁴⁴ ʐei⁴⁴."语义是："上山吹木叶（游荡漂流），入岭吹口哨（到处游方）。歌声悠悠，乐音嘤嘤。"在这里，状词"ʐã⁴⁴ ʐã⁴⁴"所修饰的"ʂo³⁵ Nqə³⁵（歌声）"和状词"ʐei⁴⁴ ʐei⁴⁴"所修饰的"ʂo³⁵ ɳtu⁵³（歌声）"，都是名词，它们应该都是"名状词"。这说明，在这个讼词片段里，状词"ʐã⁴⁴ ʐã⁴⁴"和"ʐei⁴⁴ ʐei⁵³"，是"名状词"。

案例3：国家非物质文化遗产项目"巴狄雄萨滚"之《tud ngas（招亡）》，有叙述孝子悲伤痛苦的如下神辞片段："wub niox jianl jianl, ghad mleas toud tout。"语义是："他们泪水满面，他们鼻涕满脸。"[①] 在这里，状词"jianl jianl"所修饰的"wub niox（口水）"和状词"toud tout"所修饰的"ghad mleas（鼻涕）"，都是名词。这说明，在这个神辞片段里，状词"jianl jianl"和"toud tout"，是"名状词"。

3. 至今常用的"名状词"列表

至今常用的苗语东部方言"名状词"数量不多，大约有十来个。兹列表如下：

可以修饰名词的状词	
状 词	修饰名词的例子
ʂã⁴⁴ ʂã⁴⁴	（1）te³⁵ ŋwei³¹ ʂã⁴⁴ ʂã⁴⁴, te³⁵ ŋwa⁴² ʂei⁴⁴ ʂei⁵³. 语义：姑娘亭亭玉立。
ʂei⁴⁴ ʂei⁵³	（2）ntu⁵³ pu²² ʂã⁴⁴ ʂã⁴⁴, ntu⁵³ tẽ³⁵ ʂei⁴⁴ ʂei⁵³. 语义：古树高大挺拔。

[①] 麻勇斌、龙秀海、吴琳整理译注：《苗族口传活态文化元典②·招亡》，贵州出版集团、贵州人民出版社，2014年12月，第20页。

续表

ʐã⁴⁴ʐã⁴⁴ ʐei³¹ʐei³⁵	（1）ʂo³⁵ɴqə³⁵ʐã⁴⁴ʐã⁴⁴，ʂo³⁵ȵtu⁵³ʐei³¹ʐei³⁵．语义：歌声悠悠，乐音嘤嘤。
ʐei⁴⁴ʐã⁴⁴ʐei⁴⁴ʐã⁴⁴ ʐei⁴⁴ʐei⁴⁴ʐã⁴⁴ʐã⁴⁴	（2）ʂo³⁵ɴqə³⁵ʐei⁴⁴ʐã⁴⁴ʐei⁴⁴ʐã⁴⁴ 或 ʂo³⁵ȵtu⁵³ʐei³¹ʐei⁴⁴ʐã⁴⁴ʐã⁴⁴．语义：歌声悠悠，乐音嘤嘤。
pʐʰa⁴⁴pʐʰa⁴⁴ tɯ⁴⁴tɯ⁵³（tʰɯ⁴⁴tʰɯ⁵³）	wu³⁵ȵo³¹pʐʰa⁴⁴pʐʰa⁴⁴，qa⁴⁴mʐə⁴²tɯ⁴⁴tɯ⁵³（tʰɯ⁴⁴tʰɯ⁵³）．语义：口水滂滂，鼻涕滴答。
sa⁴⁴sa⁴⁴ tɯ⁴⁴tɯ⁵³	wu³⁵ȵo³¹sa⁴⁴sa⁴⁴，qa⁴⁴mʐə⁴²tɯ⁴⁴tɯ⁵³．语义：口水唰唰，鼻涕滴答。
qu²²qu²² qwa³¹qwa³¹	ʂo³⁵ȵiẽ⁴⁴qu²²qu²²，ʂo³⁵mpʐʰə⁵³qwa³¹qwa³¹．语义：哭声呜呜，喊声哇哇。
ȵtɕã⁴⁴ȵtɕã⁴⁴	pʐa³⁵ȵ̊e³⁵ȵtɕã⁴⁴ȵtɕã⁴⁴．语义：天空朗朗。
qu⁴⁴ntu⁴⁴qu⁴⁴ntu⁴⁴	wu³⁵l̥i⁵³qu⁴⁴ntu⁴⁴qu⁴⁴ntu⁴⁴．语义：饭汤咕嘟咕嘟。
tuŋ⁴²ʐuŋ⁴²tuŋ⁴²ʐuŋ⁴²	so³⁵te²²tuŋ⁴²ʐuŋ⁴²tuŋ⁴²ʐuŋ⁴²．语义：旱天雷轰隆轰隆。
tei⁴⁴tei⁴⁴tuŋ⁴⁴tuŋ⁵³	pʐɯ⁴⁴taŋ⁴⁴tei⁴⁴tei⁴⁴tuŋ⁴⁴tuŋ⁵³．语义：装好的房子挺拔耸立。
ʐei⁴⁴ʐa⁴²ʐei⁴⁴ʐa⁴²	nuŋ⁴²mpa⁵³ʐei⁴⁴ʐa⁴²ʐei⁴⁴ʐa⁴² 语义：暴雨哗啦哗啦。
wei⁴⁴wu⁴²wei⁴⁴wu⁴²	ȵtɕʰo⁵³tə²²wei⁴⁴wu⁴²wei⁴⁴wu⁴²．语义：火焰（烟子）飘浮状。
qwa⁴⁴qwẽ⁴²qwa⁴⁴qwẽ⁴²	ʂo³⁵pʰo⁵³qwa⁴⁴qwẽ⁴²qwa⁴⁴qwẽ⁴²．语义：枪炮声轰隆轰隆。
kei⁴⁴kɑ⁵³kei⁴⁴kɑ⁵³	ʂo³⁵pʰo⁵³kei⁴⁴kɑ⁵³kei⁴⁴kɑ⁵³．语义：枪炮声咚嘎咚嘎。

4．"名状词"的实质

能够修饰名词的"名状词"，严格地说是"动状词"或"形状词"的特例，而不是一个单独的状词种类，因为这些状词所修饰的名词，必须具备独特的属性。具体说就是，一个"动状词"能否修饰某个名词，关键在于这个名词具有与这个"动状词"相适的"动作性",即这个名词乃是具有"在动性"的名词。例如说,单叠音"动状词""tɯ⁴⁴ tɯ⁵³",本原是雨水或果实从上面滴落或掉落击打在地上而发出的声响,汉语通常用"滴答"或"滴滴答答""滴答滴答"拟声,苗语常用"tɯ⁴⁴ tɯ⁵³""tei⁴⁴ tei⁴⁴ tɯ⁴⁴ tɯ⁵³""tei⁴⁴ tɯ⁵³ tei⁴⁴ tɯ⁵³"拟声。这些拟声词本身具有"在动性"。所以,它们能够修饰具有相似"在动性"的词义是"口水"的"wu³⁵ȵo³¹",继而表达伤心哭泣之状。同样的道理,一个能够修饰名词的"形状词",它本身必须具有跟它所修饰的名词相适的形容词属性,暂且命名为"元形性",即这个名词乃是具有"元形性"的名词。例如说,日常用语和口传经典皆用来修饰"姑娘"的"ʂa⁴⁴ ʂa⁴⁴"及其骈俪词"ʂei⁴⁴ ʂei⁵³",形成"名词+形状词"的经典表达:"te³⁵ ŋwei³¹ ʂa⁴⁴ ʂa⁴⁴,te³⁵ ŋwa⁴² ʂei⁴⁴ ʂei⁵³",根本原因在于,"ʂa⁴⁴ ʂa⁴⁴"的"ʂa⁴⁴"和"ʂei⁴⁴ ʂei⁵³"的"ʂei⁵³",词义是"率直""挺拔""匀称"。在苗族传统审美观念中,率直、挺拔、匀称就是良好、就是美丽。而词义是"姑娘""年轻女子"的"te³⁵ ŋwei³¹""te³⁵ ŋwa⁴²",身材挺拔、匀称、高挑是基本特征,两者的"元形性"完全契合。事实上,"ʂa⁴⁴ ʂa⁴⁴"及其骈俪词"ʂei⁵⁴ ʂei⁵³",还可以修饰其他具有相似"元形性"的名词,如笔直挺拔的大树、高耸的山峰或楼房等。

在苗语东部方言,名词能被状词修饰和状词能够修饰名词,都是有条件的。不是所有的名词都存在修饰它的状词,也不是所有的状词都能够修饰名词。只有那些具有"在动性"或"元形性"的名词,才有可能被具有相同词性的状词修饰。从这个意义上讲,"名状词"实际上是一些隐含了动词属性或形容词属性的"动状词"或"形状词"。

4.3.3 存在"多功能状词"和"共用状词"的语言事实

"多功能状词",在本研究指的是既能够修饰动词,又能够修饰形容词,甚至还可以修饰名词的状词。

"共用状词",在本研究指的是可以修饰三五个形容词的状词。

这些独特功能的状词,实际上是存在的,但此前没有学人发现它们。

1. "多功能状词"举例

（1）兼具"动状词"和"形状词"功能的状词

在苗语东部方言状词里，存在同时兼具"动状词"和"形状词"功能的状词。例如，单叠音状词"ŋkʰe⁴⁴ ŋkʰe⁴⁴"，可以用来修饰词义是"高"的形容词"ṣã³⁵"，组成"ṣã³⁵ ŋkʰe⁴⁴ ŋkʰe⁴⁴"；可以用来修饰词义是"跛"的动词并形容词"l̞a³¹"，组成"l̞a³¹ ŋkʰe⁴⁴ ŋkʰe⁴⁴"；可以修饰词义是"坠"或"蹈"的动词"tu²²"，组成"tu²² ŋkʰe⁴⁴ ŋkʰe⁴⁴"；可以修饰词义是"翘"的动词"l̞o³⁵"，组成"l̞o³⁵ ŋkʰe⁴⁴ ŋkʰe⁴⁴"。

（2）兼具"形状词"和"名状词"功能的状词

在苗语东部方言状词里，存在同时具有"形状词"和"名状词"修饰功能的状词。例如，上文列举的单叠音状词"ṣã⁴⁴ ṣã⁴⁴"及其骈俪词"ṣei⁴⁴ ṣei⁵³"。在日常用语中，"ṣã⁴⁴ ṣã⁴⁴"可以用来修饰词义是"清洁"或"清新"的形容词"ntsʰa³⁵"，组成"ntsʰa³⁵ ṣã⁴⁴ ṣã⁴⁴"；"ṣei⁴⁴ ṣei⁵³"可以用来修饰词义是"直"或"率直"的形容词"tã³¹"，组成"tã³¹ ṣei⁴⁴ ṣei⁵³"。同时，"ṣã⁴⁴ ṣã⁴⁴"和"ṣei⁴⁴ ṣei⁵³"还可以修饰名词，例句是上文已经使用的理词常用名句："te³⁵ ŋwei³¹ ṣã⁴⁴ ṣã⁴⁴, te³⁵ ŋwa⁴² ṣei⁴⁴ ṣei⁵³"。

（3）兼具"动状词"和"名状词"功能的状词

在苗语东部方言状词里，存在同时具有"动状词"和"名状词"修饰功能的状词。例如，上文列举的单叠音状词"pẓʰa⁴⁴ pẓʰa⁴⁴"。在日常用语中，它既可以用来修饰词义是"哭泣"的动词"ȵiẽ⁴⁴ ca²²"或"ȵiẽ⁴⁴"，组成"ȵiẽ⁴⁴ ca²² pẓʰa⁴⁴ pẓʰa⁴⁴"或"ȵiẽ⁴⁴ pẓʰa⁴⁴ pẓʰa⁴⁴"；又可以用来修饰词义是"口水"的名词"wu³⁵ ȵo³¹"，组成描写悲伤哭泣的常用句子："wu³⁵ ȵo³¹ pẓʰa⁴⁴ pẓʰa⁴⁴, qa⁴⁴ mẓə⁴² tʰɯ⁴⁴ tʰɯ⁵³"。

（4）兼具"动状词""形状词""名状词"修饰功能的状词

在苗语东部方言状词里，存在同时具有"动状词""形状词""名状词"修饰功能的状词。例如，单叠音状词"ẓɯ⁴⁴ ẓɯ⁴⁴"，可以用来修饰词义是"红"的形容词"ȵa⁴²"，组成"ȵa⁴² ẓɯ⁴⁴ ẓɯ⁴⁴"；可以用来修饰词义是"走"的动词"ṣə³⁵"，组成"ṣə³⁵ ẓɯ⁴⁴ ẓɯ⁴⁴"；还可以用来修饰词义是"歌声"的名词"ṣo³⁵ sa⁴⁴"，组成"ṣo³⁵ sa⁴⁴ ẓɯ⁴⁴ ẓɯ⁴⁴"。

2. 能够修饰多个形容词的"共用状词"举例

例如，"ʐɯ⁴⁴ʐɯ⁴⁴"，可以修饰 5 个形容词。一是可以修饰词义是"红"的"ȵa⁴²"和"ntɕʰĩ⁵³"，组成"ȵa⁴² ʐɯ⁴⁴ʐɯ⁴⁴"，语义是"红艳艳"；"ntɕʰĩ⁵³ ʐɯ⁴⁴ʐɯ⁴⁴"，语义是"赤艳艳"。二是可以修饰词义为"黄"的"qwẽ³¹"，组成"qwẽ³¹ ʐɯ⁴⁴ʐɯ⁴⁴"，语义是"黄澄澄"。三是可以修饰词义是"热乎"或"温暖"的"ɕo⁴⁴"，组成"ɕo⁴⁴ ʐɯ⁴⁴ʐɯ⁴⁴"，语义是"暖融融"。四是可以修饰词义是"阴冷"或"阴森"的"tsã²²"，组成"tsã²² tsã²²"，语义是"冷冰冰"或"阴森森"。

又例如，"tɕʰa⁴⁴ tɕʰa⁴⁴"，可以修饰 4 个形容词。一是可以修饰词义是"浅"的"miẽ⁴⁴"，组成"miẽ⁴⁴ tɕʰa⁴⁴ tɕʰa⁴⁴"，语义是"浅菲菲"。二是可以修饰词义为"短"的"le⁴⁴"，组成"le⁴⁴ tɕʰa⁴⁴ tɕʰa⁴⁴"，语义是"短浅浅"。三是可以修饰词义是"薄"或"ȵiẽ²²"，组成"ȵiẽ²² tɕa⁴⁴ tɕa⁴⁴"，语义是"薄菲菲"。四是可以修饰词义是"淡"的"ʐɑ²²"，组成"ʐɑ²² ɕʰa⁴⁴ tɕʰa⁴⁴"，语义是"淡清清"。

4.3.4 苗语状词功能归纳问题研究结论

1. 前辈学者把苗语东部方言状词的种类归纳为"动状词"和"形状词"两个种类，是存在缺项的"不完全归纳"。严格按照"修饰功能"这一客观标尺，对苗语东部方言状词进行归纳或分类，则应该有三个种类：修饰动词的"动状词"，修饰形容词的"形状词"，修饰名词的"名状词"。虽然"名状词"的存在是条件性的，即其中的名词必须内含"在动性"或"元形性"，才能被"动状词"或"形状词"所修饰。但是，学人所使用的都是结构语言学的学理工具，按照结构语言学关于状词功能分类的同一标尺，被状词修饰的既然是名词，则名词与状词结合所形成的语词类型，就得独立成类。没有"名状词"这个种类，状词种类的归纳就没有实现"纵向到底，横向到边"，没有完全覆盖实际存在的语言事实。

2. 苗语东部方言状词之"动状词""形状词"和"名状词"的修饰功能，有些具有兼容性，即，有些兼具"动状词"和"形状词"的修饰功能，有些兼具"动状词"和"名状词"的修饰功能，有些兼具"形状词"

和"名状词"的修饰功能，有些甚至同时具有"动状词""形状词""名状词"的修饰功能。这是苗语东部方言状词隐藏极深且内含极为丰富的独特属性，是此前形成的基于"动状词""形状词"分析框架的所有研究尚未触及的问题。这不仅说明，苗语东部方言状词种类的此前归纳和相应关系研究，尚存在未达之处。而这恰恰是揭开苗语东部方言状词乃至苗语内在规律的关键所在。

3. 关于苗语东部方言状词种类的表述，不能继续沿用只有"动状词""形状词"截然分开的过去式。客观存在的语言事实已经说明，苗语东部方言不仅存在"动状词""形状词""名状词"，而且这些状词里还存在兼具两种或三种修饰功能的"多功能状词"。在此条件下，前辈学人按照"动状词""形状词"思维模式所产出的关于苗语东部方言状词属性、功能的理论、观点、方法，很有必要进行修正和完善。这个研究任务，靠结构语言学的学理工具是不能完成的，因为要回答苗语东部方言状词何以会有"动状词""形状词""名状词"和"多功能状词"，则需要回答这些状词为什么能够描摹动词、形容词和部分名词，继续上溯，还需要回答包括现今仍在日常用语中使用的状词的"核心单音词"是什么，以及它们的最初音义是什么，等等，这些问题不是结构语言学能够解决的，而是需要语义学和文化语言学的学理合成，才有可能接近问题的本真。

第四节 "单音节状词"问题讨论

前辈学人几乎一致认为，苗语东部方言不存在单音节状词。王辅世、向日征、石怀信等知名学者，在涉及苗语东部方言状词的论述时，都没有提及单音节状词。罗安源教授在其著作中明确提出："松桃苗话中很少见独立运用的单音节的状词，其他苗语方言则有很多。"[①] 余金枝教授在其著作也特别说明："湘西矮寨苗语状词的主要特点有：（1）没有单

---

① 罗安源著：《松桃苗话描写语法》，中央民族大学出版社，2005年12月，第89页。

音节状词，而川黔滇方言和黔东方言都有"①。本研究认为，苗语东部方言"没有单音节状词"，可能是一个错误的判断，换言之，苗语东部方言存在单音节状词，但需要认真辨识，故专门进行讨论说明。

4.4.1 苗语东部方言存在单音节状词的理与据

1. 苗语东部方言有单音节状词的理

语言的结构模型决定苗语东部方言有单音节状词。

苗语东部方言对语言（话）和语言组织（说话）的认知（解释），有原生的传统模型。这个模型不仅是苗语概念系统和相应知识生产的"源代码"，也是苗族理解和赋予一切生命体构造与功能的总方法。用它可以检验包括苗语文化系统在内的苗族原生、原创、原有的一切思想、智慧、知识系统的原真性。这个模型，一句话表述就是：包括语言在内的一切生命体的元结构，都类似于稷、稻、果树等植物。也就是说，苗族是用植物作为参照，来理解和赋予包括语言在内的一切生命体的构造与功能的。

在语言与植物的结构相类似的总观念或元逻辑之下，苗语关于语言的单位，有自己的系列概念，且都是与植物的结构相对应。具体说，语言，苗语称作"tu^{53}"。语言的基本单位：单音词，苗语称作"tu^{53} le^{35}"，语义是"颗粒语言"；亦称作"qo^{35} le^{35} tu^{53}"，语义是"语言的颗粒"；或称"qo^{35} ȵtu^{35} tu^{53}"，语义是"语言的种子"。由两个或两个以上"tu^{53} le^{35}（单音词）"组成的可以单独存在的语言单位，苗语称作"tu^{53} tɯ^{44}"，亦称作"qo^{35} tɯ^{44} tu^{53}"，语义是"语言的朵"，词义与汉语的"词"相同。由若干个"tu^{53} tɯ^{44}（语词）"组成的语言单位，苗语称作"tu^{53} cɯ^{44}"，亦称作"qo^{35} cɯ^{44} tu^{53}"，词义与汉语的"语句""句子"相同。由若干"tu^{53} cɯ^{44}（句子）"组成的语言单位，苗语称作"tu^{53} ŋkaŋ^{53}"或"tu^{53} kwa^{35} tu^{53} ŋkaŋ^{53}"，语义是"话之串"，词义与汉语的"段落"相同。由若干"tu^{53} ŋkaŋ^{53}（段落）"组成的语言单位，苗语称作"qo^{35} pʰa^{31} tu^{53}"，语义是"语言的排或列"，词义与汉语的"篇章"相同。从这些概念可以

---

① 余金枝著：《湘西矮寨苗语参考语法》，中国社会科学出版社，2011年6月，第133页。

看出，在苗族传统观念中，任何语词都是由"tu⁵³ le³⁵（单音词）"构成的；组成"tu⁵³ tɯ⁴⁴（语词）"的所有"tu⁵³ le³⁵（单音词）"，在参与语词组织之前，就已经具有明确的音义。

苗语东部方言状词，乃是苗语东部方言语词的一个种类。所以，构成状词的单音词，必定在参与组建状词之前，就已然具有明确的音义；构成状词的核心单音词，如果不具备描摹动词或形容词的功能，由它为核心音义形成的状词，决然不会具有描摹动词或形容词的功能。一句话，没有单音节状词，就不可能有双音节状词和由双音节状词叠加形成的四音节状词。

2. 苗语东部方言存在"单音节状词"的据

在当今使用的苗语日常用语中，单音节状词的确很少，但并非不存在。

例如说，词义是"摔倒"的"qo⁴² pu⁴²"，其中的"pu⁴²"，就是修饰动词"qo⁴²"的状词。"pu⁴²"是拟声词，与汉语拟声词"噗通"的"噗"相当，用来表达物体倒下砸在地面发出的有点沉闷的声响。"qo⁴² pu⁴²"这个语词，通常用于警告小孩不要调皮，以免摔倒。在使用时，又可以表达成"qo⁴² pu⁴² pu⁴²"，词义不变，其中的"pu⁴² pu⁴²"就是典型的"单叠音状词"。

又例如说，词义是"殷红"的"ȵa⁴² qɑ³¹"，其中的"qɑ³¹"就是修饰形容词"ȵa⁴²"的状词。"qɑ³¹"的本义是"黑红色"，即犹如火焰、云霞、血块的颜色，音义可能与"红""虹"的初始音义相同。"qɑ³¹"跟"qwe³⁵（黑）""qu⁴⁴（血）""qwẽ³⁵（黄）""qwɑŋ⁵³（紫）"等是同源语词。"ȵa⁴²"的词义是"红色"，音义与"殷""艳""颜"等可能相同。因此，"ȵa⁴² qɑ³¹"的音义有可能跟"殷红"相同，词义是"ȵa⁴²（殷）"得跟"qɑ³¹（红、虹）"一样。"qɑ³¹"重叠并微变音后成为"qɑ⁴⁴ qɑ⁴²"，是典型的单叠音状词，亦用于描摹"ȵa⁴²（红）"或"ȵtɕʰĩ⁵³（赤）"。

本研究初步统计，当今苗语日常用语还在使用的单音节状词有十来个，简要列表说明如下。

第四章 苗语东部方言状词研究的四个基础问题讨论

单音节状词				
读 音	词 义	功 能	使用例子
ã^{53}	被击打发出的叫声	修饰动词	(1) tso^{31} sɑ^{53} mpo^{53} ã^{53}. 语义：被砸中痛得叫"唵"。 (2) qwe^{31} kaŋ^{42} ȵa^{35} ã^{53}. 语义：捆你痛得喊"唵"。
pu^{42} pɑ^{42}	描摹物件倒地等发出的声响	修饰动词	qo^{42} pu^{42}. 语义：噗然倒下。 qo^{42} pɑ^{42} 语义：啪然倒下。
tsʰɯ^{42}	描摹快速且悄然行动发出的声响	修饰动词	ʈɑ^{44} tsʰɯ^{42}. 语义：悄然掉落。 tɑu^{22} tsʰɯ^{53}. 语义：悄然沉下。 lɑu^{22} tsʰɯ^{53}. 语义：悄然枯萎。 pʐo^{44} tsʰɯ^{53}. 语义：悄然熄灭。 hei^{44} tsʰɯ^{53}. 语义：悄然消散。 qwɑ^{53} tsʰɯ^{53}. 语义：悄然过去。
tei^{53} ntʰẽ^{53}	描摹急促动作发出的声响	修饰动词	ʈɑu^{31} tei^{35}. 语义：突然惊惧。 pʐo^{44} ntʰẽ^{53}. 语义：突然跳起。 çə^{44} tei^{31}. 语义：突然站起来。 çə^{44} ntʰẽ^{42}. 语义：突然站起来。
təŋ^{53}	描摹物体掉落发出的声响	修饰动词	ʈɑ^{44} təŋ^{53}. 语义：咚的一声掉落。
mpɑ^{35}	失去光泽的样子	修饰形容词	qwə^{35} mpɑ^{35}. 语义：惨白。 qwẽ^{31} mpɑ^{35}. 语义：无光泽的黄色。
ȵcʰie^{44}	隔开、撑开的样子	修饰动词、形容词	ʂã^{35} ȵcʰie^{44}. 语义：高耸。 ɭa^{31} ȵcʰie^{44}. 语义：单腿跳跃行走。
ȵcʰiẽ^{35}	踮脚走路的样子	修饰动词	ɭa^{31} ȵcʰiẽ^{35}. 语义：跛脚行走。
qɑ^{31}	黑红色	修饰形容词	ȵa^{42} qɑ^{31} ȵa^{42} ʐa^{31}. 语义：红得发黑。
qɑ^{44}	屎	修饰形容词	a^{44} hã^{53} ço^{31} nẽ^{44} ȵaŋ^{35} qɑ^{44} naŋ^{44}. 语义：这些红苕是如屎一般腐烂的。

4.4.2 被双音化遮蔽的单音节状词

1. 有词前缀的双音节状词其实是单音节状词

前文已经述及，在苗语东部方言状词中，有不少由一个词前缀和一个单音节语词组成的双音节状词。严格地说，这些状词乃是单音节状词。例如，通常被用来描摹快速起身之状的非叠音状词的"a^{44} $nt^h\tilde{e}^{53}$""a^{44} $təŋ^{53}$""a^{44} ka^{53}""a^{44} wu^{42}"等，其中的"a^{44}"是词前缀，是"qo^{35}"（或读成"qa^{35}"）退化辅音而形成单音词，音义与"阿"相同，没有实际意义。在一个词前缀与一个单音词组成的双音节状词中，真正具有明确词义和描摹功能的，是位于词前缀后面的单音词。如，"a^{44} $nt^h\tilde{e}^{53}$"中的"$nt^h\tilde{e}^{53}$"，"a^{44} $təŋ^{53}$"中的"$təŋ^{53}$"，"a^{44} ka^{53}"中的"ka^{53}"，"a^{44} wu^{42}"中的"wu^{42}"。这几个单音词，本原是拟声词，经微变音微变义之后成为动词。

2. 单音动词或形容词与其单音节状词组合紧密而被固化成双音节语词

由一个单音词动词或形容词与修饰它的单音节状词组合而成的双音节语词，因为结构紧密而被固化成词义稳定的双音节语词，导致单音节状词的功能消失。例如，词义是"黑暗""天黑"的双音节语词"$pʐu^{44}$ $mʐa^{44}$"，由单音词"$pʐu^{44}$"和"$mʐa^{44}$"组合而成。其中，"$pʐu^{44}$"的词义是"昏暗"，其音义生成于"$pʐo^{44}$"，本义是"太阳被云团遮蔽、火堆熄灭等光源消失之后光线暗弱"，音义可能与"暮"或"昧"相同。"$mʐa^{44}$"的词义是"黑色"，本义是"腐烂、发霉、污秽、灰烬等形成的颜色"，与"$mʐa^{31}$"（麻）、"$mʐo^{35}$"（乌黑）、"$mʐaŋ^{31}$"（污秽）等，属于音近义同的单音词。在"$pʐu^{44}mʐa^{44}$"里，"$mʐa^{44}$是表示光线变弱的状态就像食物腐烂或火堆化成灰烬的那种颜色"。因此，"$mʐa^{44}$"的作用是修饰"$pʐu^{44}$"，而不是两个表示"黑色"的形容词的并列。同样的道理，在上文列表中的双音节语词"$qwə^{35}$ mpa^{35}"和"$qw\tilde{e}^{31}$ mpa^{35}"，音义可能与"败""斑"字相同的"mpa^{35}"，乃是"$qwə^{35}$（白）"和"$qw\tilde{e}^{31}$（黄）"的单音节状词。

3. 大量"ABAB""ABAC"式成语是单音节状词与其所修饰的单音词组合之后叠化而成

苗语东部方言的大量"ABAB""ABAC"式成语，是单音节状词与其所修饰的单音词组合之后叠化而成。其中，"B"和"C"是互为骈俪单音词或微变音语词，是"A"的单音节状词。在双音语词尚未成为口语表达的主要词类的古代，"AB"和"AC"，是可以单独使用的。例如说，日常用语中的"ŋa^{42} qa^{31} ŋa^{42} z̩a^{31}"，词义是"红里透黑"，由"ŋa^{42} qa^{31}"和"ŋa^{42} z̩a^{31}"这两个音近义同的双音节语词组合而成。其中，"ŋa^{42}"，词义是"红色"，音义可能与"艳"相同；"qa^{31}"和"z̩a^{31}"的词义都是"红色"，分别作为"ŋa^{42}"的状词使用。可以肯定，在古代，"ŋa^{42} qa^{31}"和"ŋa^{42} z̩a^{31}"是可以单独使用的，且具有今人难以区分的细微差别。又例如说，日常用语中的"qo^{42} mpe^{44} qo^{42} mp^{h}u^{53}"，词义是"前俯后仰"，由"qo^{42} mpe^{44}"和"qo^{42} mp^{h}u^{53}"这两个词义相反的双音节语词组合而成。其中，"qo^{42}"，词义是"倒"，音义可能与"跪"相同；"mpe^{44}"的词义是"仰翻"，音义可能与"翻""反"相同；"mpe^{44}"是"mp^{h}u^{53}"的口语表述，词义是"匍匐"，音义可能与"仆""伏"相同。显然，在"qo^{42} mpe^{44}"里，"mpe^{44}（仰翻）"是"qo^{42}（倒）"的状词，用以描摹"qo^{42}（倒）"之状态是"mpe^{44}（仰翻）"。同样，在"qo^{42} mp^{h}u^{53}"里，"mp^{h}u^{53}（匍匐）"亦是"qo^{42}（倒）"的状词，用以描摹"qo^{42}（倒）"之状态是"mp^{h}u^{53}（匍匐）"。

4.4.3 研究结论

基于上述分析，大体上可以就苗语东部方言"不存在单音节状词"的观点做出如下研究结论：

1. 苗语东部方言存在单音节状词，但是，至今仍然在日常用语中使用的单音节状词数量不多。

2. 用单音节状词修饰单音节动词、形容词，形成双音节"合成词"，在古代苗语中十分常见。是双音节"合成词"的语义固化之后，对单音节状词的修饰作用产生了遮蔽，苗语研究的多数前辈学者才没有发现单音节状词的作用。

3. 双音节状词和四音节状词，多数是具有状词功能的单音节语词叠加形成的。

4. 今存的苗语东部方言状词，主要是叠音状词。其所以如此，是因为生动、贴切、形象的口语表述，需要语音重叠的效果来增强韵律感、节奏感，既朗朗上口，又易于记忆和传习。

第五章　苗语东部方言状词的构造与使用

　　苗语东部方言状词构造与使用方面存在的关系与逻辑，总体上说是一些表征性的内容，而且，绝大多数已经被此前的研究者看见和归纳。但是，由于苗语东部方言状词同形容词、副词的边界存在一定的模糊性，学界关于苗语东部方言状词的概念内含和属性特点的认知存在一定的差异性，因而对状词的构造与使用的研究表述，不仅有同有异，而且存在一些尚需斟酌的地方。本章拟对状词的构造与使用进行再梳理、再说明、再阐释，以期实现进一步细化和深化。

第一节　苗语东部方言状词的构造

　　以"描摹对象"和"表义功能"为纲目，对状词的制式、形式、模式之特征进行概括，是此前研究苗语东部方言状词的前辈学人的基本范式和通行做法。

5.1.1　前辈学人对状词构造的归纳

　　前辈学人对苗语东部方言状词构造的理解与归纳，最为值得借鉴的是罗安源教授的著述和余金枝教授的著述。

1. 罗安源教授的归纳

"状词是说明行为或性质的特征的词类。说明行为的状词叫做'动状词'；说明性质的状词叫做'形状词'。""从形式上看，状词可以分为'叠音状词'和'非叠音状词'。叠音状词又可分为'单叠音状词'和'双叠音状词'。单叠音状词是两个音节声、韵、调全同的（即重叠的），双叠音状词是四个音节两两相叠的（或双声，或叠韵，或完全重叠的）。""状词还可以分为'专用状词'和'通用状词'。专门说明某个动词或形容词的状词叫做专用状词；能说明一批动词或形容词的状词叫做通用状词。"①。为了直观理解，罗安源教授对状词"分类的层次关系"进行如下列表说明②：

状词	动状词	专用动状词	单叠音专用动状词
			双叠音专用动状词
		通用动状词	单叠音通用动状词
			双叠音通用动状词
	形状词	专用形状词	单叠音专用形状词
			双叠音专用形状词
		通用形状词	单叠音通用形状词
			双叠音通用动状词

2. 余金枝教授的归纳

对于状词的概念，余金枝教授说："其语义功能是说明动作或事物性质的状态，语法功能是用在动词、形容词后面作状语，用在名词后面作谓语。"③ 她没有对状词进行类似于罗安源教授的"动状词""形状词"分类，只对其结构模式与表义功能进行分类。她认为，状词分为"叠音式"和"非叠音式"。其中，"叠音式可分为 AA、ABAC、AABB、ABAB 四类。"④ 状词的"表义功能"，应分为六个小类，即"描摹声音""描摹形

---

① 罗安源著：《松桃苗话描写语法学》，中央民族大学出版社，2005年12月，第88-89页。
② 罗安源著：《松桃苗话描写语法学》，中央民族大学出版社，2005年12月，第89页。
③ 余金枝著、戴庆夏审订：《湘西矮寨苗语参考语法》，中国社会科学出版社，2011年6月，第133页。
④ 余金枝著、戴庆夏审订：《湘西矮寨苗语参考语法》，中国社会科学出版社，2011年6月，第134页。

态""描摹感觉""描摹速度""描摹色彩""描摹声音、速度、力量"①。她还认为，状词的"结合功能"是"加在形容词、动词、名词之后，对性质、动作，或事物的状态进行修饰描摹。"② 她是第一个提出状词可以修饰名词的学者。

余金枝教授关于状词的"表义功能"的划分方法，很周全，但有两个小小不足，需要弥补。一是将"描摹感觉"和"描摹速度"单独作为一个小类，就内容而言，不能与"描摹声音"或"描摹形态"的当量相称；二是描摹冷热度与描摹松紧度等方面的状词，没有门类可归。也就是说，描摹程度的状词，有的没有被她的分类方法涵盖进去。因此，她的分类，既不能列举完毕所有的状词小类，又有可能造成有些状词不知归入哪一类才恰当。比如说，表达急迫呼叫的"$pz_ˌ^hə^{53}$ qei^{35} qei^{35}""$ņã^{53}$ $qã^{35}$ $qã^{35}$"中的状词"qei^{35} qei^{35}"与"$qã^{35}$ $qã^{35}$"等，既可以列入"描摹声音"，亦可列入"描摹声音、速度、力量"，如何处理才正确？这对于学习者和使用者来说，显然不太好办，应做适当的优化。

5.1.2 状词的构造样式分类

在不把单音节状词和"自摹"类状词纳入分类范畴的前提下，苗语东部方言状词的构造，只有两种类型和相应的5种样式。

状词的两种类型：一是双音节状词；二是四音节状词。

如果用字母"A""B""C"表示构成状词的单音词，则双音节状词共有"AA"和"AB"两种样式，简称"AA式"和"AB式"；四音节状词共有"AABB""ABAB""ABAC"三种样式，简称"AABB式""ABAB式""ABAC式"。为了便于理解，兹列表示意如下：

---

① 余金枝著、戴庆厦审订：《湘西矮寨苗语参考语法》，中国社会科学出版社，2011年6月版，第135—136页。

② 余金枝著、戴庆厦审订：《湘西矮寨苗语参考语法》，中国社会科学出版社，2011年6月，第137页。

苗语东部方言状词语音组合形式简表

类型	语音组合法	表达式	举　　例
双音节型	双音叠合	AA	"mzₐ⁴⁴mzₐ⁴⁴"，常用来描摹"黑暗的程度"。与"qwe³⁵"组合，形成"qwe³⁵ mzₐ⁴⁴ mzₐ⁴⁴，语义是"黑黢黢"。
		AB	"tɑ⁴⁴lɑ⁴⁴"，常用来描摹"黑暗的程度"。与"qwe³⁵"组合，形成"qwe³⁵tɑ⁴⁴lɑ⁴⁴"，语义是"黑漆漆"。
四音节型	四音组合	AABB	"pi⁴⁴pi⁴⁴pzₐ⁴²pzₐ⁴²"，常用来描摹"声音嘈杂的程度"或"做事粗心的程度"。
		ABAB	"tsʰei⁴⁴tsʰɯ⁵³ tsʰei⁴⁴tsʰɯ⁵³"，常用来描摹"行动缓慢的程度"。
		ABAC	"lɑ⁴⁴li⁴⁴lɑ⁴⁴kwɑ⁴⁴"，常用来描摹"不修边幅或不讲卫生的程度"。

5.1.3 状词的功能分类

本研究采用的状词功能分类方法，总体上与余金枝教授的分类方法相同，仅有较小的差异。具体表述是：苗语状词可以归纳为六个小类，即描摹声音、描摹情貌、描摹程度、描摹形态、描摹色彩、描摹味道。

1. 描摹声音

描摹声音的状词，是拟声词或拟声词叠加而形成的语词。基本描摹方法共有三种：一是描摹发声对象的声音特点；二是描摹发声对象发出的声音反复出现的特点；三是描摹发声对象发声时的情势。

（1）描摹发声对象的声音特点

有三种常见情形：一是描摹咳嗽；二是描摹哭嚎；三是描摹欢笑。兹分别举例说明。

①描摹咳嗽。

此种描摹对象的常用状词，由拟声词"qʰã⁵³"及其微变音语词叠加组合而成，有双音节和四音节两种。

第五章　苗语东部方言状词的构造与使用

由"$q^hã^{53}$"组成的双音节状词是："$q^hã^{53}\ q^hã^{53}$"，通常与词义是"咳嗽"的"$tɕi^{31}\ ntu^{44}$"组合，形成"$tɕi^{31}\ ntu^{44}\ q^hã^{53}\ q^hã^{53}$"，表示咳嗽发出的声音轻而且脆，发声部位较浅，情况不太严重。由"$q^hã^{53}$"组成的四音节状词是："$q^hei^{44}\ q^hei^{44}\ q^hã^{44}\ q^hã^{53}$"，"$q^hei^{44}\ q^hã^{44}\ q^hei^{44}\ q^hã^{53}$"，"$a^{44}\ q^hã\ a^{44}\ q^hã^{53}$"。

由"q^ho^{53}"组成的双音节状词是："$q^ho^{53}\ q^ho^{53}$"，通常与词义是"咳嗽"的"$tɕi^{31}\ ntu^{44}$"组合，形成"$tɕi^{31}\ ntu^{44}\ q^ho^{53}\ q^ho^{53}$"，表示咳嗽发出的声音沉重，发声部位较深，情况严重。由"q^ho^{53}"组成的四音节状词是："$q^hei^{44}\ q^hei^{44}\ q^ho^{53}\ q^ho^{53}$"，"$q^hei^{44}\ q^ho^{53}\ q^hei^{44}\ q^ho^{53}$"，"$a^{44}\ q^ho^{53}\ a^{44}\ q^ho^{53}$"。

②描摹哭嚎。

此种描摹对象的常用状词，由三个拟声词"qu^{22}" "qwa^{31}" "$pz̩^hɯ^{53}$"各自或同自己的微变音语词叠加组合而成，有单叠音和双叠音两种。

由"qu^{22}"组成的双音节状词是："$qu^{22}\ qu^{22}$"，通常与词义是"哭泣"的"$ȵiẽ^{44}$"组合，形成"$ȵiẽ^{44}\ qu^{22}\ qu^{22}$"，表示放声痛哭。由"$qu^{22}$"组成的四音节状词是："$qei^{44}\ qu^{22}\ qei^{44}\ qu^{22}$"，"$qei^{44}\ qei^{44}\ qu^{22}\ qu^{22}$"，"$a^{44}\ qu^{22}\ a^{44}\ qu^{22}$"。

由"qwa^{31}"组成的双音节状词是："$qwa^{31}\ qwa^{31}$"，通常与词义是"哭泣"的"$ȵiẽ$"组合，形成"$ȵiẽ^{44}\ qwa^{31}\ qwa^{35}$"，表示嚎啕大哭。由"$qwa^{31}$"组成的四音节状词是："$qwei^{44}\ qwa^{31}\ qwei^{44}\ qwa^{31}$"，"$qwei^{44}\ qwei^{44}\ qwa^{31}\ qwa^{31}$"，"$a^{44}\ qwa^{31}\ a^{44}\ qwa^{31}$"。

由"$pz̩^hɯ^{53}$"组成的双音节状词是："$pz̩^hɯ^{53}\ pz̩^hɯ^{53}$"，通常与词义是"哭泣"的"$ȵiẽ^{44}$"组合，形成"$ȵiẽ^{44}\ pz̩^hɯ^{53}\ pz̩^hɯ^{53}$"，表示不断抽泣地哀哭。由"$pz̩^hɯ^{53}$"组成的四音节状词是："$p^hi^{44}\ p^hi^{35}\ pz̩^hɯ^{44}\ pz̩^hɯ^{53}$"，"$p^hi^{44}\ pz̩^hɯ^{53}\ p^hi^{44}\ pz̩^hɯ^{53}$"，"$a^{44}\ pz̩^hɯ^{53}\ a^{44}\ pz̩^hɯ^{53}$"。

③描摹欢笑。

此种描摹对象的常用状词，由单音词"ha^{44}" "$q^hɯ^{35}$" "$ʐei^{44}$"各自或同自己的微变音语词叠加组合而成，有单叠音和双叠音两种。

由"ha^{44}"组成的双音节状词是："$ha^{44}\ ha^{44}$"，通常与词义是"笑"的"to^{44}"组合，形成"$to^{44}\ ha^{44}\ ha^{44}$"，词义与"哈哈笑"相同。由

"ha⁴⁴"组成的四音节状词是："hei⁴⁴ hei⁴⁴ ha⁴⁴ ha⁴⁴"和"hei⁴⁴ ha⁴⁴ hei⁴⁴ ha⁴⁴"。

由"qʰɯ³⁵"或它的微变音语词组成的双音节状词是："qʰɯ³⁵ qʰɯ³⁵"、"qʰa⁵³ qʰa⁵³"。这两个状词，通常都与词义是"笑"的"to⁴⁴"组合，形成"to⁴⁴ qʰɯ³⁵ qʰɯ³⁵"或"to⁴⁴ qʰa⁵³ qʰa⁵³"，表示发出咯咯之声的欢笑。由"qʰɯ³⁵"组成的四音节状词是："qʰei⁴⁴ qʰei⁴⁴ qʰɯ³⁵ qʰɯ³⁵"、"qʰei⁴⁴ qʰɯ³⁵ qʰei⁴⁴ qʰɯ³⁵"、"qʰa⁴⁴ qʰa⁴⁴ qʰɯ³⁵ qʰɯ³⁵"、"qʰa⁴⁴ qʰɯ³⁵ qʰa⁴⁴ qʰɯ³⁵"、"qʰei⁴⁴ qʰei⁴⁴ qʰa⁴⁴ qʰa⁵³"、"qʰei⁴⁴ qʰa⁵³ qʰei⁴⁴ qʰa⁵³"、"a⁴⁴ qʰɯ³⁵ a⁴⁴ qʰɯ³⁵"。

由"ʑei⁴⁴"组成的双音节状词是："ʑei⁴⁴ ʑei⁴²"，通常与词义是"笑"的"to⁴⁴"组合，形成"to⁴⁴ ʑei⁴⁴ ʑei⁴²"，表示笑容可掬的微笑。由"ʑei⁴⁴"组成的四音节状词是："ʑei⁴⁴ ʑei⁴⁴ ʑɯ⁴⁴ ʑɯ⁵³"、"ʑei⁴⁴ ʑɯ⁴⁴ ʑei⁴⁴ ʑɯ⁵³"、"qa⁴⁴ ʑei⁴⁴ qa⁴⁴ ʑɯ⁴²"、"pa⁴⁴ ʑei⁴⁴ pa⁴⁴ ʑɯ⁴²"。

（2）描摹发声对象发出的声音反复出现的特点

有九种常见情形：一是描摹门户开关、猪叫鸡鸣、小孩子打闹等日常生活中的常闻叫声；二是描摹物体碰撞发出的混响；三是描摹摩擦声；四是描摹连续性炸响；五是描摹物体运动发出的声响；六是描摹饮食发出的声响；七是描摹击水发出的声响；八是描摹不太理睬地答应；九是描摹自言自语或说话声音不太明朗。兹分别举例说明。

①描摹门户开关、猪叫鸡鸣、小孩子打闹等日常生活中的常闻叫声。

此种描摹对象的常用状词，一般由拟声词"qei⁴⁴""qã⁴⁴""ʑã⁴⁴""qa⁴²"及其微变音组成，有双音节状词和四音节状词两种。

由"qei⁴⁴"及其微变音语词组成的双音节状词是："qei³⁵ qei³⁵"和"qã³⁵ qã³⁵"，通常与词义是"叫唤"的"ŋa³⁵"组合，形成语义是"急切呼叫"的"ŋa³⁵ qei³⁵ qei³⁵"和"ŋa³⁵ qã³⁵ qã³⁵"。由"qei⁴⁴"及其微变音"qã⁴⁴"组成的四音节状词：一是表示乐音交织的"qei⁴⁴ qei⁴⁴ qã⁴⁴ qã⁴⁴"和"qei⁴⁴ qã⁴⁴ qei⁴⁴ qã⁴⁴"；二是表示噪音交织的"qei³⁵ qei³⁵ qã⁴⁴ qã⁴⁴"和"qei³⁵ qã⁴⁴ qei³⁵ qã⁴⁴"；三是表示不断厉声叫唤的"a⁴⁴ qei³⁵ a⁴⁴ qei³⁵"和"a⁴⁴ qã³⁵ a⁴⁴ qã³⁵"。

由"ʑã⁴⁴"及其微变音语词组成的双音节状词是："ʑã⁴⁴ ʑã⁴⁴"和

"ʐei⁴⁴ ʐei⁴⁴"，通常与词义是"鸣叫"的"n̩a³⁵"组合，形成"n̩a³⁵ ʐã⁴⁴ ʐã⁴⁴"和"n̩a³⁵ ʐei⁴⁴ ʐei⁴⁴"。由"ʐã⁴⁴"及其微变音"ʐei⁴⁴"组成的四音节状词是："ʐei⁴⁴ ʐei⁴⁴ ʐã⁴⁴ ʐã⁴⁴"，"ʐei⁴⁴ ʐã⁴⁴ ʐei⁴⁴ ʐã⁴⁴"，"qɑ⁴⁴ ʐei⁴⁴ qɑ⁴⁴ ʐɑ⁴⁴"，"qɑ⁴⁴ ʐã⁴⁴ qɑ⁴⁴ ʐã⁴⁴"。

由"qɑ⁴²"叠加组成的双音节状词是："qɑ⁴² qɑ⁴²"，通常与词义是"摩擦"的"tɕi⁴⁴ qɯ³¹"组合，形成"tɕi⁴⁴ qɯ³¹ qɑ⁴² qɑ⁴²"，亦与词义是"磨刀"的动词"ho⁴⁴ ntẽ⁴⁴"组合，形成词义跟"磨刀霍霍"完全相同的"ho⁴⁴ ntẽ⁴⁴ qɑ⁴² qɑ⁴²"。由"qɑ⁴²"及其微变音语词组成的四音节状词是："qei⁴⁴ qei⁴⁴ qɑ⁴² qɑ⁴²"，"qei⁴⁴ qɑ⁴² qei⁴⁴ qɑ⁴²"，"a⁴⁴ qɑ⁴² a⁴⁴ qɑ⁴²"。

②描摹物体碰撞发出的混响。

描摹此种对象的常用状词，一般由拟声词"pʐɑ⁴²""qwɑ⁴²""mpʰaŋ⁴⁴""n̩tɑ⁵³""tuŋ⁴²"及其微变音语词组成。这些拟声词都可以同词前缀"tɑ⁴⁴""a⁴⁴"组成双音节状词；"tuŋ⁴²"可以分别同"pʐɑ⁴²""qwɑ⁴²""mpʰaŋ⁴⁴""n̩tɑ⁵³"这四个单音词组成双音节的非叠音状词和四音节状词。这些拟声词叠加组成的状词，有双音节状词和四音节状词两种。

由"pʐɑ⁴²"及其微变音语词组成的双音节状词是："pʐɑ⁴² pʐɑ⁴²"和"pi⁴⁴ pʐɑ⁴²"，通常与词义是"响"的"mpo⁵³"组合，形成"mpo⁵³ pʐɑ⁴² pʐɑ⁴²"和"mpo⁵³ pi⁴⁴ pʐɑ⁴²"。由"pʐɑ⁴²"及其微变音语词组成的四音节状词是："pi⁴⁴ pi⁴⁴ pʐɑ⁴² pʐɑ⁴²"，"pi⁴⁴ pʐɑ⁴² pi⁴⁴ pʐɑ⁴²"。

由"qwɑ⁴²"及其微变音语词组成的双音节状词是："qwɑ⁴² qwɑ⁴²"和"qwei⁴⁴ qwɑ⁴²"，通常与词义是"响"的"mpo⁵³"组合，形成"mpo⁵³ qwɑ⁴² qwɑ⁴²"和"mpo⁵³ qwei⁴⁴ qwɑ⁴²"。由"qwɑ⁴²"及其微变音语词组成的四音节状词是："qwei⁴⁴ qwei⁴⁴ qwɑ⁴⁴ qwɑ⁴²"和"qwei⁴⁴ qwɑ⁴² qwei⁴⁴ qwɑ⁴²"。

由"mpʰaŋ⁴⁴"及其微变音语词组成的双音节状词是："mpʰaŋ⁴⁴ mpʰaŋ⁴⁴"和"mpʰei⁴⁴ mpʰei⁴⁴"，通常与词义是"响"的"mpo⁵³"组合，形成"mpo⁵³ mpʰaŋ⁴⁴ mpʰaŋ⁴⁴"和"mpo⁵³ mpʰei⁴⁴ mpʰaŋ⁴⁴"。由"mpʰaŋ⁴⁴"及其微变音语词组成的四音节状词是："mpʰei⁴⁴ mpʰei⁴⁴ mpʰaŋ⁴⁴ mpʰaŋ⁴⁴"和"mpʰei⁴⁴ mpʰaŋ⁴⁴ mpʰei⁴⁴ mpʰaŋ⁴⁴"。

由"ɳtɑ⁵³"及其微变音语词组成的双音节状词是："ɳtɑ⁵³ ɳtɑ⁵³"和"ɳtei⁵³ ɳtɑ⁵³"，通常与词义是"响"的"mpo⁵³"组合，形成"mpo⁵³ ɳtɑ⁵³ ɳtɑ⁵³"和"mpo⁵³ ɳtei⁴⁴ ɳtɑ⁵³"。由"ɳtɑ⁵³"及其微变音语词组成的四音节状词是："ɳtei⁴⁴ ɳtɑ⁵³ ɳtei⁴⁴ ɳtɑ⁵³"和"ɳtei⁴⁴ ɳtei⁴⁴ ɳtɑ⁵³ ɳtɑ⁵³"。

由"tuŋ⁴²"及其微变音语词组成的双音节状词是："tɑ⁴⁴ tuŋ⁴²"和"tei⁴⁴ tuŋ⁴²"，通常与词义是"掉落"的"tɑ⁴⁴"组合，形成"tɑ⁴⁴ tɑ⁴⁴ tuŋ⁴²"和"tɑ⁴⁴ tei⁴⁴ tuŋ⁴²"。由"tuŋ⁴²"及其微变音语词组成的四音节状词是："tɑ⁴⁴ tuŋ⁴² tɑ⁴⁴ tuŋ⁴²"，"tɑ⁴⁴ tɑ⁴⁴ tuŋ⁴² tuŋ⁴²"，"tei⁴⁴ tei⁴⁴ tuŋ⁴² tuŋ⁴²"，"tei⁴⁴ tuŋ⁴² tei⁴⁴ tuŋ⁴²"。由"tuŋ⁴²"跟拟声词"pzɑ⁴²""qwɑ⁴²""mpʰaŋ⁴⁴""ɳtɑ⁵³"分别组合，组成的四音节状词是："tuŋ⁴² pzɑ⁴² tuŋ⁴² pzɑ⁴²"，"tuŋ⁴² qwɑ⁴² tuŋ⁴² qwɑ⁴²"，"tuŋ⁴² mpʰaŋ⁴⁴ tuŋ⁴² mpʰaŋ⁴⁴"，"tuŋ⁴² ɳtɑ⁵³ tuŋ⁴² ɳtɑ⁵³"。

③描摹摩擦声。

描摹此种对象的常用状词，一般由拟声词"qɑ⁵³""ʂuŋ³⁵""hɑ⁵³"及其微变音语词组成，有双音节状词和四音节状词两种。

由"qɑ⁵³"及其微变音语词组成的双音节状词是："qɑ⁵³ qɑ⁵³"和"qei⁴⁴ qɑ⁵³"，通常与词义是"响"的"mpo⁵³"组合，形成"mpo⁵³ qɑ⁵³ qɑ⁵³"和"mpo⁵³ qei⁴⁴ qɑ⁵³"。由"qɑ⁵³"及其微变音语词组成的四音节状词是："qei⁴⁴ qɑ⁵³ qei⁵³ qɑ⁵³"，"qei⁴⁴ qei⁴⁴ qɑ⁴⁴ qɑ⁵³"。

由"ʂuŋ³⁵"及其微变音语词组成的双音节状词是："ʂuŋ³⁵ ʂuŋ³⁵"和"ʂei⁴⁴ ʂuŋ³⁵"，通常与词义是"哭泣"的"ȵiẽ⁴⁴"组合，形成"ȵiẽ⁴⁴ ʂuŋ³⁵ ʂuŋ³⁵"和"ȵiẽ⁴⁴ ʂei⁴⁴ ʂei³⁵"。由"ʂuŋ³⁵"及其微变音语词组成的四音节状词是："ʂei⁴⁴ ʂuŋ³⁵ ʂei⁴⁴ ʂuŋ³⁵"和"ʂei⁴⁴ ʂei⁴⁴ ʂuŋ³⁵ ʂuŋ³⁵"。

由"hɑ⁵³"及其微变音语词组成的双音节状词是："hɑ⁵³ hɑ⁵³"和"hei⁴⁴ hɑ⁵³"，通常与词义是"呼吸"的"ɕɯ⁵³ ɕiẽ⁴⁴"组合，形成"ɕɯ⁵³ ɕiẽ⁴⁴ hɑ⁵³ hɑ⁵³"和"ɕɯ⁵³ ɕiẽ⁴⁴ hei⁴⁴ hɑ⁵³"。由"hɑ⁵³"及其微变音语词组成的四音节状词是："hei⁴⁴ hɑ⁵³ hei⁴⁴ hɑ⁵³"，"hei⁴⁴ hei⁴⁴ hɑ⁵³ hɑ⁵³"，"li⁴² hu⁴⁴ li⁴² hɑ⁵³"。

④描摹连续性炸响。

描摹此种对象的常用状词，有两种情形：一是由单音节拟声词

"ɳtɯ⁵³""kɑ⁵³"及其微变音语词组成；二是由双音节拟声词"qu⁴⁴ ntu⁴⁴""ɴqwɑ⁴⁴ ɴqwẽ""tuŋ⁴² ʐuŋ⁴²""pʐɑ⁴² ʐɑ⁴²"等重叠组成。有双音节状词和四音节状词两种。

由"ɳtɯ⁵³"及其微变音语词组成的双音节状词是："ɳtɯ⁵³ɳtɯ⁵³"，"ɳtei⁴⁴ ɳtɯ⁵³"，"ɳtɑ⁴⁴ ɳtɯ⁵³"，"ɳtei⁴⁴ ɳtã⁵³"，"ɳtã⁴⁴ɳtã⁴⁴"，通常与词义是"响"的"mpo⁵³"组合，形成"mpo⁵³ɳtɯ⁵³ ɳtɯ⁵³""mpo⁵³ ɳtei⁴⁴ ɳtɯ⁵³"等。由"ɳtɯ⁵³"及其微变音语词组成的四音节状词是："ɳtei⁴⁴ ɳtɯ⁵³ ɳtei⁴⁴ ɳtɯ⁵³"，"ɳtei⁴⁴ ɳtei⁴⁴ ɳtɯ⁵³ ɳtɯ⁵³"，"ɳtɑ⁴⁴ ɳtɯ⁵³ ɳtɑ⁴⁴ ɳtɯ⁵³"，"ɳtei⁴⁴ ɳtei⁴⁴ ɳtã⁴⁴ ɳtã⁴⁴"，"ɳtei⁴⁴ ɳtã⁴⁴ ɳtei⁴⁴ ɳtã⁴⁴"。

由"kɑ⁵³"及其微变音语词组成的双音节状词是："kɑ⁵³ kɑ⁵³"和"kei⁴⁴ kɑ⁵³"，通常与词义是"炒菜"的"cɑ³⁵ ʐei³⁵"组合，形成"cɑ³⁵ ʐei³⁵ kɑ⁵³ kɑ⁵³"或"cɑ³⁵ ʐei³⁵ kei⁴⁴ kɑ⁵³"。由"kɑ⁵³"及其微变音语词组成的四音节状词是："kei⁴⁴ kɑ⁵³ kei⁴⁴ kɑ⁵³"，"kei⁴⁴ kei⁴⁴ kɑ⁵³ kɑ⁵³"。

由双音节拟声词"qu⁴⁴ ntu⁴⁴"组成的四音节状词是："qu⁴⁴ ntu⁴⁴ qu⁴⁴ ntu⁴⁴"。

由双音节拟声词"ɴqwɑ⁴⁴ ɴqwẽ⁵³"组成的四音节状词是："ɴqwɑ⁴⁴ ɴqwɑ⁴⁴ ɴqwẽ⁵³ ɴqwẽ⁵³"，"ɴqwɑ⁴⁴ ɴqwẽ⁵³ ɴqwɑ⁴⁴ ɴqwẽ⁵³"。

由双音节拟声词"tuŋ⁴² ʐuŋ⁴²"组成的四音节状词是："tuŋ⁴² ʐuŋ⁴² tuŋ⁴² ʐuŋ⁴²"。

由双音节拟声词"pʐɑ⁴² ʐɑ⁴²"组成的四音节状词是："pʐɑ⁴² ʐɑ⁴² pʐɑ⁴² ʐɑ⁴²"。

⑤描摹物体运动发出的声响。

描摹此种对象的常用状词，由单音节拟声词"tsʰɯ⁵³""pu⁴²""su⁵³""wu⁴²""ntʰẽ⁵³""ntʰã⁴⁴"与其微变音语词组合而成，或在这些单音词的前面分别加上"tɑ⁴⁴""pɑ⁴⁴""qɑ⁴⁴""ɑ⁴⁴"等词前缀构成。有双音节状词和四音节状词两种。

由"tsʰɯ⁵³"及其微变音语词组成的双音节状词是："tsʰɯ⁴⁴ tsʰɯ⁵³"（"tsʰɯ⁴⁴ tsʰɯ⁴⁴"），通常与词义是"走"的"ʂə³⁵"组合，形成"ʂə³⁵ tsʰɯ⁴⁴ tɕʰɯ⁵³"或"ʂə³⁵ tsʰɑ⁴⁴ tsʰɯ⁵³"。由"tsʰɯ⁵³"加词前缀组成的双音节状词是："tɑ⁴⁴ tsʰɯ⁵³"，"qɑ⁴⁴ tsʰɯ⁵³"，"pɑ⁴⁴ tsʰɯ⁵³"，"ɑ⁴⁴ tsʰɯ⁵³"，

功能与双音节状词"tsʰɯ⁴⁴ tsʰɯ⁵³"一样。由"tsʰɯ⁵³"及其微变音语词组成的四音节状词是："tsʰei⁴⁴ tsʰɯ⁵³ tsʰei⁴⁴ tsʰɯ⁵³","tsʰei⁴⁴ tɕʰei⁴⁴ tsʰɯ⁵³ tsʰɯ⁵³","qɑ⁴⁴ tsʰei⁴⁴ qɑ⁴⁴ tsʰei⁴⁴","pɑ⁴⁴ tsʰei⁴⁴ pɑ⁴⁴ tsʰei⁴⁴","pɑ⁴⁴ tsʰɑ⁴⁴ pɑ⁴⁴ tsʰɑ⁴⁴","pei⁴⁴ tsʰei⁴⁴ pɯ⁴⁴ tsʰɯ⁵³","tsʰɑ⁴⁴ tsʰɑ⁴⁴ tsʰɯ⁴⁴ tsʰɯ⁵³"。

由"pu⁴²"及其微变音语词组成的双音节状词是："pu⁴² pu⁴²",通常与词义是"响"的"mpo⁵³"组合，形成"mpo⁵³ pu⁴² pu⁴²"。由"pu⁴²"加词前缀组成的双音节状词是："tɑ⁴⁴ pu⁴²","pɑ⁴⁴ pu⁴²","ɑ⁴⁴ pu⁴²",功能与双音节状词"pu⁴² pu⁴²"一样。由"pu⁴²"及其微变音语词组成的四音节状词是："pɑ⁴⁴ pu⁴² pɑ⁴⁴ pu⁴²","pɑ⁴⁴ pɑ⁴⁴ pu⁴⁴ pu⁴²","pei⁴⁴ pu⁴² pei⁴⁴ pu⁴²","pei⁴⁴ pei⁴⁴ pu⁴² pu⁴²"。

由"su⁵³"及其微变音语词组成的双音节状词是："sɑ⁴⁴ su⁵³"和"sei⁴⁴ su⁵³",通常与词义是"离开"的"ʂə³⁵"组合，形成"ʂə³⁵ sɑ⁴⁴ su⁵³"和"ʂə³⁵ sei⁴⁴ su⁵³"。由"su⁵³"加词前缀组成的双音节状词是："tɑ⁴⁴ su⁵³","qɑ⁴⁴ su⁵³","pɑ⁴⁴ su⁵³","ɑ⁴⁴ su⁵³",功能与双音节状词"sɑ⁴⁴ su⁵³"和"sei⁴⁴ su⁵³"一样。由"su⁵³"及其微变音语词组成的四音节状词是："sei⁴⁴ su⁵³ sei⁴⁴ su⁵³","sei⁴⁴ su⁵³ sei⁴⁴ su⁵³"。

由"wu⁴²"及其微变音语词组成的双音节状词是："wu⁴² wu⁴²"和"wei⁴⁴ wu⁴²",通常与词义是"刮风"的"pʐʰã³⁵ ci⁵³"组合，形成"pʐʰã³⁵ ci⁵³ wu⁴² wu⁴²"和"pʐʰã³⁵ ci⁵³ wei⁴⁴ wu⁴²"。由"wu⁴²"加词前缀组成的双音节状词是："tɑ⁴⁴ wu⁴²","qɑ⁴⁴ wu⁴²","ɑ⁴⁴ wu⁴²",功能与双音节状词"wu⁴² wu⁴²"和"wei⁴⁴ wu⁴²"一样。由"wu⁴²"及其微变音语词组成的四音节状词是："wei⁴⁴ wu⁴² wei⁴⁴ wu⁴²","wei⁴⁴ wei⁴⁴ wu⁴² wu⁴²"。

由"ntʰẽ⁵³"及其微变音语词组成的双音节状词是："ntʰẽ⁵³ ntʰẽ⁵³",通常与词义是"跳跃"的"tɕi³¹ ntɑ³⁵"组合，形成"tɕi³¹ ntɑ³⁵ ntʰẽ⁵³ ntʰẽ⁵³"。由"ntʰẽ⁵³"加词前缀组成的双音节状词是："tɑ⁴⁴ ntʰẽ⁵³","pɑ⁴⁴ ntʰẽ⁵³","qɑ⁴⁴ ntʰẽ⁵³","ɑ⁴⁴ ntʰẽ⁵³",功能与双音节状词"ntʰẽ⁵³ ntʰẽ⁵³"和"ntʰɑ⁴⁴ ntʰẽ⁵³"一样。由"ntʰẽ⁵³"及其微变音语词组成的四音节状词是："ntʰɑ⁴⁴ ntʰɑ⁴⁴ ntʰẽ⁵³ ntʰẽ⁵³","ntʰɑ⁴⁴ ntʰẽ⁵³ ntʰɑ⁴⁴ ntʰẽ⁵³"

由"ntʰã⁴⁴"及其微变音语词组成的双音节状词是："ntʰã⁴⁴ ntʰã⁴⁴"，通常与词义是"响"的"mpo⁵³"组合，形成"mpo⁵³ ntʰã⁴⁴ ntʰã⁴⁴"。"ntʰã⁴⁴"一般不能同单音节词前缀组合。由"ntʰã⁴⁴"及其微变音语词组成的四音节状词是："ntʰei⁴⁴ ntʰei⁴⁴ ntʰã⁴⁴ ntʰã⁴⁴"，"ntʰei⁴⁴ ntʰã⁴⁴ ntʰei⁴⁴ ntʰã⁴⁴"。

⑥描摹饮食发出的声响。

描摹此种对象的常用状词，由单音节拟声词"mpzɿɑ⁵³"和"ɳtɕa⁵³"与其微变音语词组合而成，或由双音节拟声词"ŋkei⁴⁴ ŋkuŋ⁵³"叠加组合而成。有双音节状词和四音节状词两种。

由"mpzɿɑ⁵³"叠加组成的双音节状词是："mpzɿɑ⁵³ mpzɿɑ⁵³"，通常与词义是"吃饭"的"nuŋ³¹ l̥ʰi⁵³"组合，形成"nuŋ³¹ l̥ʰi⁵³ mpzɿɑ⁵³ mpzɿɑ⁵³"。由"mpzɿɑ⁵³"及其微变音语词组成的四音节状词是："mpzɿei⁴⁴ mpzɿei⁴⁴ mpzɿɑ⁴⁴ mpzɿɑ⁵³"。

由"ɳtɕa⁵³"叠加组成的双音节状词是："ɳtɕa⁵³ ɳtɕa⁵³"，通常与词义是"吃饭"的"nuŋ³¹ l̥ʰi⁵³"组合，形成诸如"nuŋ³¹ l̥ʰi⁵³ ɳtɕa⁵³ ɳtɕa⁵³"。由"ɳtɕa⁵³"及其微变音语词组成的四音节状词是："ɳtɕi⁴⁴ ɳtɕa⁵³ ɳtɕi⁴⁴ ɳtɕa⁵³"，"ɳtɕi⁴⁴ ɳtɕi⁴⁴ ɳtɕa⁵³ ɳtɕa⁵³"。

由双音节"ŋka⁴⁴ ŋkuŋ⁵³"及其微变音语词组成的四音节状词是："ŋka⁴⁴ ŋkuŋ⁵³ ŋka⁴⁴ ŋkuŋ⁵³"，"ŋka⁴⁴ ŋka⁴⁴ ŋkuŋ⁵³ ŋkuŋ⁵³"，"ŋkei⁴⁴ ŋkuŋ⁵³ ŋkei⁴⁴ ŋkuŋ⁵³"，"ŋkei⁴⁴ ŋkei⁴⁴ ŋkuŋ⁵³ ŋkuŋ⁵³"。

⑦描摹击水发出的声响。

描摹此种对象的常用状词，由单音节拟声词"pʰja⁵³""ɲcʰuŋ³⁵"与其微变音语词组合而成。有双音节状词和四音节状词两种。

由"pʰja⁵³"及其微变音语词组成的双音节状词是："pʰi⁴⁴ pʰja⁵³"，通常与词义是"响"的"mpo⁵³"组合，形成"mpo⁵³ pʰi⁴⁴ pʰja⁵³"。由"pʰja⁵³"及其微变音语词组成的四音节状词是："pʰi⁴⁴ pʰja⁵³ pʰi⁴⁴ pʰja⁵³"，"pʰi⁴⁴ pʰi⁴⁴ pʰja⁵³ pʰja⁵³"。

由"ɲcʰuŋ³⁵"及其微变音语词组成的双音节状词是："ŋkʰa⁴⁴ ɲcʰuŋ³⁵"或"ŋkʰi⁴⁴ ɲcʰuŋ³⁵"，通常与词义是"响"的"mpʰo⁵³"组合，形成"mpʰo⁵³ ŋkʰja⁴⁴ ɲcʰuŋ³⁵"或"mpʰo⁵³ ŋkʰi⁴⁴ ɲcʰuŋ³⁵"。由

"ɲcʰuŋ³⁵"及其微变音语词组成的四音节状词是："ŋkʰa⁴⁴ ɲcʰuŋ³⁵ ŋkʰa⁴⁴ ɲcʰuŋ³⁵"，"ŋkʰi⁴⁴ ɲcʰuŋ³⁵ ŋkʰi⁴⁴ ɲcʰuŋ³⁵"。

⑧描摹不太理睬地答应。

描摹此种对象的常用状词，只有四音节一种，由双音节拟声词"hei⁴⁴ huŋ⁴⁴"叠加而成："hei⁴⁴ hei⁴⁴ huŋ⁴⁴ huŋ⁴⁴"，"hei⁴⁴ huŋ⁴⁴ hei⁴⁴ huŋ⁴⁴"。拟声词"hei⁴⁴ huŋ⁴⁴"可以拆分，并在其前面加入词前缀"pa⁴⁴"或"a⁴⁴"，组成四音节状词："pa⁴⁴ hei⁴⁴ pa⁴⁴ huŋ⁴⁴"，"a⁴⁴ hei⁴⁴ a⁴⁴ huŋ⁴⁴"。

⑨描摹自言自语或说话声音不太明朗。

描摹此种对象的常用状词，只有四音节一种，由双音节拟声词"lei⁴⁴ lu⁴⁴"叠加而成："lei⁴⁴ lei⁴⁴ lu⁴⁴ lu⁴⁴"或"lei⁴⁴ lu⁴⁴ lei⁴⁴ lu⁴⁴"。

（3）描摹发声对象发声时的情势

有两种常见情形：一是描摹急切呼唤；二是描摹爆炸烈度。兹分别举例说明。

①描摹急切呼唤。

描摹此种对象的常用状词，只有双音节一种，由拟声词"li⁵³""qei³⁵"各自叠加而成。一是"li⁵³ li³⁵"，通常与词义是"喊"的"n̠a³⁵"组成"n̠a³⁵ li⁵³ li³⁵"，表示"急切而连续的喊叫"；二是"qei³⁵ qei³⁵"，通常与词义是"呼喊"的"mpẓʰə⁵³"组成"mpẓʰə⁵³ qei³⁵ qei³⁵"，表示"急切而连续的呼喊"。

②描摹爆炸烈度。

描摹此种对象的常用状词，由单音节拟声词"ka⁵³""qwẽ⁴²""ȵta⁵³""tuŋ⁴²"叠加组合而成，或是由"tuŋ⁴²"分别与"ka⁵³""qwẽ⁴²""ȵta⁵³"组合之后叠加而成。有双音节状词和四音节状词两种。

由"ka⁵³"及其微变音语词组成的双音节状词是："ka⁵³ ka⁵³"，"kei⁴⁴ ka⁵³"，通常与词义是"雷鸣"的"so³⁵ tə⁴²"组合，形成"so³⁵ tə⁴² kei⁴⁴ ka⁵³"。由"ka⁵³"及其微变音语词组成的四音节状词是："kei⁴⁴ ka⁵³ kei⁴⁴ ka⁵³"，"kei⁴⁴ kei⁴⁴ ka⁵³ ka⁵³"。

由"qwẽ⁴²"叠加而成的双音节状词只有一个："qwẽ⁴² qwẽ⁴²"，通常与词义是"雷鸣"的"so³⁵ tə⁴²"组合，形成诸如"so³⁵ tə⁴² qwẽ⁴² qwẽ⁴²"。

由 "ȵta⁵³" 及其微变音语词组合而成的双音节状词只有一个："ȵta⁵³ ȵta⁵³"，"ȵtei⁴⁴ȵta⁵³"，通常与词义是 "打枪打炮" 的 "pə³¹ pʰo⁵³" 组合，形成 "pə³¹ pʰo⁵³ ȵta⁵³ ȵta⁵³" 和 "pə³¹ pʰo⁵³ ȵtei⁴⁴ ȵta⁵³"。由 "ȵta⁵³" 及其微变音语词组成的四音节状词是："ȵtei⁴⁴ ȵta⁵³ ȵtei⁴⁴ ȵta⁵³"，"ȵtei⁴⁴ ȵtei⁴⁴ ȵta⁵³ ȵta⁵³"。

由 "tuŋ⁴²" 及其微变音语词组成的双音节状词是："tuŋ⁴² tuŋ⁴²"，"tei⁴⁴ tuŋ⁴²"，通常与词义是 "枪炮声响" 的 "mpo⁵³ pʰo⁵³ tuŋ⁴² tuŋ⁴²"。由 "tuŋ⁴²" 及其微变音语词组成的四音节状词是："tei⁴⁴ tuŋ⁴² tei⁴⁴ tuŋ⁴²"，"tei⁴⁴ tei⁴⁴ tuŋ⁴² tuŋ⁴²"。

由 "tuŋ⁴²" 与 "ka⁵³" "qwẽ⁴²" "ȵta⁵³" 分别组合而组成的双音节状词是："tuŋ⁴² ka⁵³"，"tuŋ⁴² qwẽ⁴²"，"tuŋ⁴² ȵta⁵³"。这两个状词叠加后形成的四音节状词是："tuŋ⁴² ka⁵³ tuŋ⁴² ka⁵³"，"tuŋ⁴² qwẽ⁴² tuŋ⁴² qwẽ⁴²"，"tuŋ⁴² ȵta⁵³ tuŋ⁴² ȵta⁵³"。

2. 描摹情貌

描摹情貌，主要是描摹外貌、情态、心情等。

（1）描摹外貌

有两种常见情形：一是描摹肥胖、壮实；二是描摹消瘦。兹分别举例说明。

①描摹肥胖、壮实。

描摹此种对象的常用状词，由单音词 "pʐaŋ⁴⁴" "lu⁴⁴" "pa⁵³" 各自叠加组合而成。其中，"pʐaŋ⁴⁴" 和 "pa⁵³" 只能组成双音节状词，"lu⁴⁴" 既可以组成双音节状词，又可以组成四音节状词。

由 "pʐaŋ⁵³" 叠加而成的双音节状词是："pʐaŋ⁴⁴ pʐaŋ⁵³"，通常与词义是 "肥胖" 的 "taŋ⁴²" 组合，形成词义相当于 "胖嘟嘟" 的 "taŋ⁴² pʐaŋ⁴⁴ pʐaŋ⁵³"。

由 "lu⁴⁴" 叠加而成的双音节状词是："lu⁴⁴ lu⁴⁴" 或 "lu⁴⁴ lu⁴²"，通常与词义是 "短小浑圆" 的 "pei³⁵" 组合，形成词义相当于 "圆嘟嘟" 的 "pei³⁵ lu⁴⁴ lu⁴²"。"lu⁴⁴" 可以同它修饰的 "pei³⁵" 组成四音节状词："pei³⁵ pei³⁵ lu⁴⁴ lu⁴⁴"，"pu⁴⁴ pu⁴⁴ lu⁴⁴ lu⁴⁴"。

由 "pa⁵³" 叠加而成的双音节状词是："pa⁴⁴ pa⁵³"，通常用与词义是

"矮"的"ŋa⁴⁴"组合，形成词义与"矮墩墩"相当的"ŋa⁴⁴ pa⁴⁴ pa⁵³"。

②描摹消瘦（瘦高）。

描摹此种对象的常用状词，由单音词"ciẽ²²""ŋkwe⁴⁴""ŋkʰie⁴⁴"各自叠加组合而成，且只能组成双音节状词。

由"ciẽ²²"叠加组成的双音节状词是："ciẽ²² ciẽ²²"，通常用与词义是"瘦"的"ntsei⁵³"组合，形成词义相当于"瘦精精"的"ntsei⁵³ ciẽ²² ciẽ²²"。

由"ŋkwe⁴⁴"叠加组成的双音节状词是："ŋkwe⁴⁴ ŋkwe⁴⁴"，通常用与词义是"瘦小"的"nã³⁵"组合，形成词义相当于"瘦精精"的"nã³⁵ ŋkwe⁴⁴ ŋkwe⁴⁴"。

由"ŋkʰie⁴⁴"叠加组成的双音节状词是："ŋkʰie⁴⁴ ŋkʰie⁴⁴"，通常用与词义是"高挑"的"ʂã³⁵"组合，形成"ʂã³⁵ ŋkʰie⁴⁴ ŋkʰie⁴⁴"。

（2）描摹情态

有两种常见情形：一是描摹脸色所表达的情态（性格）；二是描摹心情在行为上的表现。兹分别举例说明。

①描摹脸色所表达的情态（性格）。

描摹此种对象的常用状词，由单音词"ʐei²²""kuŋ⁴⁴"与各自的微变音语词叠加组合而成，有双音节状词和四音节状词两种。

由"ʐei⁴⁴"叠加组成的双音节状词是："ʐei⁴⁴ ʐei⁴²"，通常与词义是"笑"的"to⁴⁴"组合，形成词义与"笑微微"相当的"to⁴⁴ ʐei⁴⁴ ʐei⁴²"。

由"kuŋ⁴⁴"叠加组成的双音节状词是："kuŋ⁴⁴ kuŋ⁴⁴"，通常用与词义是"恨（生气）"的"ha⁴⁴"组合，形成"ha⁴⁴ kuŋ⁴⁴ kuŋ⁴⁴"。由"kuŋ⁴⁴"及其微变音语词叠加组成的常用四音节状词是："kei⁴⁴ kei⁴⁴ kuŋ⁴⁴ kuŋ⁴⁴"和"kei⁴⁴ kuŋ⁴⁴ kei⁴⁴ kuŋ⁴⁴"。

②描摹心情在行为上的表现。

描摹此种对象的常用状词有两个：一是由"ho³¹"同其微变音语词"ha⁴⁴"叠加组合形成的"ho³¹ ho³¹ ha⁴⁴ ha⁴⁴"，词义相当于"嘻嘻哈哈"；二是由"pʐa⁴²""ha⁵³"叠加组合形成的"pʐa⁴² pʐa⁴² ha⁴⁴ ha⁵³"，词义相当于"大大咧咧"。

（3）描摹心情

有两种常见情形：一是描摹倾心；二是描摹怨恨。兹分别举例说明。

①描摹倾心。

描摹此种对象的常用状词，由单音词"ʐɯ⁴⁴""ʐu³¹"与各自的微变音语词叠加组合而成，只有双音节状词。

由"ʐɯ⁴⁴"叠加组成的双音节状词是："ʐɯ⁴⁴ ʐɯ⁴²"，通常与词义是"倾心"的"qo⁴² ʂã"或"pa²² ɕie⁴⁴"组合，形成"qo⁴² ʂã³⁵ ʐɯ⁴⁴ ʐɯ⁴²"或"pa²² ɕie⁴⁴ ʐɯ⁴⁴ ʐɯ⁴²"。

由"ʐu³¹"叠加组成的双音节状词是："ʐu³¹ ʐu³¹"，通常与词义是"痴迷"的"pã³¹ ca²²"组合，形成"pã³¹ ca²² ʐu³¹ ʐu³¹"。

②描摹怨恨。

描摹此种对象的常用状词，由单音词"kuŋ⁴⁴""ka⁵³"与各自的微变音语词叠加组合而成。其中，由"kuŋ⁴⁴"重叠而成的"kuŋ⁴⁴ kuŋ⁴⁴"，通常与词义是"恼恨"的"cʰi³⁵"或"ɲaŋ²²"或"ha⁴⁴"组合，形成"cʰi³⁵ kuŋ⁴⁴ kuŋ⁴⁴"或"ɲaŋ²² kuŋ⁴⁴ kuŋ⁴⁴"或"ha⁴⁴ kuŋ⁴⁴ kuŋ⁴⁴"。由"ka⁵³"重叠而成的"ka⁴⁴ ka⁵³"，通常与词义是"生气"的"cʰi³⁵"组合，形成"cʰi³⁵ ka⁴⁴ ka⁵³"。双音节状词"ka⁴⁴ ka⁵³"可以同自己的微变音语词组成四音节状词："kei⁴⁴ ka⁵³ kei⁴⁴ ka⁵³"，"kei⁴⁴ kei⁴⁴ ka⁵³ ka⁵³"，"pa⁴⁴ ka⁵³ pa⁴⁴ ka⁵³"，"pa⁴⁴ ca⁵³ pa⁴⁴ ca⁵³"。

3. 描摹程度

描摹程度，主要是描摹轻重（强弱）度、快慢度、大小度、长短度、宽窄（厚薄）度、明暗度、冷热度、清浊（洁污）度、软硬度、弯直度、睿愚（锐钝）度、黏稠度、深浅度、松紧度、干湿度等。

（1）描摹轻重（强弱）度

有两种常见情形：一是描摹沉重；二是描摹轻巧。兹分别举例说明。

①描摹沉重。

描摹此种对象的常用状词有两个，且都是双音节状词。一是"tuŋ⁴⁴ tuŋ⁴⁴"，通常与词义在"沉重"的"hẽ⁴⁴"组合，形成"hẽ⁴⁴ tuŋ⁴⁴ tuŋ⁴⁴"或"hẽ⁴⁴ tuŋ⁴⁴ tuŋ⁵³"，词义与"沉甸甸"相当。二是"caŋ⁴⁴ caŋ⁴⁴"，通常与词义在"沉重"的"hẽ⁴⁴ caŋ⁴⁴ caŋ⁴⁴"组合，形成"hẽ⁴⁴ caŋ⁴⁴ caŋ⁴⁴"，词义亦与"沉甸甸"相当。

②描摹轻巧。

描摹此种对象的常用状词，只有1个："ŋkʰaŋ⁴⁴ ŋkʰaŋ⁴⁴"，通常与词义是"轻"的"ça³⁵"组合，形成"ça³⁵ ŋkʰaŋ⁴⁴ ŋkʰaŋ⁴⁴"。

(2) 描摹快慢度

有两种常见情形：一是描摹缓慢；二是描摹急速（急切）。兹分别举例说明。

①描摹缓慢。

描摹此种对象的常用状词有三个，且都是四音节状词。一是"ʐa²² ʐa²² ʐɯ⁴⁴ ʐɯ⁴²"，亦可表达成"ʐa²² ʐɯ⁴⁴ ʐa²² ʐɯ⁴²"。二是"tsʰa⁴⁴ tsʰa⁴⁴ tsʰɯ⁴⁴ tsʰɯ⁵³"，亦可表达成"tsʰa⁴⁴ tsʰɯ⁵³ tsʰa⁴⁴ tsʰɯ⁵³"。三是"ʐei⁴⁴ ʐei⁴⁴ ʐaŋ⁵³ ʐaŋ⁵³"，亦可表达成"ʐei⁴⁴ ʐaŋ⁵³ ʐei⁴⁴ ʐaŋ⁵³"。

②描摹急速（急切）。

描摹此种对象的常用状词有四个。一是"kwa⁴⁴ kwa⁵³"，通常与词义是"急忙"的"ci³¹"组合，形成"ci³¹ kwa⁴⁴ kwa⁵³"，词义跟"急匆匆"相当。二是"ta⁴⁴ pu⁴²"，通常与词义是"离开"的"çə⁴⁴""ʂə³⁵"等动词组合，形成"çə⁴⁴ ta⁴⁴ pu⁴²"和"ʂə³⁵ ta⁴⁴ pu⁴²"，词义都是"甫然离开"。三是"ta⁴⁴ ntʰẽ⁵³"，通常与词义是"走开"的"muŋ²²""çə⁴⁴"等动词组合，形成"muŋ²² ta⁴⁴ ntʰẽ⁵³"和"çə⁴⁴ ta⁴⁴ ntʰẽ⁵³"，词义都是"突然走开"。四是"pʐa²² pʐa²²"，通常与词义是"忙碌"的"pʐo³¹"组合，形成"pʐo³¹ pʐa²² pʐa²²"，词义是"忙碌碌"。

(3) 描摹大小度

描摹此种对象的常用状词有两个，且都是双音节状词。一是"tsei⁴⁴ tsei⁴⁴"，通常与词义是"小"的"çu³⁵"组合，形成"çu³⁵ tsei⁴⁴ tsei⁴⁴"。二是"li³¹ li³⁵"，通常与词义是"çu³⁵"组合，形成"çu³⁵ li³¹ li³⁵"。

(4) 描摹长短度

有两种情形：一是描摹修长；二是描摹短小。兹分别举例说明。

①描摹修长。

描摹此种对象的常用状词有两个，且都是双音节状词。一是"pʐa⁴⁴ pʐa⁴²"，通常与词义是"长"的"tɯ⁴⁴"组合，形成"tɯ⁴⁴ pʐa⁴⁴ pʐa⁴²"。

二是"mpzʰa⁴⁴ la⁴⁴",通常与词义是"长"的"tɯ⁴⁴"组合,形成"tɯ⁴⁴ mpzʰa⁴⁴ la⁴⁴"。

②描摹短小。

描摹此种对象的常用状词只有一个:"tɕʰa⁴⁴ tɕʰa⁴⁴",通常与词义是"短"的"le⁴⁴"组合,形成"le⁴⁴ tɕʰa⁴⁴ tɕʰa⁴⁴"。

(5) 描摹宽窄(厚薄)度

有三种情形:一是描摹窄小;二是描摹宽松、宽敞;三是描摹厚实。兹分别举例说明。

①描摹窄小。

描摹此种对象的常用状词只有 1 个:"tse⁴⁴ tse⁴⁴",通常与词义是"窄"的"ŋa²²"组合,形成"ŋa²² tse⁴⁴ tse⁴⁴"。

②描摹宽松、宽敞。

描摹此种对象的常用状词只有 1 个:"pzɑ⁴⁴ pzɑ⁴²",通常与词义是"宽"的"qwẽ⁴⁴"组合,形成"qwẽ⁴⁴ pzɑ⁴⁴ pzɑ⁴²"。

③描摹厚实。

描摹此种对象的常用状词只有 1 个:"tuŋ⁴⁴ tuŋ⁵³",通常与词义是"厚实"的"ta³⁵"组合,形成"ta³⁵ tuŋ⁴⁴ tuŋ⁵³"。

(6) 描摹明暗度

有两种情形:一是描摹明亮;二是描摹黑暗(灰色)。兹分别举例说明。

①描摹明亮。

描摹此种对象的常用状词有 3 个,且都是双音节状词。一是"waŋ⁴⁴ waŋ⁵³",通常与词义是"明亮"的"mzẽ⁴²"组合,形成"mzẽ⁴² waŋ⁴⁴ waŋ⁵³"。二是"fɑ⁴⁴ fɑ⁵³",通常与词义是"明亮"的"mzẽ⁴²"组合,形成"mzẽ⁴² fɑ⁴⁴ fɑ⁵³"。三是"mpzʰã⁴⁴ mpzʰã⁴⁴",通常与词义是"明亮"的"mzẽ⁴²"组合,形成"mzẽ⁴² mpzʰã⁴⁴ mpzʰã⁴⁴"。

②描摹黑暗(灰色)。

描摹此种对象的常用状词,严格地说有 5 个,其中有 4 个双音节状词,1 个四音节状词。4 个双音节状词分别是:"mzɑ⁴⁴ mzɑ⁴⁴",通常与词义是"黑暗"的"qwe³⁵"组合,形成"qwe³⁵ mzɑ⁴⁴ mzɑ⁴⁴";"tɑ⁴⁴ tɑ⁴⁴"或

"tɑ⁴⁴ lɑ⁴⁴"，通常与词义是"黑暗"的"qwe³⁵"组合，形成"qwe³⁵ tɑ⁴⁴ tɑ⁴⁴"或"qwe³⁵ tɑ⁴⁴ lɑ⁴⁴"；"l̥ʰo⁴⁴ l̥ʰo⁵³"，通常与词义是"黑暗"的"qwe³⁵"和"pẓu⁴⁴"组合，形成"qwe³⁵ l̥ʰo⁴⁴ l̥ʰo⁵³"和"pẓu⁴⁴ l̥ʰo⁴⁴ l̥ʰo⁵³"。四音节状词是："pʰu⁴⁴ pʰu⁴⁴ lə⁴⁴ lə⁴⁴"。

（7）描摹冷热度

有两种常见情形：一是描摹热或暖；二是描摹寒冷。兹分别举例说明。

①描摹热或暖。

描摹此种对象的常用状词有两个，且都是双音节状词。一是"tɕɑ³¹ tɕɑ³⁵"，通常与词义是"烫"的"ɕie³⁵"组合，形成"ɕie³⁵ tɕɑ³¹ tɕɑ³⁵"。二是"fu³¹ fu³⁵"，通常与词义是"热"的"ɕo⁴⁴"组合，形成"ɕo⁴⁴ fu³¹ fu³⁵"。

②描摹寒冷。

描摹此种对象的常用状词有两个，且都是双音节状词。一是"tsʰɯ⁴⁴ tsʰɯ⁴⁴"，通常与词义是"冷"的"tsā²²"组合，形成"tsā²² tsʰɯ⁴⁴ tsʰɯ⁴⁴"。二是"tɯ³¹ tɯ³⁵"，通常与词义是"冷"的"tsā²²"组合，形成"tsā²² tɯ³¹ tɯ³⁵"。

（8）描摹清浊（洁污）度

有两种常见情形：一是描摹清澈、清洁；二是描摹浑浊。兹分别举例说明。

①描摹清澈、清洁。

描摹此种对象的常用状词有 3 个，且都是双音节状词。一是"ɳtɕiẽ⁴⁴ ɳtɕiẽ⁴⁴"，通常与词义是"清澈"的"tsʰẽ³⁵"组合，形成"tsʰẽ³⁵ ɳtɕien⁴⁴ ɳtɕien⁴⁴"。二是"tɕiẽ²² tɕiẽ²²"，通常与词义是"干净"的"ɳtɕʰi³⁵"组合，形成"ɳtɕʰi³⁵ tɕiẽ²² tɕiẽ²²"。三是"ʂā⁴⁴ ʂā⁴⁴"，通常与词义是"清洁"的"ntsʰa³⁵"组合，形成"ntsʰa³⁵ ʂā⁴⁴ ʂā⁴⁴"。

②描摹浑浊。

描摹此种对象的常用状词只有 1 个："ɳtɕɯ⁴⁴ ɳtɕɯ⁵³"，通常与词义是"浑浊"的"ŋo⁴⁴"组合，形成"ŋo⁴⁴ ɳtɕɯ⁴⁴ ɳtɕɯ⁵³"。

第五章 苗语东部方言状词的构造与使用

（9）描摹软硬度

有两种常见情形：一是描摹坚硬；二是描摹柔软。兹分别举例说明。

①描摹坚硬。

描摹此种对象的常用状词有两个，且都是双音节状词。一是"ŋkɑ^{44} ŋkɑ^{53}"，通常与词义是"硬"的"tɑ^{44}"组合，形成"tɑ^{44} ŋkɑ^{44} ŋkɑ^{53}"。二是"tuŋ^{44} tuŋ^{44}"，通常与词义是"硬"的"tɑ^{44}"组合，形成"tɑ^{44} tuŋ^{44} tuŋ^{44}"。

②描摹柔软。

描摹此种对象的常用状词有 3 个，且都是双音节状词。一是"lɑ^{44} lɑ^{53}"，通常与词义是"柔软"的"nei^{44}"和"ne^{42}"组合，形成"nei^{44} lɑ^{44} lɑ^{53}"和"ne^{42} lɑ^{44} lɑ^{53}"。二是"lɯ^{31} lɯ^{35}"，通常与词义是"柔软"的"ne^{42}"组合，形成"ne^{42} lɯ^{31} lɯ^{35}"。三是"mzɿɑ^{44} mzɿɑ^{53}"，通常与词义是"柔软"的"nei^{44}"组合，形成"nei^{44} mzɿɑ^{44} mzɿɑ^{53}"。

（10）描摹率直度

描摹此种对象的常用状词有两个，且都是双音节状词。一是"ȵtɕʰiẽ^{44} ȵtɕʰiẽ^{53}"，通常与词义是"直率"的"tã^{31}"组合，形成"tã^{31} ȵtɕʰiẽ^{44} ȵtɕʰiẽ^{53}"。二是"tã^{31} ʂei^{44} ʂei^{53}"，通常与词义是"直率"的"tã^{31}"组合，形成"tã^{31} ʂei^{44} ʂei^{53}"。

（11）描摹高矮度

有两种常见情形：一是描摹高度；二是描摹矮小程度。兹分别举例说明。

①描摹高度。

描摹此种对象的常用状词有两个，且都是双音节状词。一是"ŋkʰie^{44} ŋkʰie^{44}"，通常与词义是"高"的"ʂã^{35}"组合，形成"ʂã^{35} ŋkʰe^{44} ŋkʰie^{44}"。二是"kɑ^{44} kɑ^{42}"，通常与词义是"高"的"ʂã^{35}"组合，形成"ʂã^{35} kɑ^{44} kɑ^{42}"。

②描摹矮小程度。

描摹此种对象的常用状词有两个，且都是双音节状词。一是"pɑ^{44} pɑ^{53}"，通常与词义是"矮"的"ŋɑ^{44}"组合，形成"ŋɑ^{44} pɑ^{44} pɑ^{53}"。二是"pu^{44} lu^{44}"，通常与词义是"矮"的"ŋɑ^{44}"组合，形成"ŋɑ^{44} pu^{44}

lu⁴⁴"。

（12）描摹睿愚（锐钝）度

有两种常见情形：一是描摹睿智（锐利）；二是描摹钝、愚钝。兹分别举例说明。

①描摹睿智（锐利）。

描摹此种对象的常用状词有两个，且都是双音节状词。一是"ŋkwe⁴⁴ ŋkwe⁴⁴"，通常与词义是"尖锐"的"ʐa⁴²"或"tɕʰa³⁵"组合，形成"ʐa⁴² ŋkwe⁴⁴ ŋkwe⁴⁴"或"tɕʰa³⁵ ŋkwe⁴⁴ ŋkwe⁴⁴"。二是"pi⁴⁴ pi⁵³"，通常与词义是"锋利"的"ʐa⁴²"组合，形成"ʐa⁴² pi⁴⁴ pi⁵³"。

②描摹钝、愚钝。

描摹此种对象的常用状词有两个，且都是四音节状词。一是"pu⁴⁴ tʰɯ³¹ pu⁴⁴ lɯ⁴⁴"。二是"tʰɯ³¹ tʰɯ³¹ lɯ³¹ lɯ³¹"。

（13）描摹疏密（粗细）度

有两种常见情形：一是描摹密实；二是描摹粗疏、粗糙。兹分别举例说明。

①描摹密实。

描摹此种对象的常用状词有两个，且都是双音节状词。一是"tɯ³¹ tɯ³⁵"，通常与词义是"密实"的"mpu⁵³"组合，形成"mpu⁵³ tɯ³¹ tɯ³⁵"。二是"ntʰu⁴⁴ ntʰu⁴⁴"，通常与词义是"密实"的"maŋ²²"组合，形成"maŋ²² ntʰu⁴⁴ ntʰu⁴⁴"。

②描摹粗疏、粗糙。

描摹此种对象的常用状词只有 1 个双音节状词："qʰa⁴⁴ qʰa⁵³"，通常与词义是"粗糙"的"ntsʰa³⁵"组合，形成"ntsʰa³⁵ qʰa⁴⁴ qʰa⁵³"。

（14）描摹松紧度

有两种常见情形：一是描摹紧张；二是描摹松弛。兹分别举例说明。

①描摹紧张。

描摹此种对象的常用状词有两个，且都是双音节状词。一是"ta²² ta²²"，通常与词义是"紧"的"ȵtʰo⁵³"组合，形成"ȵtʰo⁵³ ta²² ta²²"。二是"qa⁴⁴ qa⁵³"，通常与词义是"紧"的"ȵtʰo⁵³"组合，形成"ȵtʰo⁵³ qa⁴⁴ qa⁵³"。

②描摹松弛。

描摹此种对象的常用状词只有 1 个："$k^hwa^{44}\ k^hwa^{53}$"，通常与词义是"松弛"的"so^{35}"组合，形成"$so^{35}\ k^hwa^{44}\ k^hwa^{53}$"。

（15）描摹浓淡度

有两种常见情形：一是描摹浓稠；二是描摹清淡。兹分别举例说明。

①描摹浓稠。

描摹此种对象的常用状词有两个，且都是双音节状词。一是"$ntuŋ^{31}\ ntuŋ^{35}$"，通常与词义是"浓"的"$ȵuŋ^{31}$"组合，形成"$ȵuŋ^{31}\ ntuŋ^{31}\ ntuŋ^{35}$"。二是"$t^ha^{44}\ t^ha^{53}$"，通常与词义是"黏稠"或"糯"的"$mzu^{22}$"组合，形成"$mzu^{22}\ t^ha^{44}\ t^ha^{53}$"。

②描摹清淡。

描摹此种对象的常用状词有两个，且都是双音节状词。一是"$pz^ha^{44}\ pz^ha^{44}$"，通常与词义是"清淡"的"za^{22}"组合，形成"$za^{22}\ pz^ha^{44}\ pz^ha^{44}$"。二是"$ŋk^haŋ^{44}\ ŋk^haŋ^{44}$"，通常与词义是"淡漠"的"$ts^ha^{53}$"组合，形成"$ts^ha^{53}\ ŋk^haŋ^{44}\ ŋk^haŋ^{44}$"。

（16）描摹饱满干瘪度

有两种常见情形：一是描摹饱满；二是描摹干瘪。兹分别举例说明。

①描摹饱满（饱胀）。

描摹此种对象的常用状词只有 1 个："$ȵtɯ^{44}\ ȵtɯ^{44}$"，通常与词义是"胀"的"$ȵe^{31}$"或词义是"满"的"$tã^{42}$"组合，形成"$ȵe^{31}\ ȵtɯ^{44}\ ȵtɯ^{44}$"或"$tã^{42}\ ȵtɯ^{44}\ ȵtɯ^{44}$"，词义与"胀鼓鼓"相当。

②描摹干瘪。

描摹此种对象的常用状词有两个，且都是双音节状词。一是"$ciẽ^{31}\ ciẽ^{22}$"，通常与词义是"瘦"的"$ntsei^{53}$"组合，形成"$ntsei^{53}\ ciẽ^{22}\ ciẽ^{31}$"。二是"$q^ha^{44}\ q^ha^{53}$"，通常与词义是"瘦"的"$ntsei^{53}$"组合，形成"$ntsei^{53}\ ha^{44}\ q^ha^{53}$"。

（17）描摹干湿度

有两种常见情形：一是描摹干燥；二是描摹湿润。兹分别举例说明。

①描摹干燥。

描摹此种对象的常用状词有两个，且都是双音节状词。一是"$ȵta^{44}$

ȵta⁴⁴",通常与词义是"干枯"的"qʰa⁴⁴"组合,形成"qʰa⁴⁴ ȵta⁴⁴ ȵta⁴⁴"。二是"ŋka⁴⁴ ŋka⁵³",通常与词义是"干燥"的"tso⁴⁴"组合,形成"tso⁴⁴ ŋka⁴⁴ ŋka⁵³"。

②描摹湿润。

描摹此种对象的常用状词只有1个:"ta⁴⁴ ta⁵³",通常与词义是"湿润"的"mpu⁵³"或"nte³⁵"组合,形成"mpu⁵³ ta⁴⁴ ta⁵³"或"nte³⁵ ta⁴⁴ ta⁵³"。

(18) 描摹深浅度

有两种常见情形:一是描摹深度;二是描摹浅薄。兹分别举例说明。

①描摹深度。

描摹此种对象的常用状词只有1个:"ȵtɕuŋ⁴⁴ ȵtɕuŋ⁴⁴",通常与词义是"深邃"的"to³⁵"组合,形成"to³⁵ ȵtɕuŋ⁴⁴ ȵtɕuŋ⁴⁴"。

②描摹浅薄。

描摹此种对象的常用状词只有1个:"tɕʰa⁴⁴ tɕʰa⁴⁴",通常与词义是"浅薄"的"miɛ⁴⁴"组合,形成"miɛ⁴⁴ tɕʰa⁴⁴ tɕʰa⁴⁴"。

(19) 描摹平整光滑度

有两种常见情形:一是描摹平整程度;二是描摹光滑、滑溜程度。兹分别举例说明。

①描摹平整程度。

描摹此种对象的常用状词有两个,且都是双音节状词。一是"ntʰaŋ⁴⁴ ntʰaŋ⁵³",通常与词义是"平"的"pĩ³¹"组合,形成"pĩ³¹ ntʰaŋ⁴⁴ ntʰaŋ⁵³"。二是"tã⁴⁴ tã⁵³",通常与词义是"光滑"的"miɛ̃⁴²"组合,形成"miɛ̃⁴² tã⁴⁴ tã⁵³"。

②描摹光滑、滑溜程度。

描摹此种对象的常用状词有二个,且都是双音节状词。一是"pʐʰɯ³¹ pʐʰɯ³¹",通常与词义是"滑"的"ŋu²²"组合,形成"ŋu²² pʐʰɯ³¹ pʐʰɯ³¹"。二是"laŋ⁴⁴ laŋ⁴⁴",通常与词义是"滑"的"ŋu²²"组合,形成"ŋu²² laŋ⁴⁴ laŋ⁴⁴"。

(20) 描摹老嫩程度

有两种常见情形:一是描摹苍老;二是描摹幼嫩。兹分别举例说明。

①描摹苍老。

描摹此种对象的常用状词只有 1 个："ṇta⁴⁴ ṇta⁴⁴"，通常与词义是"老"或"旧"的"qo⁵³"组合，形成"qo⁵³ ṇta⁴⁴ ṇta⁴⁴"。

②描摹幼嫩。

描摹此种对象的常用状词只有 1 个："tsa⁴⁴ tsa⁵³"，通常与词义是"嫩""幼""年轻"的"ẓaŋ⁵³"组合，形成"ẓaŋ⁵³ tsa⁴⁴ tsa⁵³"。

（21）描摹洁净与邋遢程度

有两种常见情形：一是描摹清洁程度；二是描摹邋遢程度。兹分别举例说明。

①描摹清洁程度。

描摹此种对象的常用状词有两个，且都是双音节状词。一是"ʂã⁴⁴ ʂa⁴⁴"，常与词义是"干净"的"ntsʰa³⁵"或"ṇtɕʰi³⁵"组合，形成"ntsʰa³⁵ ʂã⁴⁴ ʂa⁴⁴"和"ṇtɕʰi³⁵ ʂã⁴⁴ ʂa⁴⁴"。二是"tɕiẽ²² tɕiẽ²²"，通常与词义是"干净"的"ṇtɕʰi³⁵"组合，形成"ṇtɕʰi³⁵ tɕiẽ²² tɕiẽ²²"。

②描摹邋遢程度。

描摹此种对象的常用状词有两组，共 6 个。一是双音节"非叠音"状词"la⁴⁴ qwa⁴⁴"，以及由之叠加而成的"la⁴⁴ la⁴⁴ qwa⁴⁴ qwa⁴⁴"和"la⁴⁴ li⁴⁴ la⁴⁴ qwa⁴⁴"。二是双音节"非叠音"状词"lɯ⁴⁴ kɯ⁴⁴"，以及由之叠加而成的"lɯ⁴⁴lɯ⁴⁴ kɯ⁴⁴kɯ⁴⁴"和"lɯ⁴⁴ li⁴⁴ lɯ⁴⁴ kɯ⁴⁴"。

4. 描摹形态

描摹形态，包括描摹形态、状态等。

（1）描摹形态

有三种常见情形，兹分别举例说明。

①描摹短粗肥实。

描摹此种对象的常用状词是："pei³⁵ pei³⁵ lu⁴⁴ lu⁴⁴"，以及它的微变音表达"pu⁴⁴ pu⁴⁴ lu⁴⁴ lu⁴⁴"。

②描摹形状不规则。

描摹此种对象的常用状词有两个，且都是四音节状词。一是"pu⁴⁴ tʰɯ³¹ pu⁴⁴ lɯ³¹"。二是"qa³¹ mpei³⁵ qa³¹ mpa⁴⁴"，又可以表达成"tɕi³¹ mpei³⁵ tɕi³¹ mpa⁴⁴"。

③描摹高耸。

描摹此种对象的常用状词有两个，且都是四音节状词。一是"kei⁴⁴ kei⁴⁴ kɑ²² kɑ⁴²"或"kei⁴⁴ kɑ²² kei⁴⁴ kɑ⁴²"。二是"tɕi³¹ ȵtɕi³⁵ tɕi³¹ ȵtɕuŋ³⁵"。

（2）描摹状态

有三种常见情形，兹分别举例说明。

①描摹饱满。

描摹此种对象的常用状词是："ȵtɯ⁴⁴ ȵtɯ⁴⁴"，通常与词义是"饱满"的"ȵe³¹"和"tɕu⁵³"组合，形成"ȵe³¹ ȵtɯ⁴⁴ȵtɯ⁴⁴"和"tɕu⁵³ ȵtɯ⁴⁴ ȵtɯ⁴⁴"。

②描摹松弛。

描摹此种对象的常用状词是："pʐɑ⁴⁴ pʐɑ⁴²"，通常与词义是"塌缩"的"to⁴²"组合，形成"to⁴² pʐɑ⁴⁴ pʐɑ⁴²"。

③描摹肥硕且可人。

描摹此种对象的常用状词是："pɑ⁴⁴ tʰɑŋ⁴⁴ pɑ⁴⁴ lɑŋ⁴⁴"，通常与词义是"肥胖"的"tɑŋ⁴²"组合，形成"tɑŋ⁴² pɑ⁴⁴ tʰɑŋ⁴² pɑ⁴⁴ lɑŋ⁴⁴"。

5. 描摹色彩

描摹色彩，包括描摹单一颜色和描摹复杂色彩。

（1）描摹单一颜色

描摹各种单一色彩的状词有多个，可以分为六种常见情形。兹分别举例说明。

①描摹蓝色。

描摹此种对象的常用状词有两个："tɑ⁴⁴ tɑ⁴⁴"和"ntsʰã⁴⁴ntsʰã⁴⁴"，通常与词义是"蓝色"的"mʐo³⁵"组合，形成"mʐo³⁵ tɑ⁴⁴ tɑ⁴⁴"和"mʐo³⁵ ntɕʰã⁴⁴ ntsʰã⁴⁴"。

②描摹绿色。

描摹此种对象的常用状词是："tsa²² tsa²²"，通常与词义是"绿色"的"ɭo²²"，形成"ɭo²² tsa²² tsa²²"。

③描摹黄色。

描摹此种对象的常用状词有两个："ʐaŋ³¹ ʐaŋ³⁵"和"ʐɯ⁴⁴ ʐɯ⁴⁴"，

通常与词义是"黄色"的"qwẽ³⁵"组合，形成"qwẽ³⁵ zɑŋ³¹ zɑŋ³⁵"和"qwẽ³⁵ zɯ⁴⁴ zɯ⁴⁴"。

④描摹红色。

描摹此种对象的常用状词有三个，且都是双音节状词。一是"qʰɯ⁴⁴ qʰɯ⁴⁴"。二是"qɑ⁴⁴ qɑ⁴²"。这两个状词，通常与词义是"红色"的"ȵtɕĩ⁵³"组合，形成"ȵtɕĩ⁵³ qʰɯ⁴⁴ qʰɯ⁴⁴"和"ȵtɕĩ⁵³ qɑ⁴⁴ qɑ⁴²"。三是"ʂu⁴⁴ ʂu⁴⁴"，通常与词义是"红色"的"ȵa⁴²"组合，形成"ȵa⁴² ʂu⁴⁴ ʂu⁴⁴"。

⑤描摹白色。

描摹此种对象的常用状词有两个。一是"tɕiẽ²² tɕiẽ²²"。二是"mpʰei³¹ mpʰei³⁵"。这两个状词都可与词义是"白色"的"qwə³⁵"组合，形成"qwə³⁵ tɕiẽ²² tɕiẽ²²"和"qwə³⁵ mpʰei³¹ mpʰei³⁵"。

⑥描摹黑色。

描摹此种对象的常用状词有5个。一是"mzɑ⁴⁴mzɑ⁴⁴"。二是"l̥ʰo⁴⁴ l̥ʰo⁵³"。三是"pzɑ³¹ pzɑ³¹"。四是"tɑ⁴⁴tɑ⁴⁴"。五是"tɑ⁴⁴tɑ⁴⁴"。这个词都可与词义是"黑色"的"qwe³⁵"组合，形成"qwe³⁵ mzɑ⁴⁴mzɑ⁴⁴""qwe³⁵ l̥ʰo⁴⁴ l̥ʰo⁵³""qwe³⁵ pzɑ³¹ pzɑ³¹""qwe³⁵ tɑ⁴⁴lɑ⁴⁴"。

（2）描摹复杂色彩

有两种常见情形，兹分别举例说明。

①描摹单一颜色交织。

描摹此种对象的常用状词有4个，且都是四音节状词。一是描摹"黑白灰相间"的"mzɑ³¹ qɑ⁵³ mzɑ³¹ ȵtɕɑ⁵³"。二是描摹"红里透黑"的"ȵa⁴² qɑ³¹ ȵa⁴² zɑ³¹"。三是描摹"黄色不纯"的"qwẽ³¹ zei⁴⁴ qwẽ³¹ zɑŋ³⁵"。四是描摹惨白的"qwə³⁵ mpɑ³⁵ qwə³⁵ mpɑ³⁵"。

②描摹多种颜色复杂交织。

描摹此种对象的常用状词有4个，且都是四音节状词。一是描摹黑白灰交织的"pu⁴⁴ lə⁴⁴ pʰu⁴⁴ lə⁴⁴"和"tɕi³¹ tu⁴⁴ tɕi³¹ lə⁴⁴"。二是描摹多种颜色交织的"tɕi⁴⁴ zɑ³¹ tɕi⁴⁴ qɑ⁴²"或"tɕi³¹ l̥o²² tɕi⁴⁴ ȵa⁴²"。

6. 描摹味道

描摹味道，包括描摹味道、气味，共有两个小类。

（1）描摹味道

有五种常见情形，兹分别举例说明。

①描摹苦味。

描摹此种对象的常用状词是"qã⁴⁴ qã⁵³"，通常与词义是"苦"的"ã³⁵"组合，形成"ã³⁵ qã⁴⁴ qã⁵³"。

②描摹甜味。

描摹此种对象的常用状词有两个。其中，1个是双音节状词，1个是四音节状词。双音节状词是"ȵtɕiẽ⁴⁴ ȵtɕiẽ⁴⁴"，通常与词义是"甜"的"tɕaŋ²²"组合，形成"tɕaŋ²² ȵtɕiẽ⁴⁴ ȵtɕiẽ⁴⁴"。四音节状词是"qa⁴⁴ m³¹ qa⁴⁴ miẽ⁴²"，通常与词义是"甜"的"tɕaŋ²²"组合，形成"tɕaŋ²² qa⁴⁴ m³¹ qa⁴⁴ miẽ⁴²"。

③描摹酸味。

描摹此种对象的常用状词是"pʐa²² pʐa²²"，通常与词义是"酸"的"ɕo³⁵"组合，形成"ɕo³⁵ pʐa²² pʐa²²"。

④描摹辣味。

描摹此种对象的常用状词是"ʐa²² ʐa²²"，通常与词义是"辣"的"mʐẽ²²"组合，形成"mʐẽ²² ʐa²² ʐa²²"。

⑤描摹米饭等食物夹生的味道。

描摹此种对象的常用状词是"pa⁴⁴ ntʰei⁴⁴ pa⁴⁴ ntʰuŋ⁵³"或"qa⁴⁴ ntʰei⁴⁴ pa⁴⁴ ntʰuŋ⁵³"。

（2）描摹气味

有两种常见情形：一是描摹臭味；二是描摹香味。兹分别举例说明。

①描摹臭味。

描摹此种对象的常用状词是"mpʐʰaŋ⁴⁴ mpʐʰaŋ⁵³"，通常与词义是"臭"的"tɕə⁵³ tɕa⁴⁴"组合，形成"tɕə⁵³ tɕa⁴⁴ mpʐʰaŋ⁴⁴ mpʐʰaŋ⁵³"。

②描摹香味。

描摹此种对象的常用状词是"ʂaŋ⁴⁴ ʂaŋ⁴⁴"，通常与词义是"香"的"tɕə⁵³ mo⁴²"组合，形成"tɕə⁴² mo⁴² ʂaŋ⁴⁴ ʂaŋ⁴⁴"。

第二节 苗语东部方言状词的使用

苗语东部方言状词的使用，有如下三个方面的问题需要说明。

5.2.1 专用与共用

苗语东部方言状词，绝大多数状词是专用的，即只适于用来修饰某个动词或形容词。比如，状词"tsa⁴⁴ tsa⁵³"，只能用来修饰形容词"ʐaŋ⁵³"（词义是"嫩""幼小""年轻"等），并组合成"ʐaŋ⁵³ tsa⁴⁴tsa⁵³"（相当于民间汉语"嫩晳晳"，读音为"nẽ³⁵ tsã³⁵ tsã³⁵"）。但是，有些状词存在以下两种局部共用的情形：

1. 一个状词适用于修饰几个动词或形容词

例如，用来描摹颜色的状词"ʐɯ⁴⁴ ʐɯ⁴⁴"，可以同时修饰3个表示颜色的单音词："ȵa⁴²"，词义是"红"；"ȵtɕʰĩ⁵³"，词义是"赤"；"qwẽ³¹"，词义是"黄"。组成3个"合成词"："ȵa⁴² ʐɯ⁴⁴ʐɯ⁴⁴"和"ȵtɕʰĩ⁵³ ʐɯ⁴⁴ʐɯ⁴⁴"，词义都是"红彤彤"或"红艳艳"；"qwẽ³¹ ʐɯ⁴⁴ʐɯ⁴⁴"，词义是"黄澄澄"。

又例如，用来描摹白净的状词"tɕiẽ²² tɕiẽ²²"，可以修饰3个形容词或动词：一是"ȵtɕʰi³⁵"，词义是"清洁""干净"，组成"ȵtɕʰi³⁵ tɕiẽ²² tɕiẽ²²"，词义与"清清洁洁"相当；二是"qwə³⁵"，词义是"白色"，组成"qwə³⁵ tɕiẽ²² tɕiẽ²²"，词义与"白白净净"相当；三是"tɕu²²"，词义是"完结""结束"，组成"tɕu²² tɕiẽ²² tɕiẽ²²"，词义是"全部干完了"。

再例如，同样是用来描摹菲薄的状词"tɕʰa⁴⁴ tɕʰa⁴⁴"，可以修饰3个形容词：一是"ȵiẽ²²"，词义是"薄"，组成"ȵiẽ²² tɕʰa⁴⁴ tɕʰa⁴⁴"，词义与民间汉语的"薄菲菲"相当；二是"miẽ⁴⁴"，词义是"浅"，组成"miẽ⁴⁴ tɕʰa⁴⁴ tɕʰa⁴⁴"，词义与"浅薄极了"相当；三是"le⁴⁴"，词义是"短"，组成"le⁴⁴ tɕʰa⁴⁴ tɕʰa⁴⁴"，词义是"太短了"。

2. 同一个动词或形容词可以用几个状词来修饰

同一个形容词可以用几个状词来修饰，而且所表达的语义相近或相同。

例如，词义是"黑"的形容词"qwe^{35}"，可以用如下 5 个状词来修饰。一是"mz̻ɑ^{44} mz̻ɑ^{44}"，组成"qwe^{35} mz̻ɑ^{44} mz̻ɑ^{44}"，词义与民间汉语的"黑麻麻"相当；二是"l̥ʰo^{44} l̥ʰo^{53}"，组成"qwe^{35} l̥ʰo^{44} l̥ʰo^{53}"，词义是"黑如铁色"；三是"pz̻ɑ^{31} pz̻ɑ^{31}"，组成"qwe^{35} pz̻ɑ^{31} pz̻ɑ^{31}"，词义与"黑魆魆"相当；四是"tɑ^{44} tɑ^{44}"，组成"qwe^{35} tɑ^{44} tɑ^{44}"，词义与"黑漆漆"相当；五是"tɑ^{44} lɑ^{44}"，组成"qwe^{35} tɑ^{44} lɑ^{44}"，词义与"黑黝黝"相当。

又例如，形容词"ȵu^{22}"，词义是"生的""活的""陌生""迷恋"等，可以用如下 3 个状词来修饰。一是"z̻uŋ^{44} z̻uŋ^{44}"，组成"ȵu^{22} z̻uŋ^{44} z̻uŋ^{44}"，词义是"鲜活的""繁茂的""阴沉的"等；二是"ntsʰu^{44} ntsʰu^{44}"，组成"ȵu^{22} ntsʰu^{44} ntsʰu^{44}"，词义是"鲜活的""繁茂的""陌生的"等；三是"ntsʰã^{44} ntsʰã^{44}"，组成"ȵu^{22} ntsʰã^{44} ntsʰã^{44}"，词义是"鲜活的""腥膻的""陌生的"等。

3. 同一个状词可以修饰几个动词或形容词

同一个状词可以修饰几个动词或形容词，有两种情形。

第一种情形，是同一个状词可以修饰几个动词。例如，双音节状词"z̻ɯ^{44} z̻ɯ^{42}"，可以修饰如下 4 个动词：一是"ŋwə^{22}"，词义是"流淌"，组成"ŋwə^{22} z̻ɯ^{44} z̻ɯ^{42}"，词义是"舒缓地流淌"；二是"m^{22}"，词义是"去""离开"，组成"m^{22} z̻ɯ^{44} z̻ɯ^{42}"，词义是"缓慢地离去"；三是"ŋo^{35}"，词义是"走"，组成"ŋo^{35} z̻ɯ^{44} z̻ɯ^{42}"，词义是"缓慢地走"；四是"ʂə^{35}"，词义是"逝去""离开"，组成"ʂə^{35} z̻ɯ^{44} z̻ɯ^{42}"，词义是"缓慢地走动"或"缓慢地离开"。

第二种情形，是同一个状词可以修饰几个形容词。例如，双音节状词"tɕʰa^{44} tɕʰa^{44}"，可以修饰 3 个形容词。一是"ȵiɛ^{22}"，词义是"薄"，组成"ȵiɛ^{22} tɕʰa^{44} tɕʰa^{44}"，词义是"薄极了"；二是"miɛ^{44}"，组成"miɛ^{44} tɕʰa^{44} tɕʰa^{44}"，词义是"浅极了"；三是"le^{44}"，词义是"短"，组成"le^{44} tɕʰa^{44} tɕʰa^{44}"，词义是"短极了"。

5.2.2 状词使用时的词性和形态

在使用时，苗语东部方言状词的词性，有的始终保持原有状态，有的则会发生变化，有的甚至可以将状词调到动词的前面。

1. 保持状词的词性

在使用时，词性没有发生变化，是大多数状词固有的特点。一般而言，描摹声音的状词，描摹单一颜色的状词，词性基本上固定不变。

2. 状词变化成动词或形容词

例如，描摹"飞行状态"的状词"$c^ha^{31}\ c^ha^{35}$"，通常与词义是"飞翔"的动词"ei^{53}"组合，形成"$ei^{53}\ c^ha^{31}\ c^ha^{35}$"，词义是"自由舒展地拍打着翅膀飞翔"。这个状词是日常用语和诗歌里面使用，有时会变成动词。

例如，在苗歌《sead chut（野外歌）》中有这样的诗句："$a^{44}\ \eta u\eta^{22}\ te^{35}\ nu^{42}\ ei^{53}\ c^ha^{31}\ c^ha^{35}$（一只小鸟翔翔飞），$nu^{42}\ ei^{53}\ c^ha^{31}\ c^ha^{35}\ tɕi^{35}\ tə^{22}\ qə^{22}$（翔翔飞在对门山上）。"在这两行诗句中，"$c^ha^{31}\ c^ha^{35}$"是"飞翔"的状词。但是，在"巴狄雄"神辞里面，同样是描摹飞行状态的"$c^ha^{31}\ c^ha^{35}$"一词，常常在这样的句子里使用："kiax kiab zos doul lol jul（翔翔驻足大地），zos las lol bans（降临人间到齐）。"[①] 在这里，作为状词的"kiax kiab"（"$c^ha^{31}\ c^ha^{35}$"），变成了动词。

又例如，通常用来描摹"行走缓慢而吃力"的状词"$ʐei^{44}\ ʐei^{44}\ ʐaŋ^{44}\ ʐaŋ^{53}$"，在"巴狄雄"神辞里面，常常被拆开并进行适当微变音处理后使用，形成"yux yux（reix reib）mex lol ghox goud（熙熙上路），rangd rangt mex lol ghox gongb（攘攘启程）"[②]。显然，在这里，被拆解成"reix reib"（$ʐei^{31}\ ʐei^{35}$）和"rangd rangt"（"$ʐaŋ^{44}\ ʐaŋ^{53}$"）的"reid reid rangd rangt"（"$ʐei^{44}\ ʐei^{44}\ ʐaŋ^{44}\ ʐaŋ^{53}$"），变成了形容词。

再例如，用来描摹词义是"臭"的形容词"$tɕə^{53}\ tɕa^{44}$"的状词

[①] 麻勇斌、龙秀海、吴琳整理译注：《苗族口传活态文化元典·奉祖》，贵州人民出版社，2014年12月，第96页。

[②] 麻勇斌、龙秀海、吴琳整理译注：《苗族口传活态文化元典·退讼》，贵州人民出版社，2014年12月，第66页。

"mpz̻ʰaŋ⁴⁴ mpz̻ʰaŋ⁵³", 组成 "tɕə⁵³ tɕa⁴⁴ mpz̻ʰaŋ⁴⁴ mpz̻ʰaŋ⁵³" 的词义是 "臭极", 与民间汉语的 "臭滂滂" 相同。但是, 在日常用语中, "mpz̻ʰaŋ⁴⁴ mpz̻ʰaŋ⁵³" 有时会单独使用, 表示 "臭", 变成形容词。

类似情形还很多, 大体上讲, 描摹动作的状词, 在日常用语中, 其词义容易发生变化, 或作为动词使用, 或作为形容词使用。

3. 作为短语或成语独立使用

在使用过程中变成短语或成语的状词, 主要是四音节的状词。例如, 通常用来描摹 "兴旺发达" 的状词 "tə²² tə²² ntʰa⁴⁴ ntʰa⁵³" 和 "tɕi²² tɕi⁴² huŋ⁴⁴ huŋ⁵³", 在仪式场景, 往往作为祝福的短语使用, 表示 "生息繁衍" 和 "兴旺发达"。

实际上, 在使用过程中可以发生词性变化的状词并不少。比如, 描摹 "白净" 的双音节状词 "tɕiɛ̃²² tɕiɛ̃²²", 在口语表述时, 可以单独使用, 且词义是 "完全" "全部"; 描摹 "悄悄" 的双音节状词 "tsʰɯ⁴⁴ tsʰɯ⁵³", 在口语表述时, 也可以单独使用时, 语义是 "悄悄进行", 而且, 由 "tsʰɯ⁴⁴ tsʰɯ⁵³" 叠化而成的四音节状词 "tsʰa⁴⁴ tsʰa⁴⁴ tsʰɯ⁴⁴ tsʰɯ⁵³", 单独使用时, 词义亦是 "悄然进行"; 描摹声音的音义与 "吱嘎吱嘎" 相当的四音节状词 "qei⁴⁴ qei⁴⁴ qa⁴⁴ qa⁵³", 可以单独使, 语义是 "做事啰唆"。

4. 状词调到被修饰的动词或形容词的前面

使用时, 状词被放置在其所修饰的动词或形容词的前面, 较为多见。例如, 描摹 "笑" 的状词 "z̻ei⁴⁴ z̻ei⁴²", 与词义是 "笑" 的 "to⁴⁴" 组合, 通常是 "to⁴⁴ z̻ei⁴⁴ z̻ei⁴²", 但是, 在口语表述时, 也可以是 "z̻ei⁴⁴ z̻ei⁴² to⁴⁴", 即状词置于其所修饰的形容词前面。苗歌《sead jix gangd（戏问）》有这样的片段:

m²² ntso⁴⁴ tsa⁴⁴ mɯ³¹ to⁴⁴ z̻ei⁴⁴ z̻ei⁴²,

早出遇到你笑微微,

ȵtaŋ⁴⁴ maŋ⁵³ tsa⁴⁴ mɯ³¹ z̻ei⁴⁴ z̻ei⁴² to⁴⁴.

晚归遇到你微微笑。

ȵiɛ̃²² mɯ³¹ nĩ⁴² Nqwe³⁵ to⁵³ z̻u⁵³ mpei⁵³,

不知你是做了上好的梦?

tɯ³⁵ nĩ⁴² wu⁴² tɕi³¹ qwẽ⁴² to⁵³ te³⁵ z̻uŋ³¹ l̥o²²?

还是突然诞下了绿色的龙子?

5. 状词里面可插入或删减个别语词而不影响表义

例如,常用来描摹"浑圆"的双音节状词"lu⁴⁴ lu⁴⁴",与词义是"扁"的形容词"pei³⁵"组合,形成"合成词""pei³⁵ lu⁴⁴ lu⁴⁴",还可以再添加一个单音词"pei³⁵",变成四音节的状词"pei³⁵ pei³⁵ lu⁴⁴ lu⁴⁴",结构模式虽然发生了巨大的变化,但词义没有发生质的变化。

又例如,常用来描摹"矮而肥"双音节状词"pa⁴⁴ pa⁵³",与词义是"矮"的形容词"ŋa⁴⁴"组合,形成"合成词""ŋa⁴⁴ pa⁴⁴ pa⁵³",可以添加一个"ŋa⁴⁴",变成"ŋa⁴⁴ ŋa⁴⁴ pa⁴⁴ pa⁵³"或"ŋa⁴⁴ pei⁴⁴ ŋa⁴⁴ pa⁵³",结构模式虽然发生了变化,甚至其中的一个单音词"pa⁴⁴"变音成了"pei⁴⁴",但词义没有发生质的变化。

再例如,常用来描摹"呆滞"的四音节状词"mpʰei⁴⁴ mpʰei⁴⁴ mpʰu⁴⁴ mpʰu⁴⁴",缩减成"mpʰu⁴⁴ mpʰu⁴⁴"并与形容词"cɑ²²"合成"cɑ²² mpʰu⁴⁴ mpʰu⁴⁴",甚至再改变成"cɑ²² mpʰei⁴⁴ cɑ²² mpʰu⁴⁴",词义没有发生质的变化。

6. 状词里面可插入或删减语词但略微影响表义

在状词里面可插入或删减个别语词,形成新的结构样式的状词,其词义总体上保持不变,此情形在双音节叠音状词里面较为多见,可以说是一种特点。

例如,通常用来描摹雨水滴落声响的双音节状词"tɯ⁵³ tɯ⁵³",日常交流时使用,往往在单音词"tɯ⁵³"的前面加上词前缀"ɑ⁴⁴"或"tɑ⁴⁴",变成"ɑ⁴⁴ tɯ⁵³ tɯ⁵³"和"ɑ⁴⁴ tɯ⁵³ ɑ⁴⁴ tɯ⁵³",或"tɑ⁴⁴ tɯ⁵³ tɑ⁴⁴ tɯ⁵³"和"tɑ⁴⁴ tɑ⁴⁴ tɯ⁵³ tɯ⁵³"。较之"tɯ⁵³ tɯ⁵³",加入词前缀之后,所形成的三音节或四音节状词,词义仅发生些许变化,没有发生质的变化。

又例如,四音节状词"qei⁴⁴ qei⁴⁴ qɑ⁴⁴ qɑ⁵³",在作为形容词使用时,删减成"qei⁴⁴ qɑ⁵³",词义大体相同,仅是程度略有变化。

7. 有的四音格状词里面两个语词可以调换位置

例如,通常用来描摹物体反复摩擦声响的四音节状词"qei⁴⁴ qei⁴⁴ qɑ⁴⁴ qɑ⁵³",在口语表述是,可以变成"qei⁴⁴ qɑ⁴⁴ qei⁴⁴ qɑ⁵³";通常用来描摹杂乱碰撞声响状"pi⁴⁴ pi⁴⁴ pʐɑ⁴⁴ pʐɑ⁴²",口语表示时可以变成"pi⁴⁴ pʐɑ⁴⁴ pi⁴⁴ pʐɑ⁴²"。调换前后的词义不变。

8. 有的四音格状词里面的个别单音词可以更换但词义保持不变

例如，通常用来描摹饭食夹生不好吃的四音节状词"qɑ⁴⁴ ntʰei⁴⁴ qɑ⁴⁴ ntʰuŋ⁵³"，在口语表述是，可以变成"pɑ⁴⁴ ntʰei⁴⁴ pɑ⁴⁴ ntʰuŋ⁵³"，或"qɑ⁴⁴ntʰuŋ⁵³ qɑ⁴⁴ ntʰuŋ⁵³"，或"pei⁴⁴ ntʰei⁴⁴ pu⁴⁴ ntʰuŋ⁵³"，或"ɑ⁴⁴ ntʰuŋ⁵³ ɑ⁴⁴ ntʰuŋ⁵³"，词义始终保持不变。

第三节 苗语东部方言状词在使用中的细微变化

在使用过程中，有的苗语状词，词性和功能会发生变化。这样的情形，此前没有人记述和研究。

5.3.1 使用时的语音变化

在口语表述时，苗语东部方言状词的语音，有的保持稳定，有的需要发生微小变化。变化与否，都是为了保证演述时不拗口。

1. 语音变化的情形

口语表述时，多数状词的语音不会发生变化。例如，描摹红色、黄色的状词"ʐɯ⁴⁴ ʐɯ⁴⁴"，描摹动听乐音的"ʐã⁴⁴ ʐã⁴⁴"，描摹似有声响但又无法听不清楚的"lei⁴⁴ lei⁴⁴ lu⁴⁴ lu⁴⁴"等，无论在何种语境里，口语表述的语音都不会变化。但有些状词在口语表达时，个别单音词的语音必须进行适当变化，才能达到其所表达的语义。例如，"qei⁴⁴ qei⁴⁴ qã⁴⁴ qã⁴⁴"这个用来描摹声音交织的四音节状词，在描摹乐音性质的多种声音交织时，须用"qei⁴⁴ qei⁴⁴ qã⁴⁴ qã⁴⁴"或"qei⁴⁴ qã⁴⁴ qei⁴⁴ qã⁴⁴"，在描摹噪音性质的多种声音交织时，则须把其中的"qã⁴⁴"进行变调处理，变成"qã³⁵"，而后组成"qei⁴⁴ qei⁴⁴ qã³⁵ qã³⁵"或"qei⁴⁴ qã³⁵ qei⁴⁴ qã³⁵"。

2. 个别语词可替换

例如，描摹"微有动感"的状词"pɑ⁴⁴ ʐɑ²² pɑ⁴⁴ ʐuŋ⁴²"，口语表述时可以变成"pɑ⁴⁴ ʐɑ²² pu⁴⁴ ʐuŋ⁴²""ʐɑ²² ʐɑ²² ʐuŋ⁴² ʐuŋ⁴²""ʐɑ²² ʐuŋ⁴² ʐɑ²² ʐuŋ⁴²",语义和功能没有发生变化。

又例如,描摹自言自语的状词 "lei⁴⁴ lei⁴⁴ lu⁴⁴ lu⁴⁴",口语表述时可以变成 "lei⁴⁴ lu⁴⁴ lei⁴⁴ lu⁴⁴" "pɑ⁴⁴ lei⁴⁴ lɑ⁴⁴ lu⁴⁴" "pei⁴⁴ lei⁴⁴ pu⁴⁴ lu⁴⁴" "qɑ⁴⁴ lei⁴⁴ qɑ⁴⁴ lu⁴⁴" "qɑ⁴⁴ lu⁴⁴ qɑ⁴⁴ lu⁴⁴",语义和功能没有发生变化。

一般而言,描摹程度的状词,在使用时,绝大多数的语音不能变化、音节也不能添加或替换,而描摹声音、描摹形态的状词,语音存在可变化、语词可添加或变换的情形。

5.3.2 使用时的功能变化

1. 状词变成独立使用的短语

(1) 变成固定语义的短语

例如,描摹不断萌发、不断增多的状词 "tei⁴⁴ tei⁴² huŋ⁴⁴ huŋ⁵³" 和 "tə²² tə²² ntʰɑ⁵³ ntʰɑ⁵³",在苗族《dut qub dut lan(婚姻理词)》等多种仪式场景里,被作为单独使用的祝福辞句,语义是发财兴旺、繁荣昌盛。

(2) 变成非固定语义的辞句

例如,描摹缓慢移动的四音节状词 "ʐɑ²² ʐɑ²² ʐɯ⁴⁴ ʐɯ⁴²" 或 "ʐɑ²² ʐɯ⁴⁴ ʐɑ²² ʐɯ⁴²",在日常交流中单独使用,有几种语义。

一是表示难以言表的舒服。苗族谜语歌里,有一首谜底为挑耳屎的歌,苗语称作《pand ghad mloux(挑耳屎)》:

qɑ³⁵ pʐɑ⁵³ maŋ³¹ ṣã³⁵ ɕə⁴⁴ tɕi⁴⁴ ko⁴⁴,

壁立的山崖高又高,

po⁴² qʰo⁴⁴ ṣɑ⁴⁴ pʐɑ⁵³ ɕu³⁵ li³¹ li³⁵.

进洞的路窄得出奇。

tɕuŋ⁵³ ʐu⁵³ ȵĩ³⁵ ntsʰɑ³⁵ tɕi⁵³ ɕɯ⁵³ to²²,

平白无故就发痒了,

ɕɯ⁵³ to²² kɯ³⁵ ŋaŋ⁴² ṣã³⁵ pu³⁵ ntẽ³⁵.

痒在深处扰心不宁。

mə³⁵ to⁵³ pʐɑ⁴⁴ Nqã³⁵ kə⁴⁴ tɕi⁴⁴ ho⁴⁴,

拿来竹竿插将进去，

ʐa²² ʐa²² ʐɯ⁴⁴ ʐɯ⁴⁴ ʐu⁵³ n̻ĩ³⁵ ʐei³⁵.

嘴张眼闭舒服至极。

二是表示行动迟缓、不慌不忙。例句：mɯ³¹ ʐa²² ʐa²² ʐɯ⁴⁴ ʐɯ⁴⁴ naŋ³⁵ qə³⁵ ʂə³⁵ naŋ⁴⁴ le⁴⁴。语义是：你慢慢悠悠跟蜗牛爬行一般。

2. 状词变成独立使用的短语

（1）普通语境的短语

比如，描摹行动无声无息的双音节状词"tsʰɯ⁴⁴ tsʰɯ⁵³"，在苗语日常用语中，被作为单句使用。比如，问："kə⁴⁴ tɕi³⁵ tʰau⁴⁴?"（语义：怎么办？）答："tsʰɯ⁴⁴ tsʰɯ⁵³。"（语义：悄悄进行。）

又如，描摹明亮程度的双音节状词"tɕiẽ²² tɕiẽ²²"，可单独使用。比如，问："ke⁴⁴ hɯ³⁵ ʐo⁵³?"（语义：拿多少？）答"tɕiẽ²² tɕiẽ²²。"（语义是：全部。）

（2）状词变成发语助词使用

描摹蛤蟆、青蛙叫声的双音节状词"ŋkʰaŋ³⁵ ŋkʰaŋ³⁵"，变成发语助词使用。

例如，苗族民间有一首反映孩童相互斗气的儿歌，没有歌名，具体内容如下：

ŋkʰaŋ³⁵ ŋkʰaŋ³⁵，

哐哐（叫唤），

ku⁴⁴ ɕaŋ³¹ mpaŋ³⁵，

（像只）蛤蟆，

tɕe³¹ ce⁵³ lo²²，

不敢来（斗），

ta³⁵ tɕo⁴⁴ to⁴²。

老虎叼（的）。

其中的"ŋkʰaŋ³⁵ ŋkʰaŋ³⁵"，是模拟蛤蟆、青蛙之类鸣叫的拟声词，作为状词，通常与词义是"青蛙唤语"的"ta³⁵ ku⁴⁴ nã⁵³ nuŋ⁴²"组合，形成"ta³⁵ ku⁴⁴ nã⁵³ nuŋ⁴² a⁴⁴ ŋkʰaŋ³⁵ ŋkʰaŋ³⁵"的句子。但是，在此歌中"ŋkʰaŋ³⁵ ŋkʰaŋ³⁵"作为发语助词使用。

第六章　苗语东部方言状词的词义词性探析

此前开展的所有涉及苗语东部方言状词的研究，都是讨论状词的结构与功能。具体的设问和回答，都是状词有什么样的结构模式和用于做什么。没有人设问和回答状词有没有具体的词义？状词的词义跟构成状词的那些单音词的词义是怎样的关系？状词的词义同它修饰的动词、形容词的词义具有怎样的关系？等等。因此，截至目前，苗语东部方言状词的词义研究仍然处于空白状态。

第一节　苗语东部方言状词有词义的主要理据

苗语东部方言的全部状词都有明确的词义。这是超越状词的外在特征描述，真正切入状词内部深层关系与核心逻辑必须具备的基本观念和常识。本研究提出这个观点，主要基于以下两个方面的道理。

6.1.1　苗语东部方言内含3个不证自明的基本定理

1. 定理一

苗语东部方言的任何一个单音词都有其明确的词义。无论是古人还是今人创造的苗语单音词，都不是只有语音而没有语义的"虚词"。

单音词的词义，有的体现在日常用语中的所指，被苗语使用者所掌握；有的只体现在仪式经典里，只有诸如祭司、理老、歌师等特殊人群所掌握；还有的已经在苗语世界消失了词义，但在诸如古代文字、文献等形式的载体里存在词义。例如说，在"巴狄雄"的祀雷神辞里，有一个用来表示盛酒礼器的单音词"kunt"（口语表述时的语音亦似"kuit"或"guit"），神辞的具体表达是："nangd nieax bangd deal（鲜肉满盆），nangd jioud bangd kunt（烧酒溢罐）。"① 包括苗族祭司在内的人们，都只知道"kunt [kʰwẽ⁵³]"是器皿，不知其具体形状，但在安徽寿春的楚文化博物馆里，确有一种被展示者用汉语拼音记作"kùn"的古代盛酒礼器，语音与苗语词"kunt [kʰwẽ⁵³]"完全相同，且其形状与苗语称作"kʰə⁴⁴"的大腹土罐相似。苗语词"kunt [kʰwẽ⁵³]"与"kʰə⁴⁴"是互为微变音关系的语词，说明其所指器物相似。

2. 定理二

苗语东部方言的任何两个或两个以上的单音词组合，都不会形成词义的相互抵消乃至"归零"，即由单音词组合而成的双音节语词或多音节语词不会无词义。除拟声词和借词外，苗语单音词组合形成双音节语词或多音节语词的词义，不会跟组成的单音词的词义毫无关系。

通常，单音词的词义是其所组成的双音节语词或多音节语词的词义的根基。例如，双音节词"ne⁴⁴ ma⁵³（父母）"的词义，乃是单音词"ne⁴⁴"（母）和"ma⁵³"（父）的词义叠加；"tɕi⁴⁴ qo³¹"（相合）的词义，是在词前缀"tɕi⁴⁴"作用下"qo³¹"（合）的程度进一步强化和生动化。

部分双音节和多音节拟声词的词义，不是由其中的单音词构成。例如，词义是"唤歌鸟"的双音节拟声词"ku³⁵ wu³⁵"，词义不是单音词"ku³⁵"和"wu³⁵"的词义叠加形成的；词义是"阳雀"的三音节拟声词"tsi⁵³ kwei³⁵ fu⁴⁴"，词义不是单音词"tsi⁵³""kwei³⁵""fu⁴⁴"三个单音词的词义叠加形成的。

苗语中的汉语借词的词义，大多数也不是由其中的单音词构成。例如，词义是"豇豆"的"qa⁴⁴ ntu⁴⁴"，是汉语借词，词义不是由"qa⁴⁴"与"ntu⁴⁴"的词义组合而成。

---

① 麻勇斌、龙秀海、吴琳整理译注：《苗族口传活态文化元典·祀雷》，贵州人民出版社，2014年12月，第25页。

3. 定理三

苗语东部方言的任何一个用来说明待知词义的语词，都先于其所说明的语词形成明确的音义。进一步说就是，只有已经形成明确词义的语词，才能用来说明有待形成词义的语词。

例如，双音节词"$cɑ^{22}\ tɑ^{42}$"的词义是"呆死"，其中的单音词"$tɑ^{42}$"（死）的词义必先于"$cɑ^{22}$"（呆）形成。实际上，很多描绘复杂词义的苗语词的创生，主要是通过这种方式来实现的。

6.1.2 苗语东部方言内含3个可以证明的重要定理

下面这3个定理，可以依据学理进行证明，但因需要花费太多的篇幅，笔者拟放在另外的著述来完成，本研究仅以例说明。

1. 定理一

最早创造和使用的苗语东部方言语词，多数是单音词，而且这些单音词多是由拟声词演化形成的。

例如，单音词"$tɑ^{53}$"，本义是"捅"，与之音义相同或相近的汉字有"捅""屠"等。"$tɑ^{53}$"这个单音词的音义来自用杆子捅落树上的果实发出的声响，苗语拟音是"$tɑ^{53}$"或"$tuŋ^{53}$"或"$tuŋ^{42}$"。这个拟声词经微变音微变义而生成的动词有："$tɑ^{53}$"，词义是"捅"；"$tɑ^{31}$"，词义是"砸""掉"；"tu^{44}"，词义是"剁"；"$tɯ^{31}$"，词义是"投"；"tu^{42}"，词义是"打"；等等。用来完成"捅"这一任务的工具名称，也得名于拟声词"$tɑ^{53}$"。如，"$tɯ^{31}$"，词义是"木棒""槌子"；"$ntẽ^{44}$"，词义是"刀"；"to^{53}"，词义是"斧头"；等等。

2. 定理二

苗语东部方言的单音词，多是骈俪存在的。换言之，绝大多数单音词，都存在词义与之相近、相同或相反的单音词，在使用时形成骈俪结合。

举例说，词义是"锅子"单音词"$wã^{22}$"，与词义是"鼎罐"的"$tçu^{53}$"，就是一对骈俪单音词；词义是"碗"的"$tɑ^{22}$"，与词义是"碟"的"te^{53}"，也是一对骈俪单音词。本研究拟将这种关系称作"骈俪共生关系"。

苗语东部方言单音词固然存在的"骈俪共生关系"，乃是鉴别当今苗语使用的单音词是属于苗族原创语词还是借词的重要特征。换言之，如果一个苗语单音词没有与之骈俪共生的单音词，则这个单音词可能不是苗人原创的，是借词。举例说，词义是"钱"的苗语词"tɕi^{44} taŋ^{53}"，由单音词"tɕi^{44}"和"taŋ^{53}"组合而成，其中，"tɕi^{44}"是词前缀，没有实际意义。"taŋ^{53}"的词义是"钱"。在苗语中，没有与"taŋ^{53}"互为骈俪关系的单音词，因而可以肯定，"taŋ^{53}"这个单音词不是苗人原创语词，是借词。笔者研究认为，"taŋ^{53}"是汉语借词，音义与汉字"帑"相同。

3. 定理三

苗语东部方言的单音词，多数存在一词多音和一词多义。单音词多音是口语表述或方言土语之间造成微变的结果；单音词多义是多个近音语词不断缩小细微差异而自然同化的结果。

例如，单音词"so^{35}"，词义有四种：一是指"雷神"，在日常用语中，常加上词前缀，表达为"tɑ^{31} so^{35}"或"qo^{35} so^{35}"；二是"松弛"，音义可能与"松弛"的"松"相同；三是"溢出"，如"so^{35} wu^{35} l̥i^{53}"，语义是"米汤溢出"；四是"洒""淋"，如"kə^{44} tɕɯ^{44} so^{35}, me^{35} qo^{35} tɕə^{53} sə^{35}"，语义是"用酒烧，去除异味"。这4种词义，不是"so^{35}"这个单音词生成之初自带的，而是与之语音相近的3个或4个各具词义的单音词，由于语音差异较小，被口语表述同化的结果。

第二节 状词的词义

有上述三个方面的道理为据，就可以讨论状词的词义了。本研究认为，苗语东部方言的所有状词都有词义，且其词义与它们所修饰的动词、形容词的词义相同或相近。

6.2.2 状词的词义

1. 状词的词义

苗语东部方言的所有状词，无论是双音节状词还是四音节状词，即无论是"X+AA"式或"X+AB"式中的状词,还是"X+AABB"式或"X+ABAB"式中的状词,里面的"A""B""AA""AB""AABB""ABAB",都有明确词义。

举例说,属于"它摹"范畴的"X+AA"式"合成词""ȵa^{42} qɑ^{44} qɑ^{42}",状词"qɑ^{44} qɑ^{42}"中的"qɑ^{44}"和"qɑ^{42}",都是有词义的。这两个单音词,其实是"qɑ^{31}"这个单音词的变调读音。"qɑ^{31}"的词义是"黑红色",即苗语所谓的"qo^{53} qwe^{35}"。在苗语日常用语中,有"ȵa^{42} qɑ^{31} ȵa^{42} ẓɑ^{31}"这个四言格词组,其语义是"红里透黑"。"qɑ^{31}"这种颜色,具体所指是凝固的血块或冒着黑烟的烈火或红里带黑的云霞所呈现出来的那种颜色;"ẓɑ^{31}"表示颜色时,指的是梨子或板栗成熟时的颜色。因此,在"ȵa^{42} qɑ^{44} qɑ^{42}"中,"ȵa^{42}"的状词"qɑ^{44} qɑ^{42}",本音是"qɑ^{31} qɑ^{31}",本义是乌红乌红的颜色,即玫瑰之色。笔者认为,描绘颜色的苗语词"qɑ^{31}",音义可能与汉字"瑰"相同;"ȵa^{42}"的词义是"红色",音义可能与汉字"殷""艳"相同。如果这个关系成立,则由形容词"ȵa^{42}"(红)和状词"qɑ^{44} qɑ^{42}"构成的"合成词""ȵa^{42} qɑ^{44} qɑ^{42}",词义就是"殷红如瑰"。

2. 状词的词义构成

苗语东部方言状词的词义,由构成该状词的各个单音词的词义组合而成,但不是构成状词的所有的单音词都均等地发挥作用,而是有的单音词的词义起着核心作用,有的单音词的词义则起着辅助作用。为了便于描述,本研究借用黄树先教授的"核心词"概念,以建立论述的基点。

(1) 核心单音词

核心词是文化语言学或历史比较语言学广泛应用的概念。黄树先教授对其进行如此定义:"核心词是基本词汇中的基本词,每一个语言都包含这部分词。核心词比较稳定,在相当长的一段时间里,这些词都有较为稳定的语音形式和较为准确的含义。"[①]

(2) 苗语东部方言状词的核心单音词

苗语东部方言状词的核心单音词,指的第五章所列各种状词表达式中

---

① 黄树先著:《汉语核心词探索》,华中师范大学出版社,2010年10月,第1页。

的"A"或"B"。这是状词音义的核心构件，故以"核心单音词"命名。例如，词义是"急促呼叫"的"ŋa³¹ li³⁵ li³⁵"，其状词部分的"li³⁵ li³⁵"的单音词"li³⁵"，就是这个状词的核心单音词；又例如，词义是"乱哄哄地叫唤"的"ŋa³⁵ qei⁴⁴ qã³⁵ qei⁴⁴ qã³⁵"，其状词部分"qei⁴⁴ qã³⁵ qei³⁵ qã³⁵"的单音词"qei⁴⁴"和"qã³⁵"，都是这个状词的核心单音词。

核心单音词，是构成状词词义的骨干语词。比如，词义是"黄澄澄"的"qwẽ³¹ ʐaŋ³¹ ʐaŋ³⁵"，其状词"ʐaŋ³¹ ʐaŋ³⁵"的核心单音词是"ʐaŋ³¹"，去除这个具有骨干意义的单音词，"qwẽ³¹ ʐaŋ³¹ ʐaŋ³⁵"这个词的"摹状功能"就根本不存在。同样，词义是"滚圆"或"浑圆"的状词"pei³⁵ pei³⁵ lu⁴⁴ lu⁴⁴"，其核心单音词是"pei³⁵"和"lu⁴⁴"，去除这两个具有骨干意义的单音词，"pei³⁵ pei³⁵ lu⁴⁴ lu⁴⁴"这个状词的"摹状功能"就不存在。

（2）状词的核心单音词存在明确音义

苗语东部方言状词的核心单音词都有确切音义。这是苗语东部方言状词的固有规律，是理解苗语东部方言状词的语音、语义、语用必须建立的基础观念。

要论述清楚这一观点，需要借助一个前提性的结论，作为理解的桥梁。这个结论就是：苗语与汉语的大量单音词，尤其是古苗语与古汉语的单音词，语音、语义、语用存在密切的对应关系。毫无疑问，这个结论是成立的，鉴于论证的篇幅太长，笔者将在另外的著作中进行详细阐明，本研究姑且作为一个可靠的结论使用。

6.2.3 苗语东部方言状词的音义分类简述

1. 描摹声音的状词的核心单音词都有确切音义

描摹声音的状词所描摹的声音，就是其核心单音词的音。无论描摹的贴切程度如何，用来描摹的语音是明确的。例如，苗语描摹水牛的叫声，有的用"ŋa³¹"，有的用"ŋa⁵³"，有的用"ȵiɛ³¹"，不管用哪一个语音描摹，那个语音是先于描摹行为而存在的。描摹声音的语词形成后，不仅代表声音，还代表了发声的对象，并逐渐演变成发声对象的名称，故而描摹声音的语词就有了固定的语义。比如，描摹哭嚎的"ȵiɛ⁴⁴ qu²² qu²²"的状词部分"qu²² qu²²"，核心单音词是"qu²²"，其所模拟的就是哭声。"qu²²"用来拟写哭嚎声音的同时，也就表示了哭嚎之义，音义与汉字"哭"相同。同样的道理，描摹欢笑的"to⁴⁴ hɑ⁴⁴ hɑ⁴⁴"（词义与汉语"笑哈哈"相同）、"to⁴⁴ ȵcʰi⁴⁴ ȵcʰi⁴⁴"（词义与汉语"笑嘻嘻"相同），其状词的核心单音词"hɑ⁴⁴"和"ȵcʰi⁴⁴"，在拟写欢笑声音的同时，也就表示了欢笑之义，即"hɑ⁴⁴"微变音而成"hã³⁵"，音义与汉字"欢"相同，"ȵcʰi⁴⁴"微变音而成"ȵcʰiɛ⁴⁴"，音义与汉字"喜"或"庆"相同。

所有用来描摹声音的语词，都有明确的音义。比如，"qɑ²² qɑ²²"，用来描摹鹅的叫声，同时，"qɑ²²"也就成为鹅的名称，音义与汉字"鹅"相同。故苗语至今称呼鹅为"qɑ²² qɑ²²"或"nu⁴² qɑ²²"。实际上，苗语关于鸡的称谓"qɑ³⁵"，关于牛的称谓"ȵe³¹"或"ȵɑ⁵³"，关于乌鸦的称谓"pɑ⁴⁴ o⁵³"或"tɕi⁴⁴ o⁵³"，关于喜鹊的称谓"cɑ³⁵ cɑ⁵³"，关于布谷鸟的称谓"qu⁵³ qu²²"，等等，都是由描摹这些动物叫声的拟声词转化而来的，即关于这些动物称谓的早期语音，都是描摹它们的叫声。至今，苗语还有不少描摹动物鸣叫的声音作为该动物的名称。比如，苗语名叫"tɕɯ⁵³ kwei³⁵ ti⁴⁴"，不知汉语称作何名词的鸟，苗语名叫"tɕɯ⁵³ kwei³⁵ fu⁴⁴"，汉语称作阳雀的鸟，苗语名叫"ku³⁵ wu³⁵"或"ko⁴⁴ o⁴⁴"，不知汉语称作何名称的鸟，都是以描摹其鸣叫的拟声词作为其名称。

以描摹动物鸣叫的拟声词作为动物名称的现象，在苗人与动物语言交流中，还比较多见。比如，苗语呼唤狗，用的是"o⁴⁴——"，显然是描摹野狗或狼相互呼唤时的叫声，"o⁴⁴"作为狗的名称，音义与汉字的"獒"可能相同。又如，苗语呼唤鸭子，用的是"ə³⁵——lɑ⁴⁴ lɑ⁴⁴——"，显然是描摹鸭子、白鹤、鸬鹚等鸟类相互呼唤的叫声，"ə³⁵"变成汉字"鹅""鹤""鸭"等的名称。

描摹撞击声、垮塌声、雷鸣声、风雨声等的苗语状词的核心单音词，音义亦是明确的。比如，描摹撞击声的"pi⁴⁴ pi⁴⁴ pzɑ⁴² pzɑ⁴²"（对应的汉语词是"啪啪叭叭"）中的"pzɑ⁴²"，不仅作为一类响声的拟声词（相当于汉语的"啪""叭"），而且作为描述极短时间内摔倒、垮塌的形容词。例如，"ɑ⁴⁴ pzɑ⁴² tɯ³⁵ qɑu⁴² nɑ⁴² tɯ³⁵ tɕu²²"（语义是"啪的一下就倒地了")。

描摹声音的语词成为状词举例

发声物类	鸣叫拟音语词	对应汉语词	成为状词
人	笑：ha⁴⁴ha⁴⁴	哈哈	ʈo⁴⁴ha⁴⁴ha⁴⁴ 笑哈哈
	笑：he⁴⁴he⁴⁴	嘿嘿	ʈo⁴⁴he⁴⁴he⁴⁴ 笑嘿嘿
人	笑：qʰɯ³⁵qʰɯ³⁵	咯咯	ʈo⁴⁴qʰɯ³⁵qʰɯ³⁵ 笑咯咯
	哭嚎：qwa²²qwa²²	哇哇	ȵiẽ⁴⁴a⁴⁴qwa²²qwa²² 哭哇哇
	哭嚎：qu²²qu²²	呜呜	ȵiẽ⁴⁴a⁴⁴qu²²qu²² 哭呜呜
	哭泣：ʂuŋ³⁵ʂuŋ³⁵	兮兮 （描摹抽泣哭）	ȵiẽ⁴⁴a⁴⁴ʂuŋ³⁵ʂuŋ³⁵ 哭兮兮
	喊叫：qei³⁵qei³⁵；qã³⁵qã³⁵		mpʐʰə⁵³a⁴⁴qei³⁵qei³⁵ 厉声接连呼喊状
	说话：lei⁴⁴lei⁴⁴lu⁴⁴	呢呢喃喃	lei⁴⁴lei⁴⁴lu⁴⁴ 呢 呢 喃 喃
	呻吟：hẽ⁴⁴hẽ⁴⁴huŋ⁴⁴huŋ⁴⁴	哼哼轰轰	hẽ⁴⁴hẽ⁴⁴huŋ⁴⁴huŋ⁴⁴ 呻吟状；不太理睬状
	吹口哨：ʂei³⁵ʂei³⁵	唰唰	ʂa⁵³ci⁵³a⁴⁴ʂei³⁵ʂei³⁵ 吹风唰唰
	唱歌吹奏：zã⁴⁴zã⁴⁴	呦呦；悠悠	Nqə³⁵sa⁴⁴a⁴⁴zã⁴⁴zã⁴⁴ 唱歌悠悠
	啃吃：ŋkuŋ⁵³ŋkuŋ⁵³	描摹啃咬 发出的声音	ca⁵³ŋkuŋ⁵³ŋkuŋ⁵³ 啃吃嘎吱嘎吱

第六章 苗语东部方言状词的词义词性探析

续表

发声物类	鸣叫拟音语词	对应汉语词	成为状词
狗	嚎叫：ŋkʰwaŋ⁵³ ŋkʰwaŋ⁵³；ŋkʰwã³⁵ ŋkʰwã³⁵	汪汪（叫）	tɕɯ⁴² a⁴⁴ ŋkʰwaŋ⁵³ ŋkʰwaŋ⁵³（大狗叫）汪汪 tɕɯ⁴² a⁴⁴ ŋkʰwã³⁵ ŋkʰwã³⁵（小狗吠）
鹰隼	鸣叫：ntsei³⁵ ntsei³⁵；ntsa⁴⁴ ntsa⁵³	喷喷；喳喳	ntsei³⁵ ntsei³⁵；ntsa⁴⁴ ntsa⁵³ 喷喷喳喳
蛙	鸣叫：ŋkaŋ³⁵ ŋkaŋ³⁵	呱呱	ŋkaŋ³⁵ ŋkaŋ³⁵ 呱呱
猪（吃食）	声响：mpʐa⁵³ mpʐa⁵³		tɕi⁴⁴ tʰo⁵³ mpʐa⁵³ mpʐa⁵³ 吃食吧唧吧唧状
猪	鸣叫：qã³⁵ qã³⁵		ŋa³⁵ qã³⁵ qã³⁵ 嚎叫状
牛（吃草）	声响：kuŋ⁵³ kuŋ⁵³		nuŋ³¹ kuŋ⁵³ kuŋ⁵³ 吃食嘎嘣嘎嘣状
猫	鸣叫：mʐa⁴⁴	喵；猫	mʐa⁴⁴ wu⁴⁴ mʐa⁴⁴ wu⁴⁴ 喵唔喵唔状
凤	鸣叫：ʂei³⁵ ʂei³⁵；ci³⁵ ci³⁵	唰唰	ʂei³⁵ ʂei³⁵；ci³⁵ ci³⁵ 唰唰；叽叽
雨	声响：ʐa⁴² ʐa⁴²		ʐa⁴² ʐa⁴²
雷，炮	声响：ʐuŋ⁴² ʐuŋ⁴²；qwẽ⁴²；ka⁵³ ka⁵³	隆隆	ʐei⁴⁴ ʐuŋ⁴² ʐei⁴⁴ ʐuŋ⁴²；Tuŋ⁴² qwẽ⁴² tuŋ⁴² qwẽ⁴²；Kei⁴⁴ ka⁵³ kei⁴⁴ ka⁵³ 轰 轰 隆隆
声音混响	ʐa⁴⁴ ʐa⁴⁴ ʐuŋ⁴⁴ ʐuŋ⁴⁴；ʐei⁴⁴ ʐei⁴⁴ ʐuŋ⁴⁴ ʐuŋ⁴⁴	嗡嗡	ʐa⁴⁴ ʐuŋ⁴⁴ ʐa⁴⁴ ʐuŋ⁴⁴ 嗡嗡状 ʐei⁴⁴ ʐei⁴⁴ ʐuŋ⁴⁴ ʐuŋ⁴⁴ 嗡嗡状

2. 描摹情貌的状词的核心单音词有确切音义

描摹情貌的状词的核心单音词有确切音义。比如，描摹壮实肥胖的"taŋ⁴² pʐaŋ⁴⁴ pʐaŋ⁵³"，状词"pʐaŋ⁴⁴ pʐaŋ⁵³"的核心单音词"pʐaŋ⁵³"，音义与汉字"胖"可能相同；描摹精瘦的"ntsei⁵³ tɕiẽ³¹ tɕiẽ²²"，状词"tɕiẽ³¹ tɕiẽ²²"的核心单音词"tɕiẽ³¹"，音义与汉字"精""肌"可能相同。

3. 描摹程度的状词的核心单音词有确切音义

描摹程度的状词的核心单音词有确切音义。比如，描摹浅薄的"miẽ⁴⁴ tɕʰa⁴⁴ tɕʰa⁴⁴"，状词"tɕʰa⁴⁴ tɕʰa⁴⁴"的核心单音词"tɕʰa⁴⁴"，音义与汉字"戋""笺"可能相同；描摹修长的"tɯ⁴⁴ ȵtɕaŋ⁴⁴ ȵtɕaŋ⁴⁴"，状词"ȵtɕaŋ⁴⁴ ȵtɕaŋ⁴⁴"的核心单音词"ȵtɕaŋ⁴⁴"，音义与汉字"长"可能相同。又如，描摹狭窄的"ŋa²² tse⁴⁴ tse⁴⁴"，状词"tse⁴⁴ te⁴⁴"的核心单音词"tse⁴⁴"，音义与汉字"窄"相同；描摹宽广的"qwẽ⁴⁴ pʐa⁴⁴ pʐa⁴²"，状词"pʐa⁴⁴ pʐa⁴²"的核心单音词"pʐa⁴²"，音义与汉字"博""泛"可能相同。再如，描摹明亮的"mʐẽ⁴² waŋ⁴⁴ waŋ⁵³"，状词"waŋ⁴⁴ waŋ⁵³"的核心单音词"waŋ⁵³"，音义与汉字"晃""煌"可能相同；描摹黑暗的"pʐu⁴⁴ mʐa⁴⁴ mʐa⁴⁴"，状词"mʐa⁴⁴ mʐa⁴⁴"的核心单音词"mʐa⁴⁴"，音义与汉字"暮""墨"可能相同。

4. 描摹形态的状词的核心单音词有确切音义

描摹形态的状词的核心单音词有确切音义。如，描摹浑圆的状词"pei³⁵ pei³⁵ lu⁴⁴ lu⁴⁴"，第一个核心单音词"pei³⁵"，词义是"扁而圆、矮而胖"，音义与汉字"贝""扁"的音义可能相同；第二个核心单音词"lu⁴⁴"，词义是"短小滚圆"，音义与汉字"辘轳"的"辘""轳"可能相同，引申义与汉语词"侏儒"的"儒"音义可能相同。

5. 描摹颜色的状词的核心单音词有明确音义

描摹颜色的状词的核心单音词有明确音义。比如，描摹苍翠的"mʐo³⁵ ntsʰã⁴⁴ ntsʰã⁴⁴"，状词"ntsʰã⁴⁴ ntsʰã⁴⁴"的核心单音词"ntsʰã⁴⁴"，音义与汉字"翠"和"苍"可能相同。又如，描摹黑暗的"qwe³⁵ ta⁴⁴ ta⁴⁴"，状词"ta⁴⁴ ta⁴⁴"的核心单音词"ta⁴⁴"，音义与汉字"黛"可能相同。

6. 描摹味道的状词的核心单音词有明确的音义

描摹味道的状词的核心单音词有明确的音义。比如，描摹苦味的"ã³⁵ qã⁴⁴ qã⁵³"，状词"qã⁴⁴ qã⁵³"的核心单音词"qã⁵³"，音义与汉字"苦"可能相同；描摹甜味的"tɕaŋ²² ȵ̥tɕiẽ⁴⁴ȵ̥tɕiẽ⁴⁴"，状词"ȵ̥tɕiẽ⁴⁴ ȵ̥tɕiẽ⁴⁴"的核心单音词"ȵ̥tɕiẽ⁴⁴"，音义与汉字"酱""津"可能相同。

第三节 状词中的缀词之本原音义

苗语东部方言状词中的缀词，主要有 4 个："qo³⁵""ta⁴⁴""tɕi⁴⁴""pa⁴⁴"。在日常用语中，这些缀词同包括状词在内的其他语词结合时，没有实际意义，只是起到发语词或助动词或衔接词的作用，但它们并非只有语音没有语义的语词。实际上，它们不仅具有明确的词义，而且可能是最早形成词义的实词。

6.3.1 "qo³⁵"的本原音义

1. "qo³⁵"的语音

用作词前缀的"qo³⁵（qɑ⁴⁴）"，本原的读音可能就是"qo³⁵"。但是，在口语表述时，有的读作"qo³⁵"，有的读作"qɑ³⁵"或"qɑ⁴⁴"，有的读作"qɑ³⁵"或"qə³⁵"，还有的读作"ɑ³⁵"或"ɑ⁴⁴"。例如，情歌里面出现频次极高的词义是"阿妹"的"qɑ⁴⁴ mei³¹"，在贵州省松桃苗族自治县的长兴镇、蓼皋镇、世昌乡一带，普遍读作"qɑ⁴⁴ mei³¹"，而在盘信镇、牛郎镇一带，普遍读成"ɑ⁴⁴mei³¹"。又例如，词义是"岳父岳母"的四言格语词"qɑ³⁵ ne²² qɑ³⁵ muŋ⁵³"，上例地区有的读作"qɑ³⁵ ne²² qɑ³⁵ muŋ⁵³"，有的读作"ɑ³⁵ ne²² ɑ³⁵ muŋ⁵³"，"qɑ³⁵"变成了"ɑ³⁵"，词义没有发生任何变化。

2. "qo³⁵"的本原词义

在苗语东部方言的日常用语中，"qo³⁵"除了作为词前缀使用，还作为名词使用，且词义是"小颗粒的果实""小孩""水泡"等。例如，日常交流时说的"pi^{44} qo^{35} pi^{44} qe^{44}",词义有两重：一是"小颗粒或小果子"；二是"小孩子"。单独说"pi^{44} qo^{35}",则其词义是"小果子""水泡"。例如，对于"烧伤起泡"，苗语表达成"cie^{35} $z_{\text{L}}u^{31}$ pi^{44} qo^{35}"。

实际上，"qo^{35}"的本原词义就是"果实"或果子里面的"颗粒状种子"，初始的音义可能与汉字"果"相同。

在名词里面，"qo^{35}"与"qe^{44}"和"qa^{35}"是音近义同的微变音语词，故有"pi^{44} qo^{35} pi^{44} qe^{44}"的骈俪词组。在当今苗语中，"qe^{44}"的词义的"谷子"，故有语词"li^{53} mu^{31} li^{53} qe^{44}";又是"雄性生殖器"（微变音而读成"qe^{53}""qu^{53}"）。"qa^{35}"的词义是"精子"。"qa^{35}"在西部方言苗语中词义是"蛋"。由此可见，"qo^{35}""qa^{35}""qe^{44}"这三个音近义同的单音词，最初的词义义项有三：一是果实里面的颗粒（种子）；二是可以食用、果腹；三是可以用来繁衍再生。

"qo^{35}"本原具有的这种词义，显然来自古代苗人对果实的作用的体验与认知，形成时间异常久远。用"qo^{35}"表达的物质，由于跟果腹、繁衍联系紧密，对于以饮食和繁衍为生产、生活、生命之大者的古人来说，其含义无疑也代表吉祥，故而可以用来表达敬意、爱意，于是，"qo^{35}"便用来作为苗语表示尊称、敬称的词头。换言之，冠以"qo^{35}"的语词，可以传达言说者对交流对象的祝福，人们才普遍使用，久而久之，人们便只知道"qo^{35}"是一种表达敬意、爱意的形式，不知"qo^{35}"的本义，"qo^{35}"就变成了"没有实际意义"的词前缀。

6.3.2 "ta^{44}"的本原音义

1. "ta^{44}"的语音

用作词前缀的"ta^{44}"，在口语表述时，有的读作"ta^{44}"，有的读作"ta^{53}"，有的读作"ta^{35}"，还有的读作"ta^{31}"或"ta^{31}"。其本原的读音应是"ta^{44}"，其余读音都是口语表述发生微变音而形成的语词。举例说，词义是"天空"的"ta^{44} $pz_{\text{L}}a^{35}$"，湖南湘西州的苗语多数读作"ta^{44} $pz_{\text{L}}a^{35}$"，而在贵州黔东北有的区域读作"ta^{31} $pz_{\text{L}}a^{35}$"或"ta^{31} $pz_{\text{L}}a^{35}$"。然而在民间，口语交流时，无论是读作"ta^{44} $pz_{\text{L}}a^{35}$"还是"ta^{31} $pz_{\text{L}}a^{35}$"或

"ta^{31} pz̧a^{35}",人们都明白其词义是"天空"。

2. "ta^{44}" 的本原词义

"ta^{44}" 的本原词义是"天空""顶上""头"等。今苗语东部方言称谓"天空"的双音节语词"ta^{44} pz̧a^{35}",由"ta^{44}"和"pz̧a^{35}"组合而成。其中,"ta^{44}"的词义是"上面""顶上";"pz̧a^{35}"的词义是"梢部""末端"。在日常用语中,多数用"pz̧a^{35}"说明位置或部位的语词,"pz̧a^{35}"的词义都是"梢部""末尾"。例如,词义是"树梢"的"pz̧a^{35} ntu^{53}",词义是"水尾"的"pz̧a^{35} wu^{35}",词义是"末位""末端"的"pz̧a^{35} qã^{44}",等等。因此,词义是"天空"的"ta^{44} pz̧a^{35}"或"ta^{31} pz̧a^{35}",里面的"ta^{44}"或"ta^{31}",词义必定是"天"。"ta^{44} pz̧a^{35}"的词义是"天的梢部"或"天的末尾",故而被引申为"高空""宇宙"。

由于"ta^{44}"的最初词义是"上面",是"极高之处"亦是"极广之处",故而与"天"字的音义相同,并跟"顶""题""巅""栋"属于同源语词。

词义是"天"的"ta^{44}"或"ta^{31}",最初语音是树上的果实或天上的雨滴落在地面上发出的声响,苗语用"ta^{44}"或"tuŋ^{53}"拟声,与汉字拟声词"嗒""咚"相同。今苗语描摹果实或雨点接连不断落下的状词是"ta^{44} ta^{44} tuŋ^{44} tuŋ^{53}"或"ta^{44} tuŋ^{44} ta^{44} tuŋ^{53}",与汉语"嗒嗒咚咚"或"嗒咚嗒咚"完全对应。由于发生"ta^{44}"这种声响是有果实或雨水从上面落下,故"ta^{44}"的最初词义是"上面"和"从上面落下","ta^{44}"或"ta^{31}"的名词词义就是"顶""天""巅",引申为"头""题""栋"等,"ta^{44}"或"ta^{31}"的动词词义就是"落下""砸下"。今苗语动词"ta^{31} nuŋ^{42}(下雨)"和"ta^{31} z̧ɯ^{35}(拿起石头往下砸)"中的"ta^{31}",词义都是"落下""砸下"。

在"ta^{44}"或"ta^{31}"的"从上面落下"这一动词含义确定之后,使物体落下的动词含义便由"ta^{44}"或"ta^{31}"微变音产生,于是有"ta^{53}"与"to^{31}",音义可能与汉字"捅""打""屠"相同,"to^{42}"与"ntaŋ^{53}",音义可能与"跺""剁"相同,等等。

"ta^{44}"或"ta^{31}"的最初词义是"上面"和"从上面落下",显然来自古人对树上采集果实和天空落雨的观察与理解。诚如此,"ta^{44}"或

"ta³¹"的最初词义形成时间异常久远。"ta⁴⁴"或"ta³¹"引申为"天""头""顶""巅"之后，具有"崇高""敬上"之义，故而可以用来表达敬意、爱意，于是，"ta⁴⁴"或"ta³¹"便用来作为尊称、敬称的词头。换言之，冠以"ta⁴⁴"或"ta³¹"的语词，可以传达言说者对交流对象的敬意，人们才普遍使用。久而久之，人们便只知道"ta⁴⁴"（"ta³¹"或"ta⁴⁴"）是一种表达敬意的形式，不知"ta⁴⁴"（"ta³¹"或"ta³⁵"）的本义，"ta³⁵"（"ta³¹"或"ta³⁵"）在某些场合就变成了"没有实际意义"的词前缀。

6.3.3 "pa⁴⁴"的本原音义

1. "pa⁴⁴"的语音

用作词前缀的"pa⁴⁴"，在口语表述时，有的读作"pa⁴⁴"，有的读作"pa³¹"，有的读作"pa³¹"。其本原的读音应是"pa⁴⁴"，其余读音都是口语表述发生微变音而形成的语词。举例说，词义是"祭司"的"pa⁴⁴ tei³⁵"，在祭仪神辞中须读作"pa⁴⁴ tei³⁵"，然而在民间口语交流时，有的读作"pa³¹ tei³⁵"，有的读作"pa³¹ tei³⁵"。

2. "pa⁴⁴"的本原词义

"pa⁴⁴"的词义有"依附""粘连""雄性""父辈"等。例如，日常用语中的"qo³⁵ pa⁴⁴"，"qo³⁵"是词前缀，没有实际意义，"pa⁴⁴"的词义是"雄性"。又例如，在《dut qiub dut lanl（婚姻礼辞）》里，有一章节，名称叫做"pʐa³⁵ pa⁴⁴ to⁵³ ma⁵³"，其中的"pa⁴⁴"，词义是"男性祖先"。再例如，日常用语的如下语词："tɕo⁵³ pa⁴⁴"（煨水罐），"pa⁴⁴ ciẽ⁵³"（锅巴），"tɕi³¹ pa⁴⁴"（依偎），里面的"pa⁴⁴"都是"依附""粘连"。

"pa⁴⁴"的本原词义应是"依附""粘连"。故"pa⁴⁴"单独使用时，一般都是取这一词义。例如，词义是"用以添加重量使得斤两足额的细碎肉块"的"ɳa³¹ pa⁴⁴ ɳtɕie⁵³"，词义是"胎记"的"pa⁴⁴ ʐo³¹ pa⁴⁴ ɳa³¹"，词义是"锅巴"的"pa⁴⁴ ciẽ⁵³"，等等，里面的单音词"pa⁴⁴"，词义都是"依附""粘连"。

由于母系社会的男性都是依附于女性，是母系的依附，故而以"pa⁴⁴"

概念"父辈"一类依附性存在的家庭男性。父系社会形成之后，以父亲为中心的伦理制度形成后，"pa^{44}"即"父亲"在家庭中处于最高地位，原本的"依附"之义消失，取而代之的是有权控制家庭、有权处置家中的财产分配，因此，"pa^{44}"具有"权威""高贵"之义，故而可以用来表达敬意、爱意，于是，"pa^{35}"便用来作为尊称、敬称的词头。换言之，冠以"pa^{44}"的语词，可以传达言说者对交流对象的敬意，人们才普遍使用。在词前冠以"pa^{44}"，就成了一种表达敬意的形式，久而久之，"pa^{44}"成了在某些场景可以"没有实际意义"的词前缀。

6.3.4 "tɕi^{44}"的本原音义

1. "tɕi^{44}"的语音

用作词前缀的"tɕi^{44}"，在口语表述时，有的读作"tɕi^{44}"，有的读作"tɕi^{31}"，还有的读作"tɕi^{53}"。其本原的读音应是"tɕi^{44}"，其余读音都是口语表述发生微变音而形成的语词。例如，词义是"歪斜"的"tɕi^{44} qa^{31} tɕi^{44} ʐei^{22}"，口语表述时，必须读作"tɕi^{44} qa^{31} tɕi^{31} ʐei^{22}"，否则极为拗口。

2. "tɕi^{44}"的本原词义

"tɕi^{44}"的本原词义是"承接"，音义可能与汉字"及""接"相同。作为名词使用时，"tɕi^{44}"指的是承接、存放物品的器物。例如，"qo^{35} tɕi^{44}""tɕi^{44} ta^{22}""tɕi^{44} qu^{44} qe^{35}"等常用语词中的"tɕi^{44}"，词义是"背篼"，音义可能与汉字"篚"相同。在"巴狄雄"神辞中常见的骈俪词"tɕi^{44} pe^{31}"和"tɕi^{44} tsə^{44}"里面，"tɕi^{44}"的词义是"桌子"，音义可能与"几"相同。在日常用语中，"tɕi^{44}"作动词用时，词义"值当""抵押"。例如，在词义是"值价""有价"的常用语词"tɕi^{44} ɴqa^{53}"里，"tɕi^{44}"的词义就是"值当"；在词义是"跟上"的常用语词"tɕi^{44} tɕa^{42}"和"kə^{44} tɕi^{44} kə^{44} tɕa^{42}"里，"tɕi^{44}"的词义是"及"；在语义是"你的货抵押跟别人了"的常用句子"mɯ^{31} naŋ^{44} ho^{35} tɕi^{44} kaŋ^{42} ne^{31} tɕu^{22}"里，"tɕi^{44}"的词义是"抵押"。

"tɕi^{44}"的音近义同的骈俪词是"tɕa^{42}"，词义是"跟上""相当"

"获得"。例如，在常用语词"tɕa⁴² ne³¹ tɕa⁴² tso⁴²"里，"tɕa⁴²"的词义是"赶上""跟上"；在俗语"tɕe⁴⁴ tɕa⁴² n̩a³¹ li⁴² tɕa⁴² qwɯ⁴⁴"里，"tɕa⁴²"的词义就是"获得"。

"tɕi⁴⁴"的音近义同的微变音语词是"tɕi⁴²"和"tɕi³¹"。在日常用语中，"tɕi³¹"的词义是"支援""助力"，引申为"维护""袒护"。例如，在常用语词"hə⁵³ tɕi³¹ hə⁵³ tɕʰa⁴⁴"中，"tɕi³¹"的词义就是"维护""支持"；在常用语词"hə⁵³ tɕi⁴² hə⁵³ ntʰa⁵³"里，"tɕi⁴²"的词义就是"承接""抵挡"。

由于"tɕi⁴⁴"及其音近义同的微变音语词"tɕi³¹"的词义里具有的"承接""助力""赶上"等表达"交互"等义项，能够促成动作的"复杂化"，故而被作为动词的词前缀。换言之，冠以"tɕi⁴⁴"或"tɕi³¹"的动词，可以使描绘动作的语词更为生动、贴切，故而被人们普遍使用。久而久之，人们误以为"tɕi⁴⁴"及其微变音语词"tɕi³¹""tɕi⁵³"等，只是"没有实际意义"的词前缀。其实，"tɕi⁴⁴"既保持名词、动词的词性词义，又因为具有使动词表达的内容更加丰富的作用，而具有词前缀的功能。

第四节　状词核心单音词的语音固化与变化

状词的核心单音词的语音，在构造状词的过程中，有的固定不变，有的则需要进行微变，形成词义完全相同的微变音语词。

例如，词义是"悄"的核心单音词"tsɯ⁴⁴"，叠加成双音节状词有如下两种表达形式：一是"tsʰɯ⁴⁴ tsʰɯ⁴⁴"。"tsʰɯ⁴⁴"的语音没有发生变化；二是"tsʰɯ⁴⁴ tsʰɯ⁵³"，位于后位的"tsʰɯ⁴⁴"发生了变调，即由"44"调变成了"53"调。"tsʰɯ⁴⁴"叠加成四音节状词，有如下 8 种表达形式：一是"tsʰei⁴⁴ tsʰei⁴⁴ tsʰɯ⁴⁴ tsʰɯ⁵³"；二是"tsʰei⁴⁴ tsʰɯ⁵³ tsʰei⁴⁴ tsʰɯ⁵³"；三是"tsʰa⁴⁴ tsʰa⁴⁴ tsʰɯ⁴⁴ tsʰɯ⁵³"；四是"tsʰa⁴⁴ tsʰɯ⁵³ tsʰa⁴⁴ tsʰɯ⁵³"；五是"pa⁴⁴ tsʰa⁴⁴ pa⁴⁴ tsʰɯ⁵³"；六是"pa⁴⁴ tsʰei⁴⁴ pa⁴⁴ tsʰɯ⁵³"；七是"pa⁴⁴ tsʰa⁴⁴ pɯ⁴⁴ tsʰɯ⁵³"；八是"pɯ⁴⁴ tsɯ⁵³ pɯ⁴⁴ tsʰɯ⁵³"。其中，只有第一种

表达形式的位于第三位和第三种表达形式的第三位的"tsʰɯ⁴⁴"语音保持不变,其余的或是变调,成为"tsʰɯ⁵³",或是变韵成"tsʰei⁴⁴"和"tsʰɑ⁴⁴",还有的变成了"pɑ⁴⁴"和"tɯ⁴⁴"。虽然如此,由"tsʰɯ⁴⁴"叠加形成的双音节状词和四音节状词,词义、词性均没有变化。

6.4.1 状词语音固定的规律

状词核心单音词语音固定或是变化,是有规律可循的。通常属于如下两种情形的状词,语音固定不变。

1. 调值"44"和"22"的单音词语音固定

一般而言,状词的核心单音词若是调值为"44"和"22"在组合成"单叠音状词"和"双叠音状词"时,语音不会变化。

例如,词义与"黄澄澄"相当的"qwẽ³¹ ʐɯ⁴⁴ ʐɯ⁴⁴"里面的状词"ʐɯ⁴⁴ ʐɯ⁴⁴",无论用来修饰形容词"qwẽ³¹(黄)"还是"ȵtɕʰĩ⁵³(红)",核心单音词"ʐɯ⁴⁴"的语音始终保持不变。

又例如,用来描摹"装大摆架子之状"的四音节状词"hẽ⁴⁴ hẽ⁴⁴ huŋ⁴⁴ huŋ⁴⁴"及其词序略有变化的"hẽ⁴⁴ huŋ⁴⁴ hẽ⁴⁴ huŋ⁴⁴",无论用作状词还是形容词,核心单音词"hẽ⁴⁴"和"huŋ⁴⁴"的语音都不变。

2. 调值"35"的单音词语音固定

通常,调值为"35"的单音词,叠加构成的"单叠音状词",语音不变。

例如,词义是"厉声"的状词"li³⁵ li³⁵",无论是用来修饰词义是"呼唤"的"n̥ʰa⁵³",组成"n̥ʰa⁵³ li³⁵ li³⁵",还是用来修饰词义是"喊叫"的"ŋa³⁵",组成"ŋa³⁵ li³⁵ li³⁵",核心单音词"li³⁵"的语音都不变。

6.4.2 状词核心单音词语音变化的主要形式

通常属于如下三种情形的状词,语音会发生变化。

1. 核心单音词变调

如果状词的核心单音词调值是"31"、"53"、"42",构成叠音状词时,其中的一个单音词的声调须发生改变,否则口语表述时就会"拗口"。

(1)调值"31"的核心单音词的变调

调值为"31"的核心单音词叠音,位于后面的一个语音须变成"35"调值。

例如,词义为"极小"的"ɕu³⁵ li³¹ li³⁵",本来是"ɕu³⁵ li³¹ li³¹",但这样的组合口语表述很拗口,故位于后面的"li³¹"须变成"li³⁵";词义与"黄澄澄"相当的"qwẽ³⁵ ẓaŋ³¹ ẓaŋ³⁵",本来是"qwẽ³⁵ ẓaŋ³¹ ẓaŋ³¹",这样的组合无法进行流畅的口语表述,故位于后面的"ẓaŋ³¹"须变成"ẓaŋ³⁵"。此类例子非常多。

(2)调值"53"和"42"的核心单音词的变调

调值为"53"的核心单音词,叠加成状词,位于前面的单音词,须变成"44"调,同时,还要变韵。

例如,词义与"咳"相当的"qʰã⁵³",叠加成四音节状词,用来描摹"咳嗽"或身体状况不佳,通常表达为"qʰei⁴⁴ qʰei⁴⁴ qʰã⁴⁴ qã⁵³"或是"qʰei⁴⁴ qʰã⁴⁴ qei⁴⁴ qʰã⁵³",只有位于最末尾的"qã⁵³"保持"53"调,其余都变成"44"调,而且位于前面的单音词的韵母发生了改变。

2. 核心单音词变韵和变声

口语表述时,有的状词的核心单音词的韵母会受到扭曲,变成另外一个跟本音相差较远的语词。

例如,描摹"邋遢"或"不成形"的四音节状词"lə³¹ lə³¹ qʰwa⁵³ qʰwa⁵³",口语表述时,往往会变成"la⁴⁴ la⁴⁴ qwa⁴⁴ qwa⁴⁴"和"la⁴⁴ li⁴⁴ la⁴⁴ qwa⁴⁴"。其中,核心单音词"lə³¹"变成了"la⁴⁴","qʰwa⁵³"变成了"qwa⁴⁴",韵母发生了很大的变化,但这个状词的词义和功能完全没有变。

3. 核心单音词变调同时变韵

双叠音状词单独使用时,有的会同时发生变调变韵。

例如,描摹动作迟缓的双叠音状词"ẓei⁴⁴ ẓei⁴⁴ ẓaŋ⁴⁴ ẓaŋ⁵³",其中的"ẓei⁴⁴ ẓei⁴⁴",单独使用时,口语表述须变成"ẓei³¹ ẓei³⁵"。"巴狄雄"神辞常用这样的句子："ʐei³¹ ʐei³⁵ qo³⁵ kɯ⁴⁴，ʐaŋ⁴⁴ ʐaŋ⁵³ qo³¹ kuŋ³⁵"，语义的"慢慢悠悠地行走"。其中的"ʐei³¹ ʐei³⁵"和"ʐaŋ⁴⁴ ʐaŋ⁵³"，就是拆分"ʐei³¹ ʐei³⁵ ʐaŋ⁴⁴ ʐaŋ⁵³"并单独使用而形成的。

必须说明的是，状词的核心单音词，在口语表述时，无论是变调，还是变韵，抑或是变调变韵同时发生，其词义始终不变。

第七章　状词的生成与发展

苗语东部方言状词如何生成与如何发展，是此前所有研究苗语的著述没有触及的问题。这是超越状词的形态与结构、词义与词性，把握苗语东部方言状词内在规律与根本关系的关键问题。只有弄懂了这个层面的关系与逻辑，才能站在历史与文化的视域，洞见苗语东部方言状词的整体，进而弄懂蕴含于苗语东部方言状词并不只适于苗语东部方言状词的一些重要规律。

第一节　摹状文化

语言是"信息交流的媒介"，"语言的共性特征可能在人科物种语言发展的最早期就已经出现了"①。所以，本研究认为，如果可以把苗语东部方言视为一种发生于数千年或上万年前并且不断演化至今的"文化活体"②，则其状词的生成与发展，乃是一个既可以视为语言史又可以视为文化史的历史问题，蕴含于其中的知识或经验，可能并非苗语独有，而是苗瑶语乃至汉藏语系的生成与发展的知识或经验。因此，必须从人类语言生成与发展的历史大框架，至少得从汉藏语系的生成与发展所服从的基本历史规律，对它进行认知和表述。

在实用层面，苗语除了语音为介质的语言，还"涵盖脸部表情、动

---

① 【新西兰】史蒂文·罗杰·费舍尔著，熊莎译：《语言的历史》，中信出版集团股份有限公司，2023年7月，第46页。

② 麻勇斌著：《贵州苗族建筑文化活体解析》，贵州人民出版社，2005年5月，第65页。

作、姿势、口哨、手势、书写"等为介质的语言。语音为介质的苗语属于"词根语"。其中的数量有限的具有原种意义的"词根语词"是拟声词（这应是仿生语的共性特征），次生于拟声词的大量语词，是由"词根语词"微变音微变义而形成的。具有词根意义的拟声词的生成与发展，乃是摹状的一种结果。故，要说明苗语东部方言状词的生成与发展，必须引入一个"前概念"①：摹状文化。

7.1.1 摹状

1. 摹状的所指

《康熙字典》解释"摹"字："《说文》：规也。《集韵》：有所规仿也。……摹者，如画工未施采事摹之。通作模。"《现代汉语词典》解释"摹"："照着样子写或画，特指用薄纸蒙在原字或原画上写或画。""摹""模""仿"是音近义同的同源语词。是故，摹状，就是模仿其状，就是照样子进行描摹、仿效、拟写。如，学动物鸣叫，照字帖书写，等等。

对事物进行摹状，以提高表达和理解的有效性，应是人类自从具有合谋意识之后，就自然形成的行为，而且，摹状并不限于语言。严格地说，初始时期的语言、表演、绘画、歌唱以及文字符号的创造与使用，都是摹状。当今犹存的人类早期岩画，古老的巫舞，中国殷商时期大量应用的甲骨文字，中国民间"百巫杂术"创造和使用的字徽灵符，等等，都是摹状的产物。

摹状不仅是人类早期生产生活最为重要的表达工具，而且是人类从未离开过并永远离不开的表达工具。在当今世界，上古时期就已经形成和应用的图案中的箭头、身体语言中的下跪、符号中的日月等，摹状图案、摹状动作和摹状符号的意涵，全人类都能够理解并自如应用；不同文明、不同语言的人们，同时鉴赏一种不同于己的传统音乐、舞蹈、绘画，仍然能够得到大体相同的感受；不同族群独自创造的用以益智的传统游戏、悦神的舞蹈，文化他者即使从未见过，突然见到，也能理解其大概的意涵；等

---

① 【法】米歇尔·福柯著，谢强、马月译：《知识考古学》，生活·读书·新知三联书店，1998年6月，第77页。

等。这些都说明，人类不仅具有摹状的原始动力和天成能力，而且具有理解摹状意涵的认知元力与意识本底。

2. 摹状文化

一切应用声音、动作、符号、颜色的相似性传达含义的行为都是摹状，这些行为所形成的表达形式与内容，本研究将其命名为"摹状文化"。

摹状不仅是一种文化，而且是一种促成人类文明创生发展并具有人类共性的文化。当今存在于世的所有族群，都保持有其原生的和不断丰富发展的摹状文化。

7.1.2 摹状文化的生成与发展

1. 释"象"

摹状文化生成与发展的总动力、总根据、总模式是"象"。

"象"字在本研究的含义，需要作两点说明。一是它与《道德经》《易经》等中华原生信仰经典所说的"象"含义一样，既是视觉意义的"具象"的"象"或"成像"的"像"，又是描摹、拟写、仿效等表达方式努力接近对象本真的"使之象"或"如象"。二是"象"的音义，可以用与之可能相同的苗语东部方言单音词"ȵtɕʰaŋ³⁵"来理解。"象"字在普通话锁定现代汉语标准之前，读音为"qiǎng"，其义为"相似""犹如""好比"，常用作比拟，音义与苗语词"ȵtɕʰaŋ³⁵"近乎相同。"ȵtɕʰaŋ³⁵"应是苗语东部方言原生语词，其本义是"影子""架子""样子"，与单音词"ȵtɕʰə³⁵"是音近义同的骈俪词。当今苗语日常用语仍有一些使用频次很高的语词，表明"ȵtɕʰaŋ³⁵""ȵtɕʰə³⁵"是"象"。如，"ʂei⁵³ ȵtɕʰə³⁵ ʂei⁵³ ɕi⁴⁴"，词义是"化妆""绘图"；"qo³⁵ ȵtɕʰə³⁵"，词义是"骨架""模样"；"pə⁴⁴ ȵtɕʰə⁵³"，词义是"好像""好比"。

因此，作为摹状文化的"源代码"，"象"具体有三重含义。

一是"象"的发生发展过程存在"象它"和"象我"两个阶段。所谓"象它"，指的是完全按照他者或它类之物的固有表征进行描摹，所形成的内容是"原象"或具象；所谓"象我"，指的是以"我"对他者或它类之物在生产生活中意义的理解而进行的描摹，所形成的内容是"意象"

或"义象",在某种程度上是抽象。

二是"象"的主要内容有如下六个小类:象声音(简称"象声"),象形态(简称"象形"),象动作(简称"象动"),象感受(简称"象感"),象意义(简称"象义"),象道理(简称"象理")。这既是"象"形式的六个小类,也是"象"行为从简单到复杂的六个层次。其中,象声、象形、象动,是基本形式和基础内容;象感、象义、象理,是高级形式和内容,是生产生活之"用"所引发的引申、拓展、链接等义项赋予或增生,而形成的形式与内容。具体说,象声,是用声音摹状所形成的内容,主要存在于语言和音乐之中;象形,是图案及颜色摹状所形成的内容,主要存在于绘画、文字符号的创制与使用、造型塑形等活动之中;象动,是用动作摹状所形成的内容,主要存在于用身体语言摹状和通过器物的动作摹状的活动之中,如巫术、舞蹈、游戏等;象感、象义、象理,是通过对象声、象形、象动的赋义并深化、升华意涵来实现的,严格地说,属于象声、象形、象动的复合型和升级版。

在摹状文化的生成和应用过程中,象声、象形、象动的形式与内容,并不是截然分开的,它们有时甚至会融为一体。例如说,在具有牛崇拜的族群,儿童表演牴牛游戏时,除了要表演牴牛的过程和各种动作技巧,还会学牛叫和用蹄刨土等,以求惟妙惟肖。

2. 摹状文化的特点

摹状文化的特点,本质上是"象"的特点,主要有如下四点。

一是用先期形成的内容描摹后期形成的内容,用已知的意义描摹未知或待知的意义。这不仅是摹状文化固有的特性,也是识别摹状文化之具体内容生成时序或历史关系的重要依据。

二是象声(描摹声音)可能是语言和音乐生成发展的关键,甚至是语言和音乐的原种。

三是象形(描摹形态),可能是绘画、文字、符号生成发展的关键,甚至是这些文化形式与内容的原种。

四是象动(描摹动作),可能是舞蹈、游戏、巫术生成发展的关键,甚至是这些文化形式与内容的原种。

3. 语言文字摹状的主要规律

语言文字摹状,存在如下规律:

一是象声语言、象形文字、象动舞蹈（肢体语言），应该是人类最早形成的语言、文字和舞蹈。创造和使用象声语言的远古人类群体，如果创造和使用文字，必定是象形文字；如果创造和使用身体语言表达含义，必是象动舞蹈，即描摹生产生活中常见动作而形成的舞蹈。而这一切都源自描摹声音以生成语言的元逻辑。

二是创造和使用象声语言、象形文字和象动舞蹈的人们共同体，所生成的宗教或巫术，同绘画、音乐、舞蹈、游戏等，是没有截然分开的。在这浑然一体的文化复合体里面，早期形成的所有内容，都是讲故事。所以，宗教或巫术中的神灵体系，必定是人格化的"怪力乱神"（它们其实是被表演者把已知的人和动植物进行复合型摹状，而形成的未知或待知的人类与物类）；音乐、舞蹈、游戏中的基本音调、基本旋律、基本动作、基本故事情节等，多是对生产生活的模仿呈现，而不是跟生产生活无关的意绪表达。

上述这些规律，都是摹状思维"初始化"作用必然导致的结果。从这些特点看，摹状文化应是人类古老语言文字、宗教艺术乃至初始思维模式设定的"源代码"。

7.1.3 语言摹状

语言摹状应是"摹状文化"最先形成的也是最为重要的形式和内容。

1. 语言摹状始于拟声

拟声应是语言发生的重要原因和语词形成的主要途径。这是本研究对苗语东部方言状词及其相关问题进行说明的一个重要前提。

前面章节已经阐明，苗语东部方言状词存在这样的规律：状词同它所描摹的动词、形容词同性近义，并先于或同期于它所描摹的动词、形容词形成明确的音义。实际上，古汉语甚至民间使用的当代汉语，也存在这个规律。例如说，被现代汉语视为"合成词"的"黑黢黢""黑漆漆""黑魆魆"，里面的"黢黢""漆漆""魆魆"，在古汉语应是"单叠音状词"。其核心单音词"黢""漆""魆"，不仅都有明确的音义，而且是拟写一个相同的且词义是"黑色"的古音。笔者研究认为，它们应当是当今西南地区民间汉语仍然使用的单音词"qiū",本义是"烧火而生成的烟子",引申为"黑色""烟熏",音义与"黔"字相同。当今西南地区民间汉语常用来描摹黑色程度的短语"黑麻秋的",本原音义就是"黑墨黔的"或"黑墨黢的"或"黑墨魆的",语义是"黑得跟烟子一样"或"黑的跟被烟熏过一样"。用"黢""魆""漆""黔"等字表达的那种由烟熏火燎而成的具象之"黑",必早于能够概括一般性黑色的抽象之"黑"。

语词生成的历史规律是,名词早于动词,动词早于形容词,形容词早于副词、虚词。而名词、动词大多数是由拟声词发展形成的。所以,拟声词应是最早生成的语词。

语言摹状,是摹状文化的一种形式和内容。它所遵从的元理,是用已知、已成、已有的内容描摹待知、未知的内容,因而只有且只能用先期生成音义的语词描摹后期生成音义的语词。所以,最早生成音义的拟声词,就必然成为状词的"建设砖块",状词构造的路径和方法就只有叠加。这既是苗语东部方言和古汉语等古老语言的状词大量是拟声词叠加形成的原因所在,也是语言摹状始于拟声词的有力验证。

2. 摹声语言的基本内在逻辑

由摹声而形成的语言,应有如下六个基本内在逻辑。

一是以描摹声音(拟声)并以声音作为发声对象的名称。这一特点在苗语东部方言表现得极为突出。几乎所有鸟类、昆虫的名称,都是苗语对其鸣叫的拟音。古汉语也存在这一特点。

二是描摹声音的行为是具有功能性的。换言之,描摹声音不仅用于人们对发声对象的理解,而且更多是用于对发声对象的利用。或者说,描摹声音,对于发明和应用这种方式的古人来说,乃是重要的生计本领,其功能主要是亲近、驯化、驾驶、诱杀、感恩、理解发声之物,以达成生产生活的某种目的,因此,描摹声音,实际上是一种实用性很高的生产生活本领。

三是描摹声音的行为,往往与摹状动作、摹状形态的行为紧密联系着,且同时并用。所以,当今人类,无论哪个族群的人们,演讲、演唱时,都会用手势等肢体语言参与表达,以增强表达力。正如新西兰语言历史学家史蒂文·罗杰·费舍尔所指出的:"手势是构成人类语言必不可少的一部分，它实际上还能够促进作为语言能力基础的大脑活动过程。手势不仅能提示观者和听者，还有助于说话者思考。在很早的时候，手势还可能以一种目前仍然未知的方式，促进了人类有声语言的发展。"①

四是使用叠音的形式进行摹状，应该是对描摹对象无论是声音还是动作或形状，都具有单调重复特点的简单效仿。换言之，叠音描摹，是对描摹对象进行化简叠加，而后形成的表达。

五是所有的摹声语言，无论孕育在哪个区域和哪个族群，必定都有状词，而且，状词是其最古老、最基础的语词，因为状词的创造和应用是其语言生动化、形象化、贴切化的最直接路径。

六是摹声语言的文字化，最初路径必定是摹形文字（图画文字、象形文字），而且是语音导引语义的文字。用文字符号表达语义的方式有两种：一是字符与语词（主要是单音词）构成对应关系；二是字符与语句或段落或一个故事构成对应关系。

第二节　摹状文化规律下的苗语东部方言状词

从摹状文化的视角看，苗语东部方言状词，乃是苗族摹状文化的重要遗存与活态内容。对苗语东部方言状词蕴含的全部关系与逻辑的理解，只有站在摹状文化的视角，才能从整体上和根本上看清楚、弄明白。研究苗语东部方言状词，如果认知海拔没有升位到摹状文化固有的规律和特点，仅仅在状词的结构与功能之内打转，是无法弄懂它为什么会有此等结构模式、变换形式、词义词性和描摹功能的。

7.2.1　苗族的摹状文化

摹状是苗族自古至今广泛使用的表达方式。因此，摹状文化的全部形式，在苗族文化里，乃是原生性的和至今仍属于活态性的文化存在，

---

① 【新西兰】史蒂文·罗杰·费舍尔著，熊莎译：《语言的历史》，中信出版集团股份有限公司，2023年7月，第50页。

而且，苗族摹状文化的所有形式和内容，在生产生活中都是具有功能性的。

1. 苗族摹声文化分类

摹声类的摹状文化，主要形式是用声音表达含义的各种形式和相应内容。主要有四个小类：

（1）苗语

苗语属于摹声的产物。这需要分为两个步骤来说明。

一是苗语中的拟声词属于摹声行为的产物。这是比较容易理解的事实。例如，词义是"乌鸦"的"o^{53}"（日常用语表达为"$pa^{44}\,o^{53}$""$tɕi^{44}\,o^{53}$"），词义是"刺猬"的"$tɕi^{44}\,tɕĩ^{42}$"，等等，飞禽走兽的名称，绝大多数来自它们的叫声或它们活动时发出的声音。

二是苗语的绝大多数实词是由拟声词演化而成的。这是此前的苗语研究者未曾发现的规律。例如，词义是"掉落""砸下"的"ta^{31}"，音义生成于雨滴、果实等物体从上面掉落，砸在地面发出的声响，苗语拟音用"ta^{44}"或"$tuŋ^{53}$"或"$tuŋ^{42}$"，汉字拟音常用"滴""嗒"或"咚""叮"。这一拟声词叠加成苗语状词是："$ta^{44}\,tuŋ^{53}$"，"$ta^{44}\,ta^{44}\,tuŋ^{44}\,tuŋ^{53}$"，"$ta^{44}\,tuŋ^{44}\,tuŋ^{53}$"，叠加成汉语拟声词是："滴答"，"滴滴答答"，"滴答滴答"；"叮咚"，"叮咚叮咚"，"叮叮咚咚"。"ta^{44}"这个拟声词本原存在的"从上面往下掉落或砸下"的原始义项，生成"掉落"之义，就是"$ta^{31}\,nuŋ^{42}$（下雨）"的"ta^{31}"，词性是动词，音义与汉语之"滴落"的"滴"和"掉落"的"掉"以及"跌倒"的"跌"都存在密切关系。"ta^{31}"这个拟声词本原存在的"从上面往下掉落或砸下"的原始义项，自然衍生"使果实或别的物体从上面掉落"的语词之义，就是"$ta^{31}\,ʑɯ^{35}\,ta^{35}\,cĩ^{44}$（丢石头）"的"$ta^{31}$"，词义是"砸"。"$ta^{31}$"微变音而成动词"$ta^{53}$"，音义与汉语词"捅""屠"存在密切关系。词义是"捅""屠"的"ta^{53}"进一步衍生，就形成了词义是"死亡"的"ta^{42}"，词义是"断裂"的"te^{53}"。"ta^{31}"这个拟声词本原存在的"上面"之义，自然衍生为词义是"天"的"ta^{31}"，即"$ta^{31}\,pʑa^{35}$"的"ta^{31}"，音义与"天""顶""巅"可能相同。总而言之，表达雨滴或果实掉落砸在地面上发出的声响的拟声词"ta^{31}"和"$tuŋ^{53}$"，依据"从上面往下掉落"这一含义进行动词化，形成动词，依据"从上面往下掉落"的"上面"这一含义进行名词化，形成名词，这一现象不是个例，而是规律。它适于所有拟声词，即所有的拟声词核心单音词，都在苗语东部方言演化为同音或近音的名词和动词。正因如此，苗语东部方言的拟声词是具有原种意义的"词根语词"，是各种语词的音义之源。由此可断，苗语东部方言的先民，主要是用摹声行为促使了苗语东部方言的形成和发展。

（2）苗人与动物交流的语言

苗族存在一些专门用来与动物交流的语言。用语言与动物交流，应该是所有跟动物打过交道并且具有驯养、驾驭动物的传统知识的古老族群在语言上存在的共同特征。此类语言很少有人研究。大约在20世纪下半叶，才有语言学家致力于这些语言的研究，并发现："动物可以通过人或是非自然的媒介，被训练得能够与人类和其他非人类物种进行自发且具创造性的交流。参照人为定义的智力界限，动物与人类进行交流时的智商有时近似人类幼儿。"[①] 迄今为止，尚未有人专门记述和研究苗人与动物交流的语言。但是，在苗族民间，尤其是在民国以远的苗族传统社会，掌握人与动物交流的语言，既是生产生活中的重要技能，也是人的聪明或能干程度的重要标志。所以，苗语东部方言有赞扬人聪明绝顶的通用句子："z_a^{42} $ţa^{31}$ $ţa^{44}$, $ţa^{35}$ nu^{42} $lə^{53}$ ntu^{53} $tɕi^{53}$ $n̥^{h}ã^{53}$ to^{53} lo^{22}。"语义是："太聪明（狡猾）了，树上的鸟儿都喊得下来。"本研究认为，因为人与动物交流的语言是人的生计必须，不仅苗族有，人类很多古老民族都应该有，而且，不同古老族群创造和使用的人与动物交流的语言可能不同；苗人用来与动物交流的语言，有可能是苗语的初级形态，其所具有的规律或功能，是苗语的最先形成的位于最底层和发挥最基础作用的规律或功能。

从日常用语里面存在的素材来看，东部方言苗族至今保持和使用的人与动物交流的语言，有五个特点：

一是基本语句由动物发出的声音的拟声词同一些语义固定的语词组合而成。例如，东部方言苗族人常用的呼叫鸡的语句是"ku^{35} tu^{31} tu^{31}"，其

[①] 【新西兰】史蒂文·罗杰·费舍尔著，熊莎译：《语言的历史》，中信出版集团股份有限公司，2023年7月，第31页。

中的"ku^{35}"是母鸡呼唤小鸡或公鸡呼唤母鸡前来啄食而发出的声音，与汉字"咯"拟写的语音相同；"tu^{31} tu^{31}"是鸡啄食时发出的声响，音义与"啄啄"相同。整个句子的语义是："鸡，吃吃"。又例如，东部方言苗族人常用来呼唤鸭子的语句是"ə^{35}——la^{44} la^{44}"，使用时尾韵拖得很长。其中的"ə^{35}"是模拟鸭子发出的那个单调的语音，汉字拟音可以用"鹅"鶴，表示被呼唤对象的名字；"la^{44} la^{44}"的"la^{44}"是苗语词"lo^{22}"的微变音语词，词义是"来"。

二是只有那些跟人的生产生活存在密切关系且能够造成严重影响的动物，苗族才创造和使用与之交流的专用语言。因此，苗族人对其饲养的禽畜，都有与之交流的语言；对野外的虎豹熊罴、大蛇巨蟒等，有交流的语言，但对昆虫、鱼虾等，没有与之交流的语言。从这个情况可以看出，苗族用来跟动物交流的语言，是生成于和服务于生产生活需要的。

三是与不同动物交流的语言，有不同的核心语词（语音），而且，这些核心语词（语音），多是动物内部交流时发出的声音。例如，与老虎交流的语言，核心语词是虎啸发出的声响。因此，掌握与动物交流的语言，主要是能够惟妙惟肖地发出动物发出的声音，并能够理解其细微差异的意涵。在古代，具有这种能力的人是比较多的。

四是凡是有明确语义的旨在驱使动物行动的苗语，都是苗人用于指使人开展同类行动的语言。例如，苗族人都使用的与牛交流的语言，有三个单音词，通常在驯牛和驭牛劳作时使用。一是用来命令牛行走的"hə^{53}"，二是用来命令牛站住的"wa^{31}"，三是用来命令牛转向的"tɕa^{53}"。这三个单音词的音义，不是专门为牛设定的，而是从苗族人交流时使用的语言里直接转移出来的。其中，"hə^{53}"的音义与汉字"行（读 háng）"相同；"wa^{31}"的音义与汉字"缓"相同；"tɕa^{53}"的音义与汉字"转"（读 juàn）相同。又例如，常用的驱赶鸟类、猛兽的语句是"tu^{42} hə^{35}"。使用时，发音必须急促、猛烈，以传递出愤怒的情绪。其中的单音词"tu^{42}"是拟声词，即禽兽遇到紧急情况时猛地起飞逃遁而发出的声响，在苗语里，音义与汉字"逃""遁"可能相同；"hə^{35}"的音义，与驭牛劳作时使用的命令牛前行的"hə^{53}"相同，音义与"行"（读 háng）相同。

五是苗族人普遍掌握和使用的人与动物交流的语言，通常只有两句，一句用来引诱，另一句用来咒骂或驱逐。例如，苗语用来呼唤水牛的语句是："ŋa³¹——ŋa³¹, lo²² a⁴⁴ lo²²"。其中，单音词"ŋa³¹"是水牛的叫声，表示被呼唤的水牛；"lo²²"是苗语词，词义是"来"。这句呼唤水牛的句子，语义是："水牛——水牛，来啊来"。苗语用来咒骂水牛的语句是："qo³⁵ ntẽ⁴⁴ tɑ⁵³"，词义是"被刀子杀死的"。又例如，苗语用来呼唤狗的语句是："o⁴⁴——o⁴⁴"，其中的单音词"o⁴⁴"是野狗或狼的叫声，音义与"獒"可能相同。这句唤狗语句的语义是："獒——獒"。咒骂狗的语句是："tɑ³⁵ tɕo⁴⁴ to²²"，词义是"被老虎叼的"。

总之，人与动物交流的语言，是摹声语言。其主要表达方式，是惟妙惟肖地拟音，让动物以为发音者是同类；其在当今苗语留下的内容，是一系列很少有人能够将其还原到本音状态的拟声词。

（3）歌唱使用的固定调子

苗族歌唱使用的固定调子，苗语称作"ʂo³⁵ sa⁴⁴"。其中，"ʂo³⁵"的词义是"声音"，音义与汉字"韶"可能相同；"sa⁴⁴"的词义是"诗歌"，音义与汉字"诗"可能相同。常用的苗歌调子，都是摹声而形成的，有三种。一是模仿流水声的"水调"，苗语称作"ʂo³⁵ wu³⁵"。二是模仿鸡鸣的"鸡调"或"鸡鸣调"，苗语称作"ʂo³⁵ qa³⁵"。三是模仿猪叫的"唤猪调"，苗语称作"ʂo³⁵ n̥ʰã⁵³ mpa⁵³"。

（4）平常日子禁忌发出的声音

平常日子禁忌发出的声音，主要有三个小类。一是模仿猛兽呼应的声音。例如，傍晚之际禁忌吹奏芒筒，或学习虎啸。二是禁忌模仿祭司发出一些与鬼神有关的声音。例如，走夜路时禁忌吹口哨。三是禁忌学习病人痛苦呻吟。

2. 苗族的摹形文化分类

摹形类的摹状文化，主要形式是用动作、形状表达含义的各种形式和相应内容。主要有四个小类：

一是舞蹈，包括部分儿童游戏和传统武术动作。例如，苗语称作"ȴa²² ŋo²² mzã³⁵"的"猴鼓舞"，就是模仿猴子的动作，讲述猴子群体生活的故事。苗语称作"ȴa²² ŋo²²"或"kʰa⁵³ ŋo²²"的"花鼓舞"，主体动作是模仿"抔土""栽秧""舂碓""推磨""梳头"等,讲述生产生活的故事。又例如,苗语称作"tʰu⁴⁴ ta³⁵ ȵe³¹ tɕi³¹ pʰə³⁵"的儿童游戏"牴牛"和苗语称作"tʰu⁴⁴ ta⁴⁴ qwẽ⁴⁴ cu⁴⁴ qa³⁵"的"老鹰抓小鸡"等,都是模仿动物的动作,以表演一个富有乐趣的故事。

二是绘画,包括绘画、刺绣、织锦、挑花、蜡染等,主要是用图案和颜色,描摹各种与生活梦想、生命繁荣有关的物类,比如,花朵、果实,成双成对的鸟、鱼、龙,等等,以表达意义、传达期许。

三是木匠、铁匠、石匠等手工艺,制作农具、兵器和建造房屋、墓穴等等,都是以摹状为"第一思维"或"底层思维"。例如,在苗族观念中,锄头、斧头、镰刀等农具,都是具有"类人生命"的生命体,有身子、头颅、耳朵、脖子、嘴巴等部位。苗语称谓锄柄为"qo³⁵ tɕɯ⁴⁴ kʰo⁴⁴",词义是"锄头的身子";称谓穿斗锄柄的环状孔洞为"qo³⁵ mzɯ⁴⁴ kʰo⁴⁴",词义是"锄头的耳朵";称谓锄头的刨地部分为"qo³⁵ mza²² kʰo⁴⁴",词义是"锄头的舌条"。这些称谓说明,苗族理解和赋予包括锄头在内的器具的结构,是模仿生命体的构造。

四是祭司巫者所创造和使用的如法字徽,都是以摹状为根本逻辑,而且,雷电、风云、刀剑、绳索、战旗的图案,以及汉字"王""雷""龙""鬼""神""佛"等,是常用符号。在久远的古代,祭司巫者是苗族传统文化原生性、主体性、标志性的代表,他们创造如法字徽的方法,不仅代表着文化创造的"前沿思维",而且代表着这种方法的神圣性。因此,以摹状为根本逻辑的字徽创造,实际上引领着苗族的文字创造与艺术创造。

在具体的文化事象里面,苗族的摹状文化,摹声类和摹形类的形式和内容,往往不是截然分开和独立存在的,而是有机组合和相互簇拥的。所以,在诸如"朝傩"法事里面,剪纸、绘画、仪式、音乐、歌舞等,具有描摹内容的全部表达形式,是浑然一体的。

3. 摹状行为的生计意义

从现存的文化事象可以发现,苗族人所有的摹状行为,都跟生计存在密切关系。

最有说明力的例子,是在狩猎属于重要生计的民国以远,高明的苗族猎户,不仅能够惟妙惟肖地模仿多种动物的叫声,还会在狩猎时穿戴兽皮制成的衣服,披着厚厚的棕蓑衣,甚至扮成猛兽的模样。这既是从形象和气味上欺骗猎物,减少猎物发现猎人的概率,提高狩猎成功率,也是提高狩猎安全性和确保自己在危急时刻能够脱险的巧妙安排。此种摹状,是摹声行为与摹形行为没有截然分开的典型例子。它既是狩猎经验和知识的应用与传承,也是依照猎户摹状之理提高生计本领的智慧行为。

实际上,近现代已经成为狩猎者独自传承和应用的关于动物声音与行为的摹状文化,在远古时代,可能是苗族先民必须人人掌握的生计本领。正因为拥有和不断丰富与提高这样的生计本领,苗族先民才成为能够用包括模仿动物声音在内的娴熟摹状能力,组成强大的群体,具备能够战胜比人强大得多的各种猛兽的群体力量。今人很难想象,在虎豹豺狼繁多的古代,匿居深山的苗人,在人口少、武器差的条件下,是怎样战胜成群结队的猛兽,同时又能谋取生活资源的。事实上,在那个险象环生的生存环境里,苗人之所以能够战胜各种猛兽,其中一个十分重要的原因,就是苗人善于模仿各种动物的声音,掌握它们的语言,或是规避它们的侵扰,或是驯化它们成为工具,或是给它们以措手不及的沉重打击。举个例子以说明。大概是1939年的冬天,贵州松桃某个苗寨的一位男子在部队升官了,衣锦还乡,由于家穷,无肉食招待随他来的一个班的队伍,寨里的一个老猎人就给他献计:打老虎吃。可是,老虎在山林里面,不好找。老猎人就说,不要上山,只需在村口某处埋伏好,我可以在黄昏后把老虎喊下山来。到了夜晚,老猎人在寨子的路口挖了个小洞,砍来一根大竹子,做成一个名叫"芒筒"的乐器,待寨里人全部睡静,他就用"芒筒"伸进土洞里面,吹出一种跟老虎啸叫一模一样的声音,山上的虎群立即呼应,并结队下山,奔来寨子。老虎进入埋伏圈后,十多支步枪齐发,一下子就打死四只老虎。于是,衣锦还乡的军官就有了待客的肉。

因此,本研究认为,是生计开启和强化摹状行为的生动化走向,促成和锁定摹声、摹形行为在生计活动中组织化和固定化;摹状行为为生计带来的好处,是其在知识经验传承应用者看来具有福瑞价值和审美意义的关键因素。而正因为这些因素，摹状行为才发展成为表达美好的艺术。

有鉴于此，本研究认为，苗族先民描摹声音的行为和描摹声音所形成的内容，不仅是语言和语言艺术，更是我们的先人留存在语言和语言艺术的一种伟大智慧，是一份十分宝贵的语言文化遗产。

7.2.2 苗语东部方言的语言摹状

毫无疑问，东部方言苗族的语言摹状，是摹状文化在语言层面的一种活态存在。它所具有的全部属性、规律与特点，都在摹状文化的属性、规律与特点的范围之内。

1. 摹状方式

东部方言苗族的语言摹状，总体上是按照"象"的道理进行，具体有三种方式：一是模拟；二是比喻；三是形容。

2. 状词生成于模拟

在上述三种摹状方式中，只有模拟这种摹状方式形成的语词，可以成为当今概念的状词，并大体上按照象声音、象形态、象动作、象感受、象意义、象道理的条块，分成六个小类。

需要说明的是，模拟声音所形成的语词，叠加之后，词性虽然属于状词，但在使用过程中，这些状词往往又可以当作动词和形容词使用，造成状词与形容词、程度副词的边界往往难以进行非此即彼的严格划分。例如，拟声词"tsʰɯ⁵³"（音义相当于汉语拟声词"嚓"），叠加而成的"tsʰɯ⁴⁴ tsʰɯ⁵³""tsʰa⁴⁴ tsʰɯ⁵³ tsʰa⁴⁴ tsʰɯ⁵³""tsʰa⁴⁴ tsʰa⁴⁴ tsʰɯ⁵³ tsʰɯ⁵³"，属于状词，但在使用过程中，"tsʰɯ⁴⁴ tsʰɯ⁵³""tsʰa⁴⁴ tsʰa⁴⁴ tsʰɯ⁵³ tsʰɯ⁵³"等，又可以当作动词和形容词使用（词义是"悄悄""悄然"和"悄悄地""无声无息地"），因此，以"tsʰɯ⁵³"为核心单音词的状词的词性边界是模糊的，不可以认定它们只是状词。类似情形很多，在此不做一一枚举。

第三节　苗语东部方言状词的"词根"

苗语东部方言状词的数量很多，而且，某些状词可以相互变化，或可以在中间插入它所修饰的动词、形容词，形成固定的短语。从其在语用层面所呈现出来的属性，来窥视并试图归纳它内在规律，是极为困难的。唯有弄清它的元逻辑，才能从元问题的层面揭示它的全部关系和内在逻辑。为此，笔者想到摹状文化的元理：用已知描摹未知和待知。上文已经阐明，苗语属于摹状文化的一种形式。按照摹状文化生成发展所遵循的元理，苗语必定存在形成于早期的有限的语词"原种"，包括状词在内的所有语词，都是这些语词"原种"增生繁衍而成的。这些语词"原种"，是包括状词的语词之本音本义的始点，是具有"词根"意义的初始语词。只要弄清状词"原种"的数量、生成逻辑和音义关系，状词蕴含的关系与逻辑，就能够从根本上得以合理解释。

7.3.1　"词根"的所指说明

1. "词根"与"词根语"

《现代汉语词典》（第6版）："词根，名词的主要组成部分，是词义的基础。如'老虎'的'虎'，'桌子'的'桌'，'工业化'的'工业'，'观察'的'观'和'察'。""词根语，没有专门表示语法意义的附加成分、缺少形态变化的语言。这种语言句子里的词与词的语法关系主要依靠词序和虚词来表示。"

苗语东部方言是"词根语"。

2. 状词"词根"说明

对苗语东部方言状词"词根"进行讨论之前，需要做三点说明。

（1）"词根"问题针对的状词种类

作为讨论对象的苗语东部方言状词，主要是前人研究普遍认同的双音节状词和四音节状词。本研究认为存在的单音节状词和三音节状词，不作为讨论的对象。

(2) 状词"词根"的结构

苗语东部方言状词"词根"的结构有两种。一是单音节词根。一般来说，双音节叠音状词和由此种状词组成的四音节状词，是单音节词根。例如，常用来描摹乐音之美的状词"ʐã⁴⁴ ʐã⁴⁴"和"ʐei⁴⁴ ʐei⁴⁴ ʐã⁴⁴ ʐã⁴⁴"，词根都是"ʐã⁴⁴"。二是双音节词根。通常非叠音双音节状词和由此种状词组成的四音节状词，是双音节词根。例如，常用来描摹行动急速紧迫的状词"tuŋ⁴² ʐuŋ⁴²"和"tuŋ⁴² ʐuŋ⁴² tuŋ⁴² ʐuŋ⁴²"，词根都是"tuŋ⁴² ʐuŋ⁴²"。这个双音节状词虽然由两个拟声词"tuŋ⁴²"和"ʐuŋ⁴²"组合而成，但构成状词之后，这两个单音节拟声词是不能分开的。

(3) 状词"词根"的功能

苗语东部方言状词"词根"的功能有两种。

① 一个状词专用的"词根"，即以其为核心单音词的状词，无论是双音节还是四音节，均只能修饰一个动词或形容词。例如，单音节词根"tɑ⁴⁴"，只能组成的双音节状词"tɑ⁴⁴ tɑ⁴⁴"，且这个状词只能用来修饰形容词"mʐo³⁵"（词义是"碧绿"），形成一个合成词"mʐo³⁵ tɑ⁴⁴ tɑ⁴⁴"（词义与"绿油油"相当）。

② 多个状词共用的"词根"，即以其为核心单音词的状词，可以修饰一个动词或形容词。例如，单音词"ʐɯ⁴⁴"，叠加成双音节状词"ʐɯ⁴⁴ ʐɯ⁴⁴"，可以修饰词义是"殷""艳"的形容词"ŋa⁴²"，组成合成词"ŋa⁴² ʐɯ⁴⁴ ʐɯ⁴⁴"，又可以修饰词义是"赤"的形容词"ɲtɕʰĩ⁵³"，组成合成词"ɲtɕʰĩ⁵³ ʐɯ⁴⁴ ʐɯ⁴⁴"，还可以修饰词义是"黄"的形容词"qwẽ³¹"，组成合成词"qwẽ³¹ ʐɯ⁴⁴ ʐɯ⁴⁴"，等等。

7.3.2　苗语东部方言状词"词根"分类举要

兹按照描摹声音、描摹情貌、描摹程度、描摹形态、描摹色彩、描摹味道共六个状词小类，进行词根分类举要。由于四音节状词都是由双音节状词叠加而成的，举例时只列双音节状词。

1. 描摹声音的状词"词根"简表

序号	对象	类别	状词	词根	词性	词义
1	声音特点	咳嗽	qʰã⁵³qʰã⁵³	qʰã⁵³	拟声词	与"咳"相同。
			qʰo⁵³qʰo⁵³	qʰo⁵³		
			qʰɯ⁵³qʰɯ⁵³	qʰɯ⁵³		
		哭嚎	qu²²qu²²	qu²²	拟声词	与"呜"相同
			qwa²²qwa²²	qwa²²		与"哇"相同
			pẓʰɯ⁴⁴pẓʰɯ⁵³	pẓʰɯ⁵³		汉语没有对应拟声词
		欢笑	hɑ⁴⁴hɑ⁴⁴	hɑ⁴⁴	拟声词	与"哈"相同
			qʰɯ³⁵qʰɯ³⁵	qʰɯ³⁵		与"咯"相同
			ẓei⁴⁴ẓei⁴²	ẓei⁴²		汉语没有对应拟声词
2	声音反复出现的特点	物体碰撞混响	pi⁴⁴pẓɑ⁴²	pẓɑ⁴²	拟声词	与"啪"相同
			mpʰei⁴⁴mpʰaŋ⁴⁴	mpʰaŋ⁴⁴		与"砰"相同
		摩擦、打鼾等	qei⁴⁴qa⁵³	qa⁵³		汉语没有对应拟声词
			qei⁴⁴qa⁴²	qa⁴²		汉语没有对应拟声词
			ʂei⁴⁴ʂuŋ³⁵	ʂuŋ³⁵		与"嗽"相同
		微爆炸、煎炒、蒸煮冒气声等	ȵtei⁴⁴ȵtɯ⁵³	ȵtɯ⁵³		汉语没有对应拟声词
			ȵtei⁴⁴ȵtã⁴⁴	ȵtã⁴⁴		汉语没有对应拟声词
			kei⁴⁴ka⁵³	ka⁵³		与"嘎"相同
			tɕi⁴⁴tɕa³⁵	tɕa³⁵		汉语没有对应拟声词
			qu⁴⁴ntu⁴⁴	qu⁴⁴和ntu⁴⁴		汉语没有对应拟声词
			Nqwa⁴⁴Nqwẽ⁵³	Nqwẽ⁵³		汉语没有对应拟声词
		物体运动发出的声响	tsʰɯ⁴⁴tsʰɯ⁵³	tsʰɯ⁵³		汉语没有对应拟声词
			tɑ⁴²pu²²	pu²²		与"噗"相同
			sa⁴⁴su⁵³	su⁵³		与"嗖"相同
			wu⁴²ntʰẽ⁴²	ntʰẽ⁴²		汉语没有对应拟声词
			tʰei⁴⁴ntʰã⁴⁴	ntʰã⁴⁴		汉语没有对应拟声词
			tɑ⁴⁴wu⁴²	wu⁴²		与"呼"相同

第七章　状词的生成与发展

续表

序号	对象	类别	状词	词根	词性	词义
		饮食发出的声响	mpʐa⁴⁴mpʐa⁵³	mpʐa⁵³		汉语没有对应拟声词
			ȵtɕi⁴⁴ȵtɕa⁵³	ȵtɕa⁵³		汉语没有对应拟声词
			ŋkei⁴⁴ŋkuŋ⁵³	ŋkuŋ⁵³		汉语没有对应拟声词
		击水发出的声响	pʰi⁴⁴pʰa⁵³	pʰa⁵³		与"啪"相同
			ŋa⁴⁴ŋuŋ³⁵	ŋuŋ³⁵		汉语没有对应拟声词
		不太理睬地答应	hẽ⁴⁴huŋ⁴⁴	hẽ⁴⁴		与"哼"相同
		说话声音不太明朗	lei⁴⁴lu⁴⁴	lu⁴⁴		与"噜"相同
3	发声时的情势	急切呼唤	li³¹ li³⁵	li³⁵	拟声词	汉语没有对应的拟声词
			qei³⁵qei³⁵	qei³⁵		汉语没有对应拟声词
		烈度大的爆炸	ka⁵³ka⁵³	ka⁵³		与"嘎"相同
			qwẽ⁴²qwẽ⁴²	qwẽ⁴²		汉语没有对应拟声词
			tuŋ⁴²tuŋ⁵³	tuŋ⁵³		汉语没有对应拟声词

2. 描摹情貌的状词"词根"简表

序号	对象	类别	状词	词根	词性	词义
1	外貌	肥胖	pʐaŋ⁴⁴pʐaŋ⁵³	pʐaŋ⁵³	形容词	与"胖"相同
			lu⁴⁴lu⁴²	lu⁴²		与"圆碌碌"的"碌"可能相同
		消瘦	ciẽ²²ciẽ³²	ciẽ³⁵	形容词	与"瘦筋筋"的"筋"可能相同
			ŋkwe⁴⁴ŋkwe⁴⁴	ŋkwe⁴⁴		本义是"猴子"。与"夒"可能相同
		高矮	ȵcʰie⁴⁴ȵcʰie⁴⁴	ȵcʰie⁴⁴	形容词	与"企"可能相同
			pa⁴⁴pa⁵³	pa⁵³		与"扁"可能相同
			lu⁴⁴lu⁴⁴	lu⁴⁴		与"圆碌碌"的"碌"可能相同

续表

序号	对象	类别	状词	词根	词性	词义
2	情态	脸色所表达的情态（性格）	ʐei⁴⁴ʐei⁴²	ʐei⁴⁴	形容词	与"悦"可能相同
			kuŋ⁴⁴kuŋ⁴⁴	kuŋ⁴⁴		与"恭"可能相同
			ho³¹ho³¹ha⁴⁴ha⁴⁴	ha⁴⁴		与"喜""欢"可能相同
			pʐa²²pʐa⁴²ha⁴⁴ha⁵³	pʐa⁴² 和 ha⁵³		与"秉""爽"可能相同
		心情在行为上的表现	ɲcʰe⁴⁴ɲcʰe⁴⁴	ɲcʰe⁴⁴		与"庆"可能相同
			qa³¹mo³⁵qa³¹so³⁵	mo³⁵ 和 so³⁵		与"蓬""松"可能相同
			ɲtei⁵³m³¹ɲtei⁵³me⁴²	ɲtei⁵³		与"睁"可能相同
			tɕi³¹ntei³⁵tɕi³¹ntʰə⁵³	ntʰə⁵³		与"顿"可能相同
3	心情	倾心	ʐɯ⁴⁴ʐɯ⁴²	ʐɯ⁴⁴	形容词	与"融"可能相同
			kwa³⁵ɭɯ⁴⁴kwa³⁵ɭɯ⁴⁴	ɭɯ³⁵		与"留"可能相同
		怨恨	kuŋ⁴⁴kuŋ⁴⁴	kuŋ⁴⁴		与"恭"可能相同
			ka⁴⁴ka⁵³	ka⁵³		是拟声词"嘎"引申
			pa⁴⁴ka⁵³pa⁴⁴ka⁵³	ka⁵³		是拟声词"嘎"引申

3. 描摹程度的状词"词根"简表

序号	对象	类别	状词	词根	词性	词义
1	轻重（强弱）	沉重	tuŋ⁴⁴tuŋ⁴⁴	tuŋ⁴⁴	形容词	与"沉甸甸"的"甸"可能相同
			caŋ⁴⁴caŋ⁴⁴	caŋ⁴⁴		与"沉降"的"降"可能相同
		轻巧	ŋkʰaŋ⁴⁴ŋkʰaŋ⁴⁴	ŋkʰaŋ⁴⁴	形容词	与"轻"可能相同

续表

序号	对象	类别	状词	词根	词性	词义
2	快慢度	缓慢	ʐɑ²²ʐɑ²²ʐɯ⁴⁴ʐɯ⁴²	ʐɯ⁴²	动词	与"蠕"相同
			tsʰɑ⁴⁴tsʰɑ⁴⁴cɯ⁴⁴cɯ⁵³	cɯ⁵³		与"彳"可能相同
			ʐei⁴⁴ʐei⁴⁴ʐɑŋ⁴⁴ʐɑŋ⁵³	ʐɑŋ⁵³		与"徜徉"的"徉"可能相同
		急速	kwa⁴⁴kwa⁵³	kwa⁵³	拟声词	与"快"可能相同
			tɑ⁴⁴pu⁴²	pu⁴²		与"甫"可能相同
			tɑ⁴⁴tsʰɯ⁵³	tsʰɯ⁵³		与"悄然"的"悄"可能相同
			tɑ⁴⁴ntʰẽ⁵³	ntʰẽ⁵³		与"陡然"的"陡"可能相同
			tɑ⁴⁴wu⁴²	wu⁴²		与"忽然"的"忽"可能相同
			tɑ⁴⁴wẽ⁵³	wẽ⁵³		与"忽然"的"忽"可能相同
3	大小度	微小	tsei⁴⁴tsei⁴⁴	tsei⁴⁴	形容词	与"稚"可能相同
			li³¹li³⁵	li³⁵		与"厘"可能相同
4	长短度	修长	pʐɑ⁴⁴pʐɑ⁴²	pʐɑ⁴²	形容词	与"泛"可能相同
			mpʐʰa⁴⁴ɭa⁴⁴	ɭa⁴⁴		与"连"可能相同
		短小	tɕʰa⁴⁴tɕʰa⁴⁴	tɕʰa⁴⁴		与"浅"可能相同
			(le⁴⁴) pu⁴⁴ (le⁴⁴) tɕɑŋ⁴⁴	pu⁴⁴和tɕɑŋ⁴⁴		与"包"和"卷"可能相同
5	宽窄度	窄小	tse⁴⁴tse⁴⁴	tse⁴⁴	形容词	与"窄"可能相同
		宽敞	a⁴⁴pʐɑ⁴²	pʐɑ⁴²		与"泛"可能相同
		厚实	tuŋ⁴⁴tuŋ⁵³	tuŋ⁴⁴		与"甸"可能相同

续表

序号	对象	类别	状词	词根	词性	词义
6	明暗度	明亮	waŋ⁴⁴waŋ⁵³	waŋ⁴⁴	形容词	与"晃"可能相同
			fa⁴⁴fa⁵³	fa⁴⁴		与"华"可能相同
			mpẓ̥ʰã⁴⁴mpẓ̥ʰã⁴⁴	mpẓ̥ʰã⁴⁴		与"白"可能相同
		黑暗（灰）	mẓ̥a⁴⁴mẓ̥a⁴⁴	mẓ̥a⁴⁴		与"暮""墨"可能相同
			ta⁴⁴ta⁴⁴	ta⁴⁴		与"黛"可能相同
			l̥ʰo⁴⁴l̥ʰo⁵³	l̥o⁵³		与"陆离"的"陆"可能相同
			pʰu⁴⁴pʰu⁴⁴lə⁴⁴lə⁴⁴	pʰu⁴⁴和lə⁴⁴		找不到音义相近的含义单音词对应
7	冷热度	热或暖	ɕa³¹tɕa³⁵	tɕa³⁵	拟声词	与"焦"可能相同
			fu³¹fu³⁵	fu³⁵		与"热乎乎"的"乎"可能相同
		寒冷	tsʰɯ⁴⁴tsʰɯ⁴⁴	tsʰɯ⁴⁴		与"悄"可能相同
			ʈɯ³¹ʈɯ³⁵	ʈɯ³⁵		找不到音义相近的含义单音词对应
8	清浊（洁污）度	清澈（清洁）	ɳ̥tɕiɛ⁴⁴ɳ̥tɕiɛ⁴⁴	ɳ̥tɕiɛ⁴⁴	形容词	与"清"可能相同
			tɕiɛ²²tɕiɛ²²	tɕiɛ²²		与"晶"可能相同
			ʂã⁴⁴ʂã⁴⁴	ʂã⁴⁴		与"修"可能相同
		浑浊	ɳ̥tɕɯ⁴⁴ɳ̥tɕɯ⁵³	ɳ̥tɕɯ⁵³		找不到音义相近的含义单音词对应
9	软硬度	坚硬	ŋka⁴⁴ŋkʰa⁵³	ŋkʰa⁵³	形容词	与"刚"可能相同
			tuŋ⁴⁴tuŋ⁵³	tuŋ⁴⁴		与"坨"可能相同
		柔软	la⁴⁴la⁵³	la⁵³		与"烂"可能相同
			lɯ³¹lɯ³⁵	lɯ³⁵		与"烂"可能相同
			mẓ̥a⁴⁴mẓ̥a⁵³	mẓ̥a⁵³		与民间汉语表示软烂的"炉"可能相同

第七章　状词的生成与发展

续表

序号	对象	类别	状词	词根	词性	词义
10	弯直度	直	ȵtɕʰiẽ⁴⁴ȵtɕʰiẽ⁵³	ȵtɕʰiẽ⁴⁴	形容词	与"直"可能相同
			ʂei⁴⁴ʂei⁵³	ʂei⁵³		与"率"可能相同
11	高矮度	高	ɲcʰie⁴⁴ɲcʰie⁴⁴	ɲcʰie⁴⁴	形容词	与"企"可能相同
			kɑ⁴⁴kɑ⁴²	kɑ⁴²		与"高"可能相同
		矮	pa⁴⁴pa⁵³	pa⁵³		与"扁"可能相同
			pu⁴⁴lu⁴⁴	pu⁴⁴和lu⁴⁴		与"包"和"侏儒"的"儒"可能相同
12	睿愚（锐钝）度	睿智（锐利）	ŋkwe⁴⁴ŋkwe⁴⁴	ŋkwe⁴⁴	形容词	与"乖"可能相同
			pi⁴⁴pi⁵³	pi⁵³		与"匕首"的"匕"可能相同
		愚钝	pu⁴⁴tʰɯ³¹pu⁴⁴lɯ⁴⁴	pu⁴⁴和lɯ⁴⁴		找不到音义相近的含义单音词对应
			tɯ³¹tɯ³¹lɯ³¹lɯ³¹	tɯ³¹和lɯ³¹		找不到音义相近的含义单音词对应
			qa⁴⁴qa⁵³	qa⁵³	拟声词	找不到音义相近的含义单音词对应
13	疏密（粗细）度	密实	tɯ³¹tɯ³⁵	tɯ³¹	形容词	与"稠"可能相同
			ntʰu⁴⁴ntʰu⁴⁴	ntʰu⁴⁴		找不到音义相近的含义单音词对应
		粗疏	kʰɑ⁴⁴qʰɑ⁴⁴	qʰɑ⁵³		找不到音义相近的含义单音词对应
14	松紧度	紧张	tã²²tã²²	tã²²	形容词	找不到音义相近的含义单音词对应
			qa⁴⁴qa⁵³	qa⁵³		找不到音义相近的含义单音词对应
			tuŋ⁴⁴tuŋ⁵³	tuŋ⁴⁴		找不到音义相近的含义单音词对应
		松弛	kʰwa⁴⁴kʰwa⁵³	kʰwa⁵³		与"垮"可能相同

续表

序号	对象	类别	状词	词根	词性	词义
15	浓淡度	浓稠	tuŋ³¹tuŋ³⁵	tuŋ³⁵	形容词	与"稠"可能相同
			tɑ⁴⁴tɑ⁵³	tɑ⁵³		找不到音义相近的含义单音词对应
		清淡	pẓʰɑ⁴⁴pẓʰɑ⁴⁴	pẓʰɑ⁴⁴		找不到音义相近的含义单音词对应
			ŋkʰaŋ⁴⁴ŋkʰaŋ⁴⁴	ŋkʰaŋ⁴⁴		与"轻"可能相同
16	饱满干瘪度	饱满	ɳtɯ⁴⁴ɳtɯ⁴⁴	ɳtɯ⁴⁴	拟声词	找不到音义相近的含义单音词对应
		干瘪	ciẽ³¹ciẽ²²	ciẽ³¹	形容词	与"瘦筋筋"的"筋"可能相同
			qʰɑ⁴⁴qʰɑ⁵³	qʰɑ⁵³		找不到音义相近的含义单音词对应
17	干湿度	干燥	ɳtɑ⁴⁴ɳtɑ⁵³	ɳtɑ⁴⁴	形容词	找不到音义相近的含义单音词对应
			ŋkʰɑ⁴⁴ŋkʰɑ⁵³	ŋkʰɑ⁵³		与"刚"可能相同
		湿润	tɑ⁴⁴tɑ⁵³	tɑ⁵³		找不到音义相近的含义单音词对应
18	深浅度	深度	ɳtɕuŋ⁴⁴ɳtɕuŋ⁴⁴	ɳtɕuŋ⁴⁴	形容词	找不到音义相近的含义单音词对应
		浅薄	tɕʰɑ⁴⁴tɕʰɑ⁴⁴	tɕʰɑ⁴⁴		与"浅"可能相同
19	平整光滑度	平整	ntʰaŋ⁴⁴ntʰaŋ⁵³	ntʰaŋ⁵³	形容词	与"荡"可能相同
			tã⁴⁴tã⁵³	tã⁵³		与"展"可能相同
		光滑	pjɯ³¹pjɯ³⁵	pjɯ³¹		找不到音义相近的含义单音词对应
			laŋ⁴⁴laŋ⁴⁴	laŋ⁴⁴		找不到音义相近的含义单音词对应

续表

序号	对象	类别	状词	词根	词性	词义
20	老嫩程度	老（旧）	ȵta⁴⁴ȵta⁵³	ȵta⁵³	形容词	找不到音义相近的含义单音词对应
		嫩（幼）	tsa⁴⁴tsa⁵³	tsa⁵³		与"稚"可能相同
21	洁净与邋遢程度	清洁	ʂã⁴⁴ʂã⁴⁴	ʂã⁴⁴	形容词	与"清"可能相同
			tɕiẽ²²tɕiẽ²²	tɕiẽ²²		与"晶"可能相同
		邋遢	la⁴⁴kwa⁴⁴	la⁴⁴ 和 kwa⁴⁴		与"垃"和"垢"可能相同
			lɯ⁴⁴kɯ⁴⁴	lɯ⁴⁴ 和 kɯ⁴⁴		与"垃"和"垢"可能相同

4. 描摹形态的状词"词根"简表

序号	对象	类别	状词	词根	词性	词义
1	形态	短粗肥实	pu⁴⁴pu⁴⁴lu⁴⁴lu⁴⁴	Pu⁴⁴ 和 lu⁴⁴	形容词	与"包"和"侏儒"的"儒"可能相同
		形状不规则	ca⁴²kɯ²²ca⁴²ȵtʰe⁴⁴	kɯ²² 和 ȵtʰe⁴⁴	动词化名词	与"枝"和"撑"可能相同
			qa³¹mpei³⁵qa³¹mpa⁴⁴	mpa⁴⁴		与"平"可能相同
		高耸	kei⁴⁴kei⁴⁴ka⁴⁴ka⁴²	ka⁴²	拟声词	与"高"可能相同
			tɕi³¹ȵtɕi³⁵tɕi³¹ȵtɕuŋ³⁵	ȵtɕi³⁵		与"耸"可能相同
2	状态	饱满	ȵtɯ⁴⁴ȵtɯ⁴⁴	ȵtɯ⁴⁴	拟声词	与"胀"可能相同
		松弛	spʐa⁴⁴pʐa⁴²	pʐa⁴²		与"泛"可能相同
		肥硕且可人	pa⁴⁴taŋ⁵³pa⁴⁴laŋ⁵³	taŋ⁵³		与"傥"可能相同
		形象散乱	ca⁴²kɯ²²ca⁴²ȵtʰe⁴⁴	kɯ²² 和 ȵtʰe⁴⁴		与"枝"和"撑"可能相同
			ha⁵³ʑe⁴⁴ha⁵³ʑa⁴²	ʑa⁴²		与"逸"可能相同

5. 描摹色彩的状词"词根"简表

序号	对象	类别	状词	词根	词性	词义
1	单一颜色	蓝色	tɑ⁴⁴tɑ⁴⁴	tɑ⁴⁴	形容词	与"湛"可能相同
			ntsʰã⁴⁴ntsʰã⁴⁴	ntsʰã⁴⁴		与"苍"可能相同
		绿色	tsa²²tsa²²	tsa²²		与"翠"可能相同
		黄色	ʐaŋ³¹ʐaŋ³⁵	ʐaŋ³⁵	拟声词	与"瓢"相同
			ʐɯ⁴⁴ʐɯ⁴⁴	ʐɯ⁴⁴		与"热"可能相同
		红色	qʰɯ⁴⁴qʰɯ⁴⁴	ʐɯ⁴⁴		与"红"可能相同
			qa⁴⁴qa⁴⁴	qa⁴²		与"瑰"可能相同
			ʂu⁴⁴ʂu⁴⁴	qa⁴²		与"曙"可能相同
			qa³¹ʐa³¹	qa³¹和ʐa³¹		与"瑰"和"瓢"可能相同
			ʐɯ⁴⁴ʐɯ⁴⁴	ʐɯ⁴⁴		与"热"可能相同
		白色	ȴɯ⁴⁴ȴɯ⁴⁴	ȴɯ⁴⁴		与"烈"可能相同
			tɕiẽ²²tɕiẽ²²	tɕiẽ²²		与"晶"可能相同
			mpʰei³¹mpʰei³⁵	mpʰei³⁵		与"白"可能相同
2	复杂色彩	单一颜色交织	mʐa³¹qʰa⁵³mʐa³¹n̠tɕa⁵³	mʐa³¹	形容词	与"麻"可能相同
			ŋa⁴²qa³¹ŋa⁴²ʐa³¹	qa³¹		与"瑰"可能相同
			qwẽ³¹ʐei⁴⁴qwẽ³⁵ʐaŋ³⁵	ʐaŋ³⁵		与"瓢"可能相同
		多种颜色复杂交织	tɕi³¹qwe³⁵tɕi³¹pʐu⁴⁴	qwe³⁵和pʐu⁴⁴		与"黑"和"暮"可能相同
			pʰu⁴⁴lei⁴⁴pʰu⁴⁴lə⁴⁴	Pu⁴⁴和lə⁴⁴		与"墨"和"陆离"的"离"可能相同
			tɕi⁴⁴ʐa³¹tɕi⁴⁴qa⁴²	ʐa³¹和qa⁴²		与"瓢"和"瑰"可能相同

6. 描摹味道的状词"词根"简表

序号	对象	类别	状词	词根	词性	词义
1	口感味道	苦味	$qʰã^{44}qʰa^{53}$	$qʰa^{53}$	形容词	与"苦"可能相同
			$ȵtɕiẽ^{44}ȵtɕiẽ^{44}$	$ȵtɕiẽ^{44}$		与"津"可能相同
		甜味	$qa^{44}muŋ^{31}qa^{44}miẽ^{42}$	$muŋ^{31}$和$miẽ^{42}$		找不到音义相同的汉语词对应
		酸味	$pẓa^{22}pẓa^{22}$	$pẓa^{22}$		与"麻"可能相同
		辣味	$ẓa^{22}ẓa^{22}$	$ẓa^{22}$		与"辣"可能相同
		米饭等食物夹生的味道	$pa^{44}ntʰei^{44}pa^{44}ntʰuŋ^{53}$	$ntʰei^{44}$和$ntʰuŋ^{53}$	拟声词	找不到音义相同的汉语词对应
2	气味	臭味	$mpẓʰaŋ^{44}mpẓʰaŋ^{53}$	$mpẓʰaŋ^{44}$和$mpẓʰaŋ^{53}$	形容词	与"香喷喷"的"喷"可能相同
		香味	$ʂaŋ^{44}ʂaŋ^{44}$	$ʂaŋ^{44}ʂaŋ^{44}$		与"香"可能相同

7.3.3 "词根"的词义、词性与其结构和功能的关系

状词的结构与功能，跟它的词根的词义、词性关系紧密。这句话有两层含义。一是一个音义明确的词根，能同什么样的单音词组合，形成结构模式固定的状词，跟词根的固有音义以及是否存在骈俪式词根，关系极为密切。必须在弄懂词根的同时，弄懂它的骈俪式词根。二是词根的词性，决定以之为根据生成的所有状词的功能属性。也就是说，如果状词的词根是动词，则它必定能够修饰动词；如果状词的词根是形容词，则它必定能够修饰形容词；如果状词的词根是隐含动词、形容词属性的拟声词，则它既有可能是"动状词"，也可能是"形状词"。

1. 状词的骈俪式词根

状词的骈俪式词根，指的是与之音近义同或音近义近的单音词。这样的单音词，往往不是固有的，乃是口语表述时，为了拓展意涵或强化生动，对状词的词根进行微变音微变义处理而形成的单音词。例如说双音节状词"z̪ã⁴⁴ z̪ã⁴⁴"的词根是拟声词"z̪ã⁴⁴"。在口语表达时，必须配以由"z̪ã⁴⁴"微变音而形成的单音词"z̪ei⁴⁴"，才能组合成四音节状词"z̪ei⁴⁴ z̪ei⁴⁴ z̪ã⁴⁴ z̪ã⁴⁴"和"z̪ei⁴⁴ z̪ã⁴⁴ z̪ei⁴⁴ z̪ã⁴⁴"，单音词"z̪ei⁴⁴"就是"z̪ã⁴⁴"的骈俪式词根。或者说，单音词"z̪ei⁴⁴"和单音词"z̪ã⁴⁴"是互为骈俪的状词词根。

一般来说，苗语东部方言状词的词根，只能与其骈俪式词根组合以形成叠音状词。例如，作为词根的拟声词"qã³⁵"，只能同它的骈俪式词根"qei⁴⁴"进行叠加组合，形成状词："qei⁴⁴ qã³⁵"，"qei⁴⁴ qã³⁵ qei⁴⁴ qã³⁵"，"qei⁴⁴ qei⁴⁴ qã³⁵ qã³⁵"。

苗语状词的骈俪式词根多数是"一夫一妻"式的，但不一定全是"一夫一妻"式的。换言之，有的词根只有一个骈俪式词根，而有的词根则可能有两三个骈俪式词根。例如，作为词根的拟声词"qei⁴⁴"，可以是"qã⁴⁴"及其微变音语词"qã³⁵"的骈俪式词根，叠加成表示乐音的状词"qei⁴⁴ qei⁴⁴ qã⁴⁴ qã⁴⁴""qei⁴⁴ qã⁴⁴ qei⁴⁴ qã⁴⁴"和表述噪音的状词"qei⁴⁴ qei⁴⁴ qã³⁵ qã³⁵""qei⁴⁴ qã³⁵ qei⁴⁴ qã³⁵"；又可以作为"qa⁵³"骈俪式词根，叠加组合成表示磨磨蹭蹭、拖拉扯皮的状词"qei⁴⁴ qa⁵³ qei⁴⁴ qa⁵³""qei⁴⁴ qei⁴⁴ qa⁴⁴ qa⁵³"；还可以作为"qɑ⁴²"的骈俪式词根，叠加组合成表示呼吸困难的"qei⁴⁴ qɑ⁴² qei⁴⁴ qɑ⁴²""qei⁴⁴ qei⁴⁴ qɑ⁴² qɑ⁴²"。

2. 状词的互助式词根

状词的互助式词根，指的是与之异音近义的单音词。这样的单音词是固有的，乃是因为其义相近，并列使用可以彼此强化，因而构词互助式词根。例如，作为词根的拟声词"tuŋ⁴²"和"z̪uŋ⁴²"，通常都是用来表达音量大且反复出现的声音，属于同类性质的拟声词。可以组合成表示反复混响的状词"tuŋ⁴² z̪uŋ⁴²""tuŋ⁴² z̪uŋ⁴² tuŋ⁴² z̪uŋ⁴²"。所有非叠音状词的词根，都是此类。

3. 状词词根与其描摹功能的关系

上述列表表明，苗语东部方言状词的词根，有三种词性：一是拟声词；二是动词；三是形容词。其中，数量最多的是拟声词。

由词性属于动词的词根组成的状词，其表义功能是修饰动词，即形成"动状词"；由词性属于形容词的词根组成的状词，其表义功能是修饰形容词，即形成"形状词"。

由拟声词的词根组成的状词，有的是"动状词"，有的是"形状词"，有的甚至同时具有"动状词"和"形状词"的属性。例如，以拟声词"pu^{42}"为词根的状词有多个。其中，"tɑ^{44} pu^{42}"是"动状词"，可以修饰动词"çə^{44}""mpo^{53}"等，组成"çə^{44} tɑ^{44} pu^{42}"或"mpo^{53} tɑ^{44} pu^{42}"；"pɑ^{44} pu^{42} pɑ^{44} pu^{42}"或"pɑ^{44} pɑ^{44} pu^{42} pu^{42}"，单独使用的词义是"节律杂乱极了的混响"或"响声急促之极"，引申义为"急躁而无序地作为"，是"形状词"。

为什么拟声词为词根的状词，可能同时具有"动状词"和"形状词"的特性？因为拟声词是苗语东部方言最早形成音义的语词，它们是大多数之后形成音义的语词的音义"源代码"。进一步说就是，苗语的绝大多数名词、动词、形容词、副词、虚词（缀词），是由拟声词经复杂的微变音加微变义演变而形成的，它们的词性也是在这个过程中被赋予和固化的。

继续以拟声词"pu^{42}"为例来说明。"pu^{42}"拟写的是包括人倒地在内的物体相互撞击而发出的声响，在口语表述时，可以是"puŋ^{42}""pɑ^{42}""pɑ^{42}""mpɑŋ^{44}"等，与汉字"砰""啪""噗"等所拟写的声响相同。拟声词"pu^{42}"与"倒下""相击"的意义建立联系，就生成词义是"躺下"的动词"pə^{53}"、词义是"打击"的动词"pə^{31}"、词义是"将物件轻轻丢于地面"的动词"mpə^{44}"、词义是"倾倒"的形容词"mpɑ^{53}"等等，这些语词分别与汉字的"仆""扑""卜""偏"音义相同。同时，拟声词"pu^{42}"与"相击的时间极其短促"的意义建立联系，就生成词义是"突然"的"pu^{42}"，音义与"甫"相同，等等。从拟声词"pu^{42}"的元音义繁衍出来的语词很多，它们构成一个音近义近的语词丛。实际上，任何一个可以判定来自语言生成初期的苗语拟声词，都同它的音近义近语词构成一个可能包含名词、动词、形容词的庞大语词丛。因此，从这个层面看，苗语东部方言的大量名词、动词、形容词，词义和词性均不是固然就有的，而是从拟声词的元音义衍生出来的。换个角度说，如果不是因为拟声词的元音义里面天然含有名词、动词、形容词的基因，以拟声词为词根的状词，就不会具有"动状词"和"形状词"的特性。

第八章　制导状词属性与功能的元问题简析

前面的章节已经阐明，摹状是人类生产生活中常用的生动化、形象化、贴切化的表达方法，是一种与人类历史同步的古老文化。状词是摹状文化在语言文字的活态遗存。创造并使用摹状语言文字的人们共同体，都一定存在作为摹状文化遗存的状词。从苗语东部方言存在的古代遗留下来的状词来看，其所蕴含的信息，不仅对于看见和解读苗族语言、文字、绘画、舞蹈等领域的某些元问题具有重要意义，而且，对于看清和解析语言文化共同体之间的历时关系和届时关系，看懂和破解相同语系、相同语族、相同语支的族群关系史的某些谜团，具有不可替代的独特作用。此前开展的苗语东部方言研究，甚至苗族历史文化研究，均未有人触及这个层面的问题。

第一节　三个元问题

从苗语东部方言状词这个微小的视孔，深度窥探，最终会涉及三个无人讨论过的元问题：一是苗族人群体认为所有物类都听得懂苗语；二是苗语是适于苗族人群体和一切物类群体的生产生活工具；三是苗语之具有元音义性质的语词主要是拟声词。显然，这三个问题，在苗语形成之初就已经存在，已然伴随着苗语生成发展了数千年乃至上万年。追问到底，这三个元问题，都跟摹状文化有关，进而都跟状词有关。

8.1.1　苗族人认为所有的物类都听得懂苗语

1. 苗族人认为所有的物类都听得懂苗语的具体事象

（1）苗族人同各种畜禽交流都是用苗语。例如，一个苗族人用钱从汉族人手里购买一头猪，在赶回家中的途中，要用语言跟猪交流，必定对猪说："ȵɯ³¹——ȵo²² a⁴⁴ȵo²², pɯ³⁵ tɕi⁴⁴ ʂaŋ⁵³ ȵta⁴⁴ m²² a⁴⁴！"（语义是：猪——走吧走吧，我们赶快回家去！）赶猪的苗族人根本没有这样的意识：汉族人喂养的猪，此前所听的全是汉语，听不懂苗语，用苗语与之交流肯定是白搭。用苗语与牲畜交流并相信牲畜一定听得懂苗语，此种现象说明，在苗族人的传统观念中有这样的元逻辑，所有物类都听得懂苗语。

（2）苗族"巴狄雄"祭司在操办法事时，无论当事神灵是何种族群的神祇或是何种妖魅，都用苗语神辞与之沟通。例如，在苗语称作"pʰo⁵³ qo⁵³"的"祭祖"法事中，有远征抢魂的环节。届时，祭司要发兵前往异族首领所在的都城，或是山神洞妖所在的山河，用苗语发布战斗檄文，列数异族首领或山神洞妖的罪状，而后挥兵掩杀，夺回事主的魂灵。整个行为过程，没有这样的意识：异族首领和山神洞妖如果听不懂苗语，则用苗语开展的一切沟通都是白搭，毫无用处。

（3）苗族人举办重大活动，如上山狩猎、下河捕捞、进山伐木、动土建造等，之前都要举行仪式，请求各种相关神灵同意并支持工作开展，保佑工作顺利，而无论是针对栖息在森林的猎神，还是针对栖息在江心河底的鱼神，抑或是针对树木之神，都是用苗语诵辞和苗族人交往的礼数。

2. 苗族人认为所有的物类都听得懂苗语的背后逻辑

实际上，在具体的生产生活中，有不胜枚举的事象说明，在一切涉及语言应用的场景中，苗族的群体和个体，意识里面存在一个被默认的前提：所有的物类都听得懂苗语，苗语可以用作人与所有物类交流的工具。

在苗族群体和个体的意识中，为什么会认为所有的物类都听得懂苗语呢？本研究认为，这是因为苗语产生之初是摹声语言，是用来达成人与人、人与动物交流的语言。也正因为如此，在苗族群体和个体的意识最底层，经千百年发展至今而固化的苗语音义，仍然是创生之初主要以拟声传达相应语义的直白表达，仍然是包括各种相关动植物的声音在内的万类通用的语音工具。

8.1.2 苗语是适于苗人群体和一切物类群体的生产生活工具

1. 学习物类语言是苗族人扩大生存竞争本领的必然选择

在苗族人传统观念中，苗语不仅是苗族人对物类开展斗争合作的重要工具，也是物类同苗族人开展斗争合作的重要工具。所以，不仅苗族人在学习各种物类的语言，以增强其生存竞争的本领，多种物类也在学习苗人的语言，以强化其生成竞争的本领。而人与万物相互开展的语言学习，基本方式都是模仿，即摹声。

因此，在民国以远的古代，苗族传统社会，往往会有语言方面的"异能之人"。比如，有懂得鸟语、虫语、兽语、蛇语的人，他们往往会根据物类语言交流传递出来的信息，奇妙地找到趋福避祸、安身立命的方法。例如，贵州省松桃苗族自治县蓼皋镇鸡爪沟的麻氏，立寨始祖是湖南省花垣县吉卫镇苗语称作"$ʐɯ^{35}\ ɕi^{44}$"的苗寨人士，因不同意官府占据螺蛳垌的田坝，而跟官府斗争，失败后逃亡到今黄板乡苗语称作"$taŋ^{35}\ mpe^{53}$"的苗寨，为龙氏土官当长工。他35岁的那年夏天，为东家管田水，在田坝中间的一株古老的金丝楠木下乘凉，迷糊入睡。一阵大风吹过，他猛然醒来，赫然看见一条巨蟒在他一丈不到的地方，对着他昂首而立。他自知无法战胜巨蟒，就投降跪拜，说："巨蟒，我知道斗不过你。你若是我的敌人，你就吃掉我，我不抵抗。你若是我的祖先，你要我怎么做，我就怎么做。"那条巨蟒没有说话，转头沿着小溪的流向前行，他就在后面紧跟。他们翻过苗语称作"$pʐei^{44}\ pu^{22}\ tɕʰo^{44}$"的山坳，穿过厚实的山林，来到今鸡爪沟麻家寨的老寨子所在地时，巨蟒在一处有一口泉的竹林歇下。于是，他们就在此定居。他与巨蟒相依为命，从此没有分开。因为他与巨蟒一起生活，四周山岗的虎豹等都不敢侵扰。他喂养的牛和猪，虎豹也没敢偷吃。他在此娶了两个妻子，生了8个儿子。大约是乾隆30年，鸡爪沟及四周几十公里之地遭遇大旱。鸡爪沟的几个自然寨相约举办苗语称作"to^{42} mzɯ^{22} mĩ^{22} lə^{31}"的"闹鱼"活动，以迫使雷神下雨。那天，属于鸡爪沟唐家远房宗亲的卡洛苗寨的唐家，来几个人参加杀鱼。他们在中午的光景，走到麻氏的房屋背后，突然看见一条巨蟒正在土墙上晒太阳，大声惊呼，并一起将手中的鱼叉掷向巨蟒。巨蟒受伤，流血不止，三日而亡。麻氏始祖十分伤心，半年之后，就病逝了。他死前，告诫子孙，要世代感恩巨蟒，不许吃蛇。迄今为止，鸡爪沟麻氏仍然秉持不吃蛇的祖训。

由此窥视可以发现，在远古时代，包括苗族人在内的人类群体，主动学习各种物类的语言，最初的或是最根本的目的，可能不是发展和丰富人与人交流的语言，而是利用摹声的方式，强化个体和群体的生成竞争能力。因此，以拟声词为基础的苗语东部方言状词，实际上是古代苗族人的宝贵武器。正因为创造和拥有了这样的武器，才有效地把个体组织起来，成为能够协同行动的强大群体，形成能够战胜比苗族人个体强大得多的各种猛兽的巨大力量。事实上，在毒蛇猛兽盘踞的深山老林生活，苗族人之所以能够安然无恙，其中一个十分重要的原因，就是苗族人善于模仿各种动物的声音，能够理解它们的语言，进而对它们采取最佳策略——或是规避它们的侵扰，或是驯化它们成为工具，或是给它们以措手不及的沉重打击，逐步取得并锁定苗族人在丛林里面生存竞争的顶端优势。至此，我们自然就能够明白了，那些遗留在苗语里的拟声词，为什么会被苗族人较为完好地保存下来，成为苗语的一个特色。实际上，对于每一个活在狩猎业时代的苗族人来说，描摹各种动物的声音，学习掌握各种动物的语言，乃是增强生存能力的必然选择，而不是可干可不干的游艺。因此，描摹声音的行为和描摹声音所形成的语词，不仅是语言，而是先民留存在语言的一种伟大智慧。

2. 物类学习苗语以增强生存竞争的本领

苗族人认为，不仅苗族人在向各种物类学习语言，世间各种物类也在向苗族人学习语言，以增强其生存竞争的本领。

在苗族民间，有关动物学习和应用苗族人的语言，以图引诱和伤害人，例子非常多，但通常被外部视角的人们解读成鬼怪故事，毫无价值，但如果能够从文化语言学的视角观察，则这种语言事象具有极为特殊的意义。

流传于民间的故事哪怕全部是讲述者的杜撰，依然反映出在苗族人的传统观念中，动物学习和应用苗族人的语言，以求混同于苗族人，并从中获得隐秘的好处，这是没有什么奇怪的。之所以如此，是因为苗族人的元哲学思想是"万类有命，万命类人，万命同尊，万命有神，万命互用"。

在苗族民间，防止动物学习和应用苗族人的语言图谋不轨，是被作为生存竞争的必要知识进行传承的。传承这些知识的方式方法，主要体现在以下三类典型的民俗事象。

一是苗族人普遍认为，猫头鹰在夜间发出的一连串类似于人狂笑的啸叫，是猫头鹰在引诱人的魂灵出窍，以夺其福。此现象，苗语称之为"tɑ³⁵ qu⁴⁴ to⁴⁴"。苗族"巴狄雄"神辞把这种情形列为不祥之兆，明确要求须坚决除掉。神辞具体表述为："jid nzhad ghueb danb mongx dax mangb（又来消灭生着猫脸的恶鬼），dand mel dab ghoud（长着猫头鹰面孔的劣魅）。Doul ninb blab menb blab ral（窝居在远山岭脊），doul jiongt blab ndut blab hlod（驻足在树冠竹梢）。Jib hneb chut nus chud miel（白日为禽为鸟），jib hmangt chud rongx chud ghunb（夜晚做鬼作怪）。Lud zongx lud bloud（觊觎人家的房屋），lud bloud lud qieut（窥探人家的居所）。Nzeib nzeib jid ghuab nex dex（低吟迷惑人家的儿女），nzead nzeat jid ghous nex giead（浅唱引诱人家的子孙）。"[1]

二是苗族人普遍认为，乌鸦在村寨近地的山头林中噪鸣，是传递噩耗，意在告知人们，将会有人丧亡。此现象，苗语称之为"bad ot bob sead"。因此，凡是遇到此种情况，苗寨里的人们都会表现得惶恐不安，仿佛大难临头。苗族民间有歌谣："pa⁴⁴ o⁵³ po³⁵ sa⁴⁴ pa⁴⁴ o⁵³ po³⁵，pa⁴⁴ o⁵³ suŋ⁵³ sẽ³⁵ tã⁴⁴ wu⁴² qə²²。tɕe³¹ ȵe²² tɑ⁴² to⁴² a⁴⁴ le³⁵ to³¹，tɑ⁴² to⁴² pu⁴⁴ te³¹ li⁴² ȵɯ⁴² ntə⁴⁴。ȵɯ⁴² ntə⁴⁴ kə⁴⁴ o³⁵ kɯ³⁵ nə²² ntsẽ⁵³，kə⁴⁴ tɕi³⁵ nʰã⁵³ to⁵³ pu⁴⁴ te³¹ çə⁴⁴?"语义是："乌鸦噪鸣啊乌鸦噪鸣，乌鸦把噩耗送到村寨。不知会是谁将要暴亡，如果是表哥弟（表姐妹）遇难我要买冥纸。买纸在死者的坟前焚烧，怎么唤得表哥弟（表姐妹）复活？"

---

[1] 麻勇斌、龙秀海、吴琳整理译注：《苗族口传活态文化元典·奉祖》，贵州出版集团、贵州人民出版社，2014年12月，第39—40页。

三是苗族人普遍认为，黄鼠狼、野狗等在田边地角模仿婴儿哭泣，或是呼喊人的名字，是用阴森恐怖的方式使人伤心恐惧，继而达到夺其福的目的。此现象，苗语称之为"pɑ⁴⁴ tɕiẽ⁵³ qwɯ⁴⁴ qwẽ³⁵ ȵiẽ⁴⁴ cɑ²²"或"pɑ⁴⁴ tɕiẽ⁵³ qwɯ⁴⁴ qwẽ³⁵ n̥ʰã⁵³ ne³¹"。苗族民间普遍认为，遇到此种现象，人须保持冷静，不应答，不狂奔，握紧兵器，与之力战，方可保住性命。笔者幼小之际，听寨中老人说，埋葬有很多死人的苗语称作"pī³¹ ntsʰa³⁵"这个地方，经常出现这种情况。有一回，寨中一位名叫国富的男子，深夜从那儿路过，听见有人大声喊他："Kwefu, tɑŋ²² hɯ⁵³ te³⁵。"语义是："国富，等一下。"国富不应，躲在田坎拐角处，静观其变，见到一个小孩模样的影子向他快速奔来，待那物临近，国富突然用手中的木棒重击之，那物被击中，立即倒毙。国富点着火柴照看，见是一只黄鼠狼。

事实上，秉承中华传统文化的汉语世界的人们，也笃信动物学习和应用人的语言，以达成其隐秘的目的，是客观存在的现象，而且，人们往往把动物能够应用人的语言和修成人形的情形称作"成精"。

3. 防止物类识得和利用苗人语言的事象

为了防止和减少动物利用苗族人的语言，对苗人进行伤害，苗族创造了许多专门用来应对化解的法门形式和相应内容。例如，在对老鼠、猛兽、鱼投放毒药、安置网套陷阱之前，绝不能言说，以免它们听见之后提前躲开了，造成计划落空；谋划杀猪宰牛或卖猪买牛的事情，须用隐语、暗语；在祭祀神灵的过程中，可以做错事但不能说错话；在取悦神灵的仪式场景，要用柔和美妙的乐音，而在威胁驱赶神灵鬼怪的环节，要用暴烈的声音。又例如，在野外尤其是夜晚在野外活动，听见有人呼喊自己的名字，千万不能答应，听见有人打噢嗬不能回应；同伴彼此交流，要用事先约定的暗号，如虫鸣蛙叫或什么的；在凶神恶煞栖息的阴森之地（如山神庙、洞穴入口等），不能大声叫唤，不能喊人的名字；在平常日子不能谈论暴亡者的名字；等等。

4. 利用动物语言表达感恩的事象

例子一：位于贵州、湖南交界的腊尔山，有一个苗语称作"qə²² cɑ²²"汉语翻译成"呆子山"的苗寨，有几十户人家。大约1980年代之前，在除夕夜，每家每户都坚持这样的吃年夜饭习俗：傍晚之际，年夜饭全部摆上桌之后，一家人各自躲在屋子角落，手脚着地，不停地学着猫叫，缓慢向桌子移动，样子就像是在模仿猫聚集享用食物。据说，这个寨子之所以承袭这种习俗，是因为他们的祖先刚来到这里时非常贫穷，没有肉过年，而就在除夕这天，一只大猫不知从何处叼来一块腊肉，送他过年。为了感谢猫的恩情，他就创造了这样的吃年夜饭习俗，沿用了若干代人。

例子二：黔湘渝交壤地区的田氏苗族人，苗姓"le^{22}"，有两支，苗语称作"le^{22} he^{35}"和"le^{22} ho^{53}"。其中，"le^{22} he^{35}"这支禁忌吃鸡肉，"le^{22} ho^{53}"这支禁忌吃狗肉。在苗族"tu^{53} qo^{53} tu^{53} zo^{42}"（古老话）里，专门叙述他们不吃鸡肉和狗肉的原因。具体故事是：古时田氏非常强大，他们善于制作和使用一种可以连发的巨弩，所以战无不胜，因而凭战功得封很大的官，有很宽的土地。皇帝对他们很是忌惮，就设计将他们灭族。在这次浩劫中，仅有名字叫做"le^{22} he^{35}"和"le^{22} ho^{53}"的两个孤儿幸免于难。为了活命，他们连夜出逃。他们途经驻扎有皇帝军队的几个寨子，所有的狗都不叫、鸡都不鸣，所以，守卡的军队没有发现他们。他们认定，这是鸡和狗在有意拯救他们。为了感恩，他们就立下不吃鸡、不吃狗的规矩，要子孙永远遵循。苗族古老话将这个规矩表述为："le^{22} he^{35} $tçe^{31}$ $nuŋ^{31}$ qa^{35}, le^{22} ho^{53} $tçe^{31}$ $nuŋ^{31}$ $qwɯ^{44}$。"

8.1.3 苗语东部方言具有元初意义的语词是拟声词

1. 生存竞争工具的属性注定拟声词是苗语东部方言最初形成的语词

从至今仍然存在的诸多语言现象可以看出，苗语东部方言，是作为生存竞争工具来创生和发展的。作为生存竞争工具的语言，要更大范围和更高质量地服务于狩猎和驯养，就必须扩大拟声的物类范围和对重点物类的声音进行贴切模拟。因此，苗语就发展出了复杂的复辅音拟声词、鼻冠音拟声词、喉头音拟声词等，如描摹猪吃食时发出的声响"$mpz^{h}a^{53}$"，描摹老虎发出的那种浑厚喉头音"$qaŋ^{22}$"，等等。可能也正因如此，苗语有数十个辅音和数十个元音，可以组织成描摹苗族人生产生活中需要模仿的所有声音。

由于拟声是苗语之音义生成发展的第一动力，拟声词就必定是所有语词音义的根据。同时，由于拟声活动更多是针对生产生活涉及的物类，因而造成苗族人默认苗语是所有物类都能够听得懂的语言，是适于所有物类的语言，不是专用于人与人交流的语言。

按照语言史的规律，那些最早发明并形成群体共同使用的语音，必是苗语东部方言的元语词。它们的音义，是后期演绎形成的语言、文字、符号之语音、语义的"源代码"。因此，可以说，拟声词是苗语东部方言的绝大多数语词的音义之源。

拟声词之超越拟声层面的词性词义，在拟声词叠加成状词之后，其模糊存在的词义词性，才能逐步显现。所以，研究状词，在某种意义上既是揭示拟声词的本原音义的关键，也是揭示拟声词超越拟声层面的音义的关键。换个角度表述就是，包括苗语东部方言在内，一切生成于拟声的族群语言，研究者只要不承认状词和不研究拟声词叠加为主形成的状词，拟声词之超越拟声层面的音义就无法得到理解，拟声词与名词、动词、形容词乃至副词、缀词之间固然存在的关系与逻辑，就会被硬性切除。而这种情况的出现和这种情况的严重后果没被发现，对于语言文化遗产的价值认知、价值保全、价值再生必定造成的损失是无法估计的。

2. 不同语言文化共同体之间的语词借用最初也是拟声

拟声，其实不止于对各种物类发出的声音的模拟，实际上也是人类群体交往交流交融的重要方式。在语言只有语音表达这一基本形式的时代，跨族际的语言借用，最初都是拟声。至少，苗语东部方言对汉语词的借用，属于这一情形。这是理解苗语东部方言中的汉语借词的关键技术原则。

例如，当今已经被视为苗语词的"taŋ^{53}"，词义是"钱币"，日常用语表达为"tɕi^{44} taŋ^{53}"。这个语词其实是汉语借词，本原音义是"帑"，汉语拼音记作"tǎng"，苗语化而读成"taŋ^{53}"。

完全属于拟音的借词活动，在苗语东部方言比较常见。但是，这种事实上的拟音词，由于一开始就跟具体的所指紧密联系在一起，故而没有形成苗语东部方言语词发展的基础，只是孤立地存在。继续以"帑"（taŋ^{53}）

为例。在苗语东部方言里面，有原生的"taŋ⁵³"这个单音词，其词义是"洞开"，引申为"觉悟""明理"。这个单音词的骈俪词是"qwɯ³¹"，词义是"通（底）"或"塌（底）"，引申为"通透""明白"。而作为钱币的"taŋ⁵³"，在苗语里面没有骈俪词。在苗语里面是骈俪式的存在还是孤立式的存在，是鉴别其属于借词与否的重要标志。

第二节 状词构造与使用中的人文信息

8.2.1 苗语状词的构造与使用背后的人文故事

苗语状词的构造与使用，隐含着使用者未必知晓的一些人文信息。这些人文信息，是苗族历史文化最为真实的侧面或细节。

1. "描摹范围"的"三多三少"

苗语状词的"描摹范围"，有"三多三少"。

一是"描摹声音类"的语词很多，而且，这些声音发生的空间多在野外、多在劳作的场景、多在家庭或小群体自由生活的环境，很少有城堡生活的声音，很少有把玩生活、闲情逸致的声音，很少有脱离现世进入虚空梦幻的声音。

二是"描摹程度类"的语词很多，而且，这些语词都涉及到人的生产劳动，很有负重感和紧张感，很少有不涉及劳动的，诸如读书、经商、修身等内容的"程度类"状词。

三是描摹单一色彩和自然色彩的语词很多，描摹复杂色彩和人工色彩的极少。

这些特点似乎说明，苗语东部方言的状词，自创生以来，主要是生存于田野的劳动者在创造和使用，没有经历过文人骚客的雕琢打磨。

2. 语词的秩序关系确立存在"政治"的因素

苗语状词与其所修饰的语词之间的关系，是用"已知"描摹"未知"，而其中的"已知"和"未知"的关系确立，深受局域政治文化的中心与边缘关系的影响。

在政治、经济、文化、社会关系相对密切的某个局域，中心地带和主流人群，对某一描述对象形成的语词音义，通常会成为状词的"已知"，而就同一对象的描述，边缘地带和弱势人群，哪怕早于中心地带和主流人群形成完整稳定的音义，那种音义也会属于"未知"。因此，苗语状词的核心单音词，与其所描摹的动词、形容词、名词，在时间轴上未必是严格的顺序关系。

以词义与"红艳艳"或"红彤彤"相同的苗语状词"ȵa⁴² qɑ⁴⁴ qɑ⁴²"为例。其中，作为状词的核心单音词的"qɑ⁴²"，音义未必先于被"qɑ⁴⁴ qɑ⁴²"（"qɑ³¹ qɑ³¹"的微变音）修饰的形容词"ȵa⁴²"的音义形成。这两个单音词在合成词"ȵa⁴² qɑ⁴⁴ qɑ⁴²"里的秩序关系，乃是"ȵa⁴² qɑ⁴⁴ qɑ⁴²"这个语词形成之时，中心地带和主流人群认定的"qɑ⁴²"与"ȵa⁴²"的音义形成的秩序决定的。这一关系，只需通过"ȵa⁴² qɑ⁴⁴ qɑ⁴²"与被视为汉语合成词的"红艳艳"比较，就可以得到较为清晰的认识。实际上，就单音词的音义对应关系而言，苗语词"ȵa⁴²"的音义与"艳"或"殷"可能相同；"qɑ³¹"的音义与"红"或"瑰"相同。"红"字取音于"工"，"工"字的古音应读"qu²²"。故"红"的苗文声母是由"g""h"组合音，国际音标记作"q"，古时读音与苗语"qɑ³¹"相似。"红"字的本义是"女工"，借来表达相对复杂的"殷"，故有"殷红"。也就是说，如果以苗语关于"红"与"艳"的生成时序来定，则由状词与其修饰的形容词组成的这个合成词应该是"ȵa⁴² qɑ⁴⁴ qɑ⁴²"，单音词一一对应的汉语合成词是"艳红红"；而如果按照汉语关于"红"与"艳"的生成时序来定，则这个合成词应该是"红艳艳"，单音词一一对应的苗语合成词应该是"qɑ³¹ ȵa⁴² ȵa⁴²"。站在苗语的角度，汉语合成词"红艳艳（qɑ⁴² ȵa⁴² ȵa⁴²）"是奇怪的组合；站在汉语的角度，苗语合成词"ȵa⁴² qɑ⁴⁴ qɑ⁴²（艳红红）"，亦是奇怪的组合。但是，在转化为汉语表达时，苗语合成词"ȵa⁴² qɑ⁴⁴ qɑ⁴²（艳红红）"，就必须主动变成"红艳艳"。

再以当今苗语东部方言常用的"tɕʰo⁴⁴ nu³¹"一词为例说明。这个语词，是当今苗语对汉语称作"还愿"祭仪的称谓，汉语文本记作"朝傩"。事实上，"tɕʰo⁴⁴ nu³¹"这个语词的原本称谓是"tɕʰo³¹ nɯ⁴²"，四音格诗化表达为"tɕʰo³¹ nɯ⁴² tɕʰo³¹ qwẽ⁴²"。其中，单音词"tɕʰo³¹"的词义是

"导引""萌发";单音词"nɯ⁴²"的音义与"卵"相同,在日常用语中的语义是"生育繁衍"。因此,"tɕʰo³¹ nɯ⁴²"及其四音格诗化表达的"tɕʰo³¹ nɯ⁴² tɕʰo³¹ qwẽ⁴²",本义是"引导或萌发生育"。这种以表演男女交欢、怀孕生子、妇幼保健等为主要内容的苗族原生祭仪形式,自古有之。由于大约唐宋以降,杨氏土司、田氏土司成为中原的汉文化与武陵山腹地的苗文化交流的主要代表,"tɕʰo³¹ nɯ⁴²"的称谓和相应内容,才逐渐被使用汉语与苗语夹杂的语言的人们所承载,半苗半汉或亦苗亦汉的"tɕʰo³¹ nɯ⁴²"祭仪,才以土司官及其辖区内的人们使用的版本为标准并进行四处传播。所以,在清末民国时期,苗族民间称谓"朝傩"法事时,还区分"tɕʰo⁴⁴ nu³¹ le²²"和"tɕʰo⁴⁴ nu³¹ qʰa⁵³"。其中,"tɕʰo⁴⁴ nu³¹ le²²"指的是来自"田氏土司"辖地的"朝傩"法事,"tɕʰo⁴⁴ nu³¹ qʰa⁵³"指的是来自"杨氏土司"辖地的"朝傩"法事。两派"朝傩"祭仪的区别在于,前者的祖师法坛主要是思南、思州、黔阳,后者的祖师法坛在辰州、靖州、麻阳。他们的共同点是,都不知道"朝傩"的本音是"tɕʰo³¹ nɯ⁴²"、本义是"导引和萌发生育繁衍",而是按照"巴狄雄"法事的主体框架和道教科仪的做法,对"傩神"进行迎请和礼待。由于他们把"tɕʰo³¹ nɯ⁴²"的"nɯ⁴²"语音固化成了"傩"、语义固化成了"傩公傩母",并应用政治、军事、经济、文化的优势对完全苗语区(生苗区)进行长时期的推送,才形成了对完全使用苗语的"tɕʰo³¹ nɯ⁴²"祭仪的替代。因此,"tɕʰo⁴⁴ nu³¹"这个语词就完全替代了"tɕʰo³¹ nɯ⁴²","tɕʰo³¹ nɯ⁴²"这个语词就逐渐消失了,人们也就不知道"朝傩"这个语词的本原音义是"tɕʰo³¹ nɯ⁴²"了。

从这个意义上说,包括苗语状词在内的苗语词、构造和使用,都隐含着丰富而生动的却又鲜为人知的历史信息。

3. 苗语状词之核心单音词的语音稳定性背后的故事

苗语状词的音义,有的非常稳定,有的不够稳定。例如,描摹动作行动迟缓的四音节状词"ʐei⁴⁴ ʐei⁴⁴ ʐɯ⁴⁴ ʐɯ⁴²",拆开成"ʐei⁴⁴ ʐei⁴⁴"和"ʐɯ⁴⁴ ʐɯ⁴²"使用时,"ʐei⁴⁴ ʐei⁴⁴"就要变成"ʐei³¹ ʐei³⁵"。"巴狄雄"神辞里多有这样的句子:"ʐei³¹ ʐei³⁵ qo³¹ kɯ⁴⁴, ʐɯ⁴⁴ ʐɯ⁴² qo³¹ kuŋ³⁵",语义是:"怡然上路,悠哉启程。"这说明,作为状词"ʐei⁴⁴ ʐei⁴⁴ ʐɯ⁴⁴ ʐɯ⁴²"核心单音词的"ʐei⁴⁴",语音并不稳定。

为什么有的苗语状词的核心单音词的语音是稳定的，而有的是不够稳定的？此前没有人思考过这个问题。本研究认为，苗语状词的核心单音词的语音稳定性，受到多个因素的复杂影响。

(1) 导致语音不稳定的因素

一是描摹声音而形成拟声词，语音不太稳定，是因为描摹的贴切程度不一样。例如，用苗语描摹燕子鸣叫，有的地方用"$ci^{35}\ ci^{35}$"，有的地方用"$ci^{53}\ ci\tilde{e}^{35}\ ci^{53}$"。汉语对燕子鸣叫的拟音，也有"唧唧"和"啾啾"之差异。在这种情况下，便会有不同的拟声词来共同描摹同一种声音的情况。又例如，在苗歌中，常用来描摹"鸡鸣寨幽"的句子有两个：一是"$qa^{35}\ qa^{53}\ tɕi^{31}\ hɯ^{35}\ a^{44}\ z̩ɯ^{44}\ z̩ɯ^{44}$"，二是"$qa^{35}\ qa^{53}\ tɕi^{31}\ hɯ^{35}\ a^{44}\ z̩\tilde{a}^{44}\ z̩\tilde{a}^{44}$"，显然，鸡鸣交响的那种状况，苗语可以用"$z̩ɯ^{44}z̩ɯ^{44}$"描摹，也可以用"$z̩\tilde{a}^{44}z̩\tilde{a}^{44}$"描摹。这说明，同一声音对象，在苗语中存在不同的拟声词。在这种情况下，拟声词叠加所形成的状词，核心单音词的语音就不会固定不变。

二是不同局域的苗语状词，有其使用某个语音的集体偏好。比如，描摹"软烂程度"的状词"$la^{44}\ la^{53}$"，通常用来修饰词义是"软"的"ne^{42}"，贵州省松桃苗族自治县盘信镇、长坪乡一带，习惯于表达成"$ne^{42}\ la^{44}\ la^{53}$"，而蓼皋镇、长兴镇一带，则习惯于表达成"$ne^{42}\ lɯ^{31}\ lɯ^{35}$"。这样，就导致了这个状词的语音不够稳定。

三是用作状词核心单音词的某个语词，具体的语音，民间并没有形成共识，而是此地用此地的习惯说法，彼地用彼地的习惯说法。这些说法之间没有具备排他性，于是便模糊地共存了。比如，对于"亮"，有的地方说成"$mz̩\tilde{e}^{42}$"，有的地方说成"$m\tilde{e}^{42}$"，描摹"明亮的程度"的状词，有的地方说成"$mpz̩^h\tilde{a}^{44}\ mpz̩^h\tilde{a}^{44}$"，有的地方说成"$mp^h\tilde{a}^{44}\ mp^h\tilde{a}^{44}$"。因此，词义相当于"亮堂堂"或"亮晃晃"苗语"形容词+状词"组合，有的地方说成"$mz̩\tilde{e}^{42}\ mpz̩^h\tilde{a}^{44}\ mpz̩^h\tilde{a}^{44}$"，有的地方说成"$mz̩\tilde{e}^{42}\ mp^h\tilde{a}^{44}\ mp^h\tilde{a}^{44}$"。

(2) 促使语音稳定的因素

苗语状词的语音大多数是稳定的。促成稳定的因素，主要有两个方面。

一是共识锁定。通常，与生产生活的中心内容越近的语词，音义越稳定，反之则越不够稳定。这是因为与日常生活关系越密切的语词，生成的时间相对较早，群体使用的概率相对较高，群体对其音义相互较真的机会就比较多，处于不断被磨合的状态，到了一定的时间，就达成了完全共识、共遵和共用的默契。

二是文本锁定。在这里，所谓的文本，有两种形态。第一种是文字文本。在古代，文字与权力是密不可分的。语词的音义进入文字文本，实际上就是进入了权威话语系统，就会得到权力的承认和固定，形成锁定状态。第二种是口传文本。比如，具有仪式性、神圣性的神辞、理词等口传经典。由于口传经典虽然是口传心授的文本，但因它具有仪式性、神圣性，传与授都要求循规蹈矩，不允许篡改，因而对语词的音义具有很强的固化作用。

第三节　多重表义功能状词蕴含的文化信息

第七章的列表说明，苗语东部方言存在具有多重表义功能的状词，即存在可以同时修饰几个动词、形容词、名词的状词。从现已认知的状词功能来看，它们是状词的特殊现象。但是，如果可以从语词生成发展史来建立理解的基点，则它们可能是从根本上弄清苗语东部方言状词乃至苗语、汉语生成发展之根本规律的密钥。

8.3.1　多项表义功能状词

苗语东部方言有至少7个双音节叠音状词，具有多项表义功能，即可以同时修饰几个动词、形容词、名词。其中，有4个同自己的骈俪式状词或微变音状词，组成一个表义功能存在密切关系的状词丛。

1. "$z_ɯ^{44} z_ɯ^{44}$"

（1）"$z_ɯ^{44} z_ɯ^{44}$" 为核心的状词丛

以"$z_ɯ^{44} z_ɯ^{44}$"为核心的状词丛，是由"$z_ɯ^{44} z_ɯ^{44}$"及其微变音、

微变义状词构成的一个状词集合，共有至少 11 个双音节叠音状词。其中的状词，或可以同核心状词"ʐɯ⁴⁴ ʐɯ⁴⁴"进行叠加，形成四音节状词；或可以代替"ʐɯ⁴⁴ ʐɯ⁴⁴"修饰同一动词、形容词、名词。兹对其属性列表说明如下：

\multicolumn{5}{c}{"ʐɯ⁴⁴ ʐɯ⁴⁴"为核心的状词丛}				
名称	汉字拟音	在本状词丛里的作用	可修饰的语词	例子
ʐɯ⁴⁴ ʐɯ⁴⁴	日日	核心	qwẽ³¹（黄）	qwẽ³¹ ʐɯ⁴⁴ ʐɯ⁴⁴
				qwẽ³¹ ʐei⁴⁴ qwẽ³¹ ʐɯ⁴⁴
			ȵtɕʰĩ⁵³（红）	ȵtɕʰĩ⁵³ ʐɯ⁴⁴ ʐɯ⁴⁴
				ȵtɕʰĩ⁵³ ʐei⁴⁴ ȵtɕʰĩ⁵³ ʐɯ⁴⁴
			ȵa⁴²（红）	ȵa⁴² ʐɯ⁴⁴ ʐɯ⁴⁴
				ȵa⁴² ʐei⁴⁴ ȵa⁴² ʐɯ⁴⁴
			ɕo⁴⁴（暖）	ɕo⁴⁴ ʐɯ⁴⁴ ʐɯ⁴⁴
			tsʰẽ³⁵（明亮、清澈）	tsʰẽ³⁵ ʐɯ⁴⁴ ʐɯ⁴⁴
			qɑ⁵³（悦耳的鸣叫）	qɑ⁵³ tɕi³¹ hɯ³⁵ a⁴⁴ ʐɯ⁴⁴ ʐɯ⁴⁴
				ʂo³⁵ sa⁴⁴ ʐɯ⁴⁴ ʐɯ⁴⁴
ʐei⁴⁴ ʐei⁴⁴	热热	ʐɯ⁴⁴ ʐɯ⁴⁴ 的微变音，可作多个状词的骈俪词	qwẽ³¹（黄）	qwẽ³¹ ʐei⁴⁴ qwẽ³⁵ ʐaŋ³⁵
			ŋo³⁵ la³¹（行动缓慢）	ʐei⁴⁴ ʐei⁴⁴ ʐaŋ⁴⁴ ʐaŋ⁵³
				ʂə³⁵ ʐei⁴⁴ ʂə³⁵ ʐaŋ⁵³
			ʂo³⁵ mpo⁵³（乐音）	ʐei⁴⁴ ʐei⁴⁴ ʐã⁴⁴ ʐã
				ʐei⁴⁴ ʐã⁴⁴ ʐei⁴⁴ ʐã⁴⁴
ʐaŋ³¹ ʐaŋ³⁵	瓢瓢	ʐɯ⁴⁴ ʐɯ⁴⁴ 的微变音，并与之同义	qwẽ³¹（黄）	qwẽ³¹ ʐaŋ³¹ ʐaŋ³⁵
				qwẽ³¹ ʐei⁴⁴ qwẽ³¹ ʐei⁴⁴
ʐã⁴⁴ ʐã⁴⁴	然然	ʐei⁴⁴ ʐei⁴⁴ 的微变音，并与之同义	ʂo³⁵ mpo⁵³（乐音）	ʐei⁴⁴ ʐei⁴⁴ ʐã⁴⁴ ʐã⁴⁴
				ʐei⁴⁴ ʐã⁴⁴ ʐei⁴⁴ ʐã⁴⁴
				ʂo³⁵ N qə³⁵ ʐã⁴⁴ ʐã⁴⁴

续表

	"ʐɯ⁴⁴ʐɯ⁴⁴"为核心的状词丛
ʐuŋ⁴⁴ʐuŋ⁴²	融融	ʐaŋ³¹ʐaŋ³⁵的微变音，动词化微变义	ta⁴²（燃烧）	ta⁴²ʐuŋ⁴²ʐuŋ⁴²
			ço⁴⁴（暖）	ço⁴⁴ʐuŋ⁴²ʐuŋ⁴²
			ŋo³⁵la³¹（行动迟缓）	ʐa²²ʐa²²ʐuŋ⁴²ʐuŋ⁴²
				pa⁴⁴ʐuŋ⁴²pa⁴⁴ʐuŋ⁴²
ʐuŋ⁴⁴ʐuŋ⁴⁴	融融	ʐaŋ³¹ʐaŋ³⁵的微变音，形容词化微变义	tɕi³¹hɯ³⁵（混响、杂音）	ʐei⁴⁴ʐei⁴⁴ʐuŋ⁴²ʐuŋ⁴²
				qei⁴⁴ʐei⁴⁴qu⁴⁴ʐuŋ⁴⁴
			lo²²（碧绿）	lo²²ʐuŋ⁴⁴ʐuŋ⁴⁴
			ȵu²²（生、陌生、红肿）	ȵu²²ʐuŋ⁴⁴ʐuŋ⁴⁴
lɯ⁴⁴lɯ⁴⁴	溜溜	ʐɯ⁴⁴ʐɯ⁴⁴的微变音，同义	ȵtɕʰĩ⁵³（赤）	ȵtɕʰĩ⁵³lɯ⁴⁴lɯ⁴⁴
			ŋa⁴²（艳）	ŋa⁴²lɯ⁴⁴lɯ⁴⁴
			ɕiẽ⁴⁴（成熟、熟悉）	ɕiẽ⁴⁴lɯ⁴⁴lɯ⁴⁴
ʐɯ³¹ʐɯ³⁵	悠悠	ʐɯ⁴⁴ʐɯ⁴⁴的微变音，同义	ŋo³⁵la³¹（缓慢）	ʐɯ³¹ʐɯ³⁵qo³⁵kɯ⁴⁴
ʐu³¹ʐu³¹	悠悠	ʐɯ³¹ʐɯ³⁵的微变音，同义	mo⁴²（病情缓慢而沉重）	ca²²ʐu³¹ʐu³¹pja⁵³
ʐɯ⁴⁴ʐɯ⁴²	悠悠	ʐɯ⁴⁴ʐɯ⁴⁴的微变音，动词化微变义	ŋo³⁵la³¹（行动缓慢）	ʐa⁴⁴ʐa⁴⁴ʐɯ⁴⁴ʐɯ⁴²
				ʐa⁴⁴ʐɯ⁴⁴ʐa⁴⁴ʐɯ⁴²
ʐei⁴⁴ʐei⁴²	瑞瑞	ʐei⁴⁴ʐei⁴⁴的微变音，形容词化微变义	tɕi⁴⁴ncʰiẽ⁴⁴（愉悦）	to⁴⁴ʐei⁴⁴ʐei⁴²
				to⁴⁴pʰo³⁵to⁴⁴ʐei⁴²

（2）"ʐɯ⁴⁴ʐɯ⁴⁴"状词丛的表义功能特点

"ʐɯ⁴⁴ʐɯ⁴⁴"为核心的状词丛的表义功能，有如下三个特点：

一是"ʐɯ⁴⁴ʐɯ⁴⁴"能够修饰的语词最多。它可以修饰词义是移动、走动、蠕动等动词，表示移动的缓慢程度；它可以修饰的形容词，主要是"红""黄""暖""明亮（清澈）""悦耳地鸣叫"；它可以修饰的名词，主要是诸如歌声、鸟鸣等"悦耳的声音"。

二是"ʐɯ⁴⁴ʐɯ⁴⁴"为核心的状词丛，所修饰的语词，无论是形容词、名词，都与红或黄以及由红或黄所代表的或所引申出来的温暖、光明、愉悦、成熟、悦耳等有关。

三是"ʐɯ⁴⁴ʐɯ⁴⁴"为核心的状词丛，所修饰的动词，词义是"有规律地缓慢移动"。

（3）"ʐɯ⁴⁴ʐɯ⁴⁴"状词丛的词义变化规律

"ʐɯ⁴⁴ʐɯ⁴⁴"为核心的状词丛，词义变化有三个方向。

方向一：表示红与黄的程度。这个方向上的状词，共有三个圈层。其中，第一圈层的状词是表示红、黄的程度。比如，词义相当于"红彤彤"的"ȵtɕʰi⁵³ʐɯ⁴⁴ʐɯ⁴⁴"，词义相当于"红艳艳"的"ȵa⁴²ʐɯ⁴⁴ʐɯ⁴⁴"，词义相当于"黄澄澄"的"qwẽ³¹ʐɯ⁴⁴ʐɯ⁴⁴"。第二圈层的状词，是由红色、黄色所代表的事象。比如，表示果实成熟的"ɕiẽ⁴⁴ɭɯ⁴⁴ɭɯ⁴⁴"，表示伤口或疗疮发炎红肿的"ȵu²²ʐuŋ⁴⁴ʐuŋ⁴⁴"。第三卷层的状词，是由红或黄代表温暖、舒适、明亮，以及由此引申出来的愉悦、微笑等。比如，词义相当于"热乎乎"的"ɕo⁴⁴ʐɯ⁴⁴ʐɯ⁴⁴"或"ɕo⁴⁴ʐuŋ⁴⁴ʐuŋ⁴²"，词义相当于"笑微微"的"to⁴⁴ʐei⁴⁴ʐei⁴²"。

方向二：表示缓慢移动程度。这个方向的状词没有形成圈层，但多数是互为骈俪的两个双音节状词叠加而成四音节状词。比如，词义相当于"熙熙攘攘"的"ʐei⁴⁴ʐei⁴²ʐaŋ⁴⁴ʐaŋ⁵³"和"ʐei⁴⁴ʐei⁴²ʐɯ⁴⁴ʐɯ⁴²"。

方向三：表示悦耳动听的舒缓声响。这个方向的状词也没有形成圈层。其中，既有叠音双音节状词，也有由互为骈俪的两个双音节状词叠加而成四音节状词。比如，词义相当于"歌声悠悠"的"ʂo³⁵ɴqə³⁵ʐɯ⁴⁴ʐɯ⁴⁴"，词义相当于"悠悠然然"的"ʐei⁴⁴ʐei⁴²ʐã⁴⁴ʐã⁴⁴"。

(4) "ʐɯ⁴⁴ ʐɯ⁴⁴" 状词丛的语音变化规律

"ʐɯ⁴⁴ ʐɯ⁴⁴" 为核心的状词丛，语音变化有三种情形。

第一种情形，是 "ʐɯ⁴⁴ ʐɯ⁴⁴" 的声母发生微变，形成与之表义功能基本相同的双音节叠音状词。有两种微变方式。一是 "ʐɯ⁴⁴ ʐɯ⁴⁴" 的声母 "ʐ" 变成 "l̥"，形成 "l̥ɯ⁴⁴ l̥ɯ⁴⁴"。这个状词除了可以修饰 "ʐɯ⁴⁴ ʐɯ⁴⁴" 所修饰的 "ɳtɕʰĩ⁵³"（赤）、"ɳa⁴²"（艳），还可以修饰 "ɕiẽ⁴⁴"（成熟、娴熟）。二是 "ʐɯ⁴⁴ ʐɯ⁴⁴" 的声母 "ʐ" 变成 "z"，形成 "zɯ³¹ zɯ³¹"。口语表达时，这个状词往往被读成 "zu³¹ zu³¹"。比如，词义是"病情变化缓慢而沉重"的 "cɑ²² zu³¹ zu³¹"。"zɯ³¹ zɯ³¹" 修饰行动缓慢时，可以置于动词之前。例如，在"巴狄雄"神辞里面常见这样的句子："zɯ³¹ zɯ³⁵ qo³¹ kɯ⁴⁴, zaŋ⁴⁴ zaŋ⁵³ qo³⁵ kuŋ³⁵"。语义是"悠然而行，缓慢移动"。

第二种情形是 "ʐɯ⁴⁴ ʐɯ⁴⁴" 韵母发生微变，形成一些互为骈俪的双音节叠音状词。共有五种微变方式：一是 "ʐɯ⁴⁴ ʐɯ⁴⁴" 的韵母 "ɯ" 变成 "ã"，形成 "ʐã⁴⁴ ʐã⁴⁴"。二是 "ʐɯ⁴⁴ ʐɯ⁴⁴" 的韵母 "ɯ" 变成 "aŋ"，形成 "ʐaŋ³¹ ʐaŋ³⁵"。三是 "ʐɯ⁴⁴ ʐɯ⁴⁴" 的韵母 "ɯ" 变成 "ei"，形成 "ʐei⁴⁴ ʐei⁴⁴"。四是 "ʐɯ⁴⁴ ʐɯ⁴⁴" 的韵母 "ɯ" 变成 "a"，形成 "ʐa⁴⁴ ʐa⁴⁴" 或 "ʐa²² ʐa²²"。五是 "ʐɯ⁴⁴ ʐɯ⁴⁴" 的韵母 "ɯ" 变成 "uŋ"，形成 "ʐuŋ⁴⁴ ʐuŋ⁴²"。

第三种情形是 "ʐɯ⁴⁴ ʐɯ⁴⁴" 声调发生微变，形成一些互为骈俪的双音节叠音状词。共有两种微变方式：一是双音节状词的后面一个单音词变调。如，"ʐɯ⁴⁴ ʐɯ⁴⁴" 的后面一个 "ʐɯ⁴⁴" 的调值由 "44" 变成 "42"，形成 "ʐɯ⁴⁴ ʐɯ⁴²"。二是双音节状词的两个音节都变调。如，"ʐei⁴⁴ ʐei⁴⁴" 变成 "ʐei³¹ ʐei³⁵"，"ʐɯ⁴² ʐɯ⁴²" 变成 "ʐɯ³¹ ʐɯ³⁵"，"ʐaŋ³¹ ʐaŋ³⁵" 变成 "ʐaŋ⁴⁴ ʐaŋ⁵³"。

此外，还存在声母、韵母、声调同时微变的情形。例如，"ʐuŋ⁴⁴ ʐuŋ⁴²"，可以视为 "ʐaŋ³¹ ʐaŋ³⁵" 的韵母和声调同时微变的结果；"zu³¹ zu³¹" 可以视为 "ʐɯ⁴⁴ ʐɯ⁴⁴" 的声母、韵母、声调同时发生微变的结果。当然，这种情形微变，也可以视为声母、韵母、声调单独微变叠加而形成的结果。

(5)"ʐɯ⁴⁴ ʐɯ⁴⁴"的词根"ʐɯ⁴⁴"的音义

"ʐɯ⁴⁴ ʐɯ⁴⁴"为核心的状词丛，所有的音义都与"ʐɯ⁴⁴ ʐɯ⁴⁴"的词根"ʐɯ⁴⁴"有关。只有弄清单音词"ʐɯ⁴⁴"的音义，才有可能弄清"ʐɯ⁴⁴ ʐɯ⁴⁴"为核心的状词丛，为什么如此构成，为什么可以修饰红色、黄色、行动缓慢、乐音、成熟等方面的形容词、动词和名词。

本研究认为，"ʐɯ⁴⁴ ʐɯ⁴⁴"的词根"ʐɯ⁴⁴"，最初的音义与汉字"日"相同；它的骈俪词"ʐaŋ³¹ ʐaŋ³⁵"的词根"ʐaŋ³⁵"，最初的音义与汉字"阳"相同。换言之，"ʐɯ⁴⁴"和"ʐaŋ³⁵"的最初音义都是指太阳，义项包括太阳的颜色、太阳的光亮、太阳的温暖、太阳的运动。这两个互为骈俪的单音词，最初的语音，可能是苗族先民享受太阳的温暖时发出的用以表示太阳的颜色、太阳的光亮、太阳的温暖、太阳的运动的拟声词，当今苗文用"roud"或"rangx"表示。

由于拟声词"ʐɯ⁴⁴"和"ʐaŋ³⁵"的初始义项有四个：表示太阳的颜色、太阳的光明、太阳的温暖、太阳的运动，其叠加形成状词之后，才具有与初始义项相应的描摹功能：一是描摹红色、黄色的合成词"ŋa⁴² ʐɯ⁴⁴ ʐɯ⁴⁴"和"qwẽ³⁵ ʐaŋ³¹ ʐaŋ³⁵"。二是描摹明亮、清澈的"tsʰẽ³⁵ ʐɯ⁴⁴ ʐɯ⁴⁴"。三是描摹温暖的"ɕo⁴⁴ ʐɯ⁴⁴ ʐɯ⁴⁴"以及微变音状词"ɕo⁴⁴ ʐuŋ⁴⁴ ʐuŋ⁴²"。四是描摹运动缓慢的"ʐɯ⁴⁴ ʐɯ⁴²""ʐei⁴⁴ ʐei⁴⁴ ʐɯ⁴⁴ ʐɯ⁴²"，以及由之微变音而成的"ʐa⁴⁴ ʐa⁴⁴ ʐɯ⁴⁴ ʐɯ⁴²""ʐei⁴⁴ ʐuŋ⁴² ʐei⁴⁴ ʐuŋ⁴²"，等等。

由于"ʐɯ⁴⁴"和"ʐaŋ³⁵"最初的音义是"日"和"阳"，更多表示红色（黄色），而红色（黄色）与温暖、果实成熟、肉食、身心愉悦等美好的事情总是密切关联，故在苗族传统观念中，太阳、火、果实成熟、肉，总是吉祥、美好、幸福的象征，继而有尚红（黄）、尚东的文化情节。

2."qã⁴⁴ qã⁴⁴"

(1)"qã⁴⁴ qã⁴⁴"为核心的状词丛

"qã⁴⁴ qã⁴⁴"为核心的状词丛，共有 4 个双音节叠音状词和 10 四音节叠音状词。它们也可以视为以"qã⁴⁴ qã⁴⁴"的微变音状词"qã³⁵ qã³⁵"或"qei³⁵ qei³⁵"为核心的状词丛。这是一个主要用来描摹乐音与噪音的状词丛。具体构成如下表：

qã⁴⁴qã⁴⁴ 为核心的状词丛					
名称	汉字拟音	在本状词丛里的作用	可修饰的语词	例子
qã⁴⁴qã⁴⁴	干干	核心。拟写蝉类昆虫鸣叫的拟声词	n̪a³⁵ ʂo³⁵（乐音）	qã⁴⁴ẓa⁴⁴ qã⁴⁴ẓa⁴
				qei⁴⁴qã⁴⁴ qei⁴⁴qã⁴⁴
				qei⁴⁴qei⁴⁴qã⁴⁴qã⁴⁴
qã³⁵qã³⁵	干干	qã⁴⁴qã⁴⁴ 的微变音	ʂo³⁵mpo⁵³（噪音）	qei⁴⁴qã³⁵ qei⁴⁴qã³⁵
				pẓʰə⁴² ã⁴⁴qã³⁵qã³⁵
qei³⁵qei³⁵	给给	qã⁴⁴qã⁴⁴ 的微变音	ʂo³⁵mpo⁵³（噪音）	n̪a³⁵ã⁴⁴qei³⁵qei³⁵
				qei⁴⁴qã⁴⁴qã³⁵qã³⁵
qa⁵³qa⁵³	嘎嘎	qã⁴⁴qã⁴⁴ 的微变音	ʂo³⁵mp⁵³（噪音）	mpo⁵³ã⁴⁴qa⁵³qa⁵³
				qei⁴⁴qa⁵³ qei⁴⁴qa⁵³
			tɕi⁴⁴ŋkwã⁴⁴（磨蹭、啰唆）	qei⁴⁴qa⁵³
				qei⁴⁴qa⁵³ qei⁴⁴qa⁵³

（2）"qã⁴⁴ qã⁴⁴" 状词丛的音义变化规律

"qã⁴⁴ qã⁴⁴" 状词丛的音义之间具有这样的规律：调值 "44" 的状词，用来表达乐音或纯音；其余调值（"35" 和 "53"）的状词，用来描摹噪音或杂音。

3. "ʂã⁴⁴ ʂã⁴⁴"

（1）"ʂã⁴⁴ ʂã⁴⁴" 为核心的状词丛

"ʂã⁴⁴ ʂã⁴⁴" 为核心的状词丛，由两个互为骈俪的双音节叠音状词构成。这是一个主要用来描摹挺拔与俊美的状词丛。具体构成如下表：

ʂã⁴⁴ ʂã⁴⁴ 为核心的状词丛				
名称	汉字拟音	在本状词丛里的作用	可修饰的语词	例子
ʂã⁴⁴ ʂã⁴⁴	山山	核心	ntsʰa³⁵（清洁）	ntsʰa³⁵ʂã⁴⁴ʂã⁴⁴
			pʰei³⁵（俊美）	ʂã⁴⁴ʂã⁴⁴ʂei⁴⁴ʂei⁵³
			qʰwe³¹（英俊、漂亮）	te³⁵ŋwei³¹ʂã⁴⁴ʂã⁴⁴，te³⁵ŋwa⁴²ʂei⁴⁴ʂei⁵³

续表

ṣa⁴⁴ ṣa⁴⁴ 为核心的状词丛			
名称	汉字拟音	在本状词丛里的作用	可修饰的语词	例子
ṣei⁴⁴ ṣei⁵³	水水	ṣa⁴⁴ ṣa⁴⁴ 的微变音骈俪词	ta³¹（率直）	ta³¹ ṣei⁴⁴ ṣei⁵³
			ta³¹（俊美）	ṣa⁴⁴ ṣa⁴⁴ ṣei⁴⁴ ṣei⁵³

（2）"ṣa⁴⁴ ṣa⁴⁴"的词根"ṣa⁴⁴"的音义

状词"ṣa⁴⁴ ṣa⁴⁴"的词根"ṣa⁴⁴"，跟"ṣei⁴⁴ ṣei⁵³"的词根"ṣei⁴⁴"，是互为骈俪的两个单音词，其音义与汉字"率""秀""修"可能相同，本音应是"ṣa³⁵"，本义是"笔直""高挑""匀称"等。

4. "ntsʰã⁴⁴ ntsʰã⁴⁴"

（1）"ntsʰã⁴⁴ ntsʰã⁴⁴"为核心的状词丛

"ntsʰã⁴⁴ ntsʰã⁴⁴"为核心的状词丛，由两个互为骈俪的双音节叠音状词构成。这是一个主要用来描摹生鲜、陌生、翠绿的状词丛。具体构成如下表：

ntsʰã⁴⁴ ntsʰã⁴⁴ 为核心的状词丛			
名称	汉字拟音	在本状词丛里的作用	可修饰的语词	例子
ntsʰã⁴⁴ntsʰã⁴⁴	灿灿	核心	ȵu²²（生鲜、陌生）	ȵu²² ntsʰã⁴⁴ ntsʰã⁴⁴
			lo²²（绿山、绿色）	lo²² ntsʰã⁴⁴ ntsʰã⁴⁴
			mzo³⁵（湛蓝）	mzo³⁵ ntsʰã⁴⁴ ntsʰã⁴⁴
ntsʰu⁴⁴ntsʰu⁴⁴	粗粗	ntsʰã⁴⁴ ntsʰã⁴⁴ 的微变音骈俪词	ȵu²²（生鲜、陌生）	ȵu²² ntsʰu⁴⁴ ntsʰu⁴⁴

（2）"ntsʰã⁴⁴ ntsʰã⁴⁴"的词根"ntsʰã⁴⁴"的音义

状词"ntsʰã⁴⁴ ntsʰã⁴⁴"的词根"ntsʰã⁴⁴"与其骈俪词"ntsʰu⁴⁴ ntsʰu⁴⁴"的词根"ntsʰu⁴⁴"，本音应是"ntsʰã⁴⁴"。"ntsʰã³⁵"的音义与汉字"膻"和"翠""苍"可能相同。

5. "tɕʰa⁴⁴ tɕʰa⁴⁴"

"tɕʰa⁴⁴ tɕʰa⁴⁴"是一个具有多种表义功能的状词，可以同时修饰三个形容词。一是能够修饰词义与"薄"相当的"niɛ²²"，组成词义与"薄菲菲"相当的合成词"niɛ²² tɕʰa⁴⁴ tɕʰa⁴⁴"。二是能够修饰词义与"短"相当的"le⁴⁴",组成词义是"短浅"的合成词"le⁴⁴ tɕʰa⁴⁴ tɕʰa⁴⁴"。三是能够修饰词义与"浅"相当的"miɛ̃⁴⁴",组成词义是"浅薄",引申义是"没有城府"的合成词"miɛ̃⁴⁴ tɕʰa⁴⁴ tɕʰa⁴⁴"。

"tɕʰa⁴⁴ tɕʰa⁴⁴"的词根"tɕʰa⁴⁴",在日常用语中的词义是"浅薄""纤细",音义可能与"戋""笺"相同。它的音近义同的骈俪词是"ȵtɕa⁴⁴"。这个单音词在口语表述时,通常读成"ȵtɕaŋ⁴⁴",亦可以自己叠加组成双音节状词"ȵtɕa⁴⁴ ȵtɕa⁴⁴"或"ȵtɕaŋ⁴⁴ ȵtɕaŋ⁴⁴",以及四音节叠音状词"ȵtɕi⁴⁴ ȵtɕi⁴⁴ ȵtɕaŋ⁴⁴ ȵtɕaŋ⁴⁴"或"ȵtɕi⁴⁴ ȵtɕaŋ⁴⁴ ȵtɕi⁴⁴ ȵtɕaŋ⁴⁴",用以描摹零碎、散乱的程度。

6. "tɕiɛ̃²² tɕiɛ̃²²"

"tɕiɛ̃²² tɕiɛ̃²²"是一个具有多种表义功能的状词,口语表述时,有的区域读作"tɕiɛ̃⁴⁴ tɕiɛ̃⁴⁴"。它可以同时修饰四个形容词,并作为形容词独自存在。一是能够修饰词义与"白净"相当的"qwə³⁵",组成词义与"白白净净"相当的合成词"qwə³⁵ tɕiɛ̃²² tɕiɛ̃²²"。二是能够修饰词义与"清洁""干净"相当的"ȵtɕʰi³⁵",组成词义与"干干净净"相当的合成词"ȵtɕʰi³⁵ tɕiɛ̃²² tɕiɛ̃²²"。三是能够修饰词义与"完结"相当的"tɕu²²",组成词义与"彻底结束"相当的合成词"tɕu²² tɕiɛ̃²² tɕiɛ̃²²"。四是能够修饰词义与"发光"相当的"tʰo³⁵",组成固定短语"tʰo³⁵ qa³⁵ tɕiɛ̃²² qa⁴⁴ tɕiɛ̃²²"。五是"tɕiɛ̃²² tɕiɛ̃²²"可以作名词或动词单独使用,词义与"全部"和"全部干掉"相当。

"tɕiɛ̃²² tɕiɛ̃²²"的词根"tɕiɛ̃²²",词义是"白净",音义可能与"晶"相同。

7. "ŋkʰie⁴⁴ ŋkʰie⁴⁴"

"ŋkʰie⁴⁴ ŋkʰie⁴⁴"是一个具有多种表义功能的状词,可以同时修饰四个形容词。一是能够修饰词义与"高"相当的"ʂã³⁵",组成词义与"高耸"相当的合成词"ʂã³⁵ ŋkʰie⁴⁴ ŋkʰie⁴⁴"。二是能够修饰词义与"撬动"相当的"lo³⁵",组成描摹"跷跷板运动"的合成词"lo³⁵ ŋkʰie⁴⁴ ŋkʰie⁴⁴"。三是能够修饰词义与"跛"相当的"la³¹",组成描摹"跛脚行走"的合成词"la³¹ ŋkʰie⁴⁴ ŋkʰie⁴⁴"。四是能够修饰词义与"蹈"相当的"tu²²",组成描摹"上下律动"的合成词"tu²² ŋkʰie⁴⁴ ŋkʰie⁴⁴"和形容词"tu²² ŋkʰie⁴⁴ ŋkʰie⁴⁴"。

"ŋkʰie⁴⁴ ŋkʰie⁴⁴"的词根"ŋkʰie⁴⁴",词义是"间隔""翘起",音义

可能与"企""间""隔"相同。在日常用语中,"ŋkʰie⁴⁴"的音近义同骈俪词是"n̠tɕʰiẽ⁵³",词义是"蹦蹦跳跳"。"n̠tɕʰiẽ⁵³"可以同自己的微变音单音词"n̠tɕʰie⁴⁴"叠加,组成四音节状词"n̠tɕʰie⁴⁴ n̠tɕʰie⁴⁴ n̠tɕʰiẽ⁵³ n̠tɕʰiẽ⁵³"和"n̠tɕʰie⁴⁴ n̠tɕʰiẽ⁵³ n̠tɕʰie⁴⁴ n̠tɕʰiẽ⁵³",单独使用表示"蹦蹦跳跳地行走",引申为"轻浮浅薄"。

8.3.2 多项表义功能状词蕴含的文化内容

1. 状词的多项表义功能源于其词根的义项

上述列举的例子说明,同时具有多项表义功能的状词,是其词根的本义及引申义决定的。例如,"ʐɯ⁴⁴ ʐɯ⁴⁴"的"ʐɯ⁴⁴",词义是"日",初始的义项里具有红与黄(太阳的颜色)、温暖(太阳的热能)、光明(太阳的明亮)、有规律地缓慢移动(太阳的运动方式),一共四个方面,而其中的温暖可以引申出愉悦、幸福、快乐,故"ʐɯ⁴⁴ ʐɯ⁴⁴"可以用来修饰有关红与黄的形容词,可以修饰有关温暖、舒适、愉悦的形容词,可以修饰有关明亮、清澈的形容词,可以修饰有关缓慢运动的动词。如果"ʐɯ⁴⁴ ʐɯ⁴⁴"的词根"ʐɯ⁴⁴"不是具有四个方面义项的"日",而是没有"缓慢运动"义项的"火",则"ʐɯ⁴⁴ ʐɯ⁴⁴"只能修饰"红""黄""热",不可能修饰表示"缓慢运动"的动词和形容词。

2. 大多数苗语状词词根是苗汉语共性语词

大多数苗语东部方言状词的词根是苗汉语共性语词,这是本研究的一个重要发现。这里所谓共性语词,是音义相同或相近的语词,是原生性或原发性音义相同相近的语词。这些单音词可以分为两个类别。

(1) 拟声词构成的状词的词根举例

部分拟声词组成的状词的词根对照				
类别	内容	例词(句)	状词	词根	同音义的汉语词
描摹情感	欢笑	to⁴⁴ha⁴⁴ha⁴⁴	ha⁴⁴ha⁴⁴	ha⁴⁴	"笑哈哈"的"哈"
		to⁴⁴he⁴⁴he⁴⁴	he⁴⁴he⁴⁴	he⁴⁴	"笑嘿嘿"的"嘿"
		to⁴⁴qʰa⁵³qʰa⁵³	Kqʰa⁵³qʰa⁵³	qʰa⁵³	"咯咯笑"的"咯"
		to⁴⁴ʐei⁴⁴ʐei⁴²	ʐei⁴⁴ʐei⁴²	ʐei⁴²	"笑盈盈"的"盈"

续表

部分拟声词组成的状词的词根对照					
描摹物体相击	哭泣	ȵiẽ⁴⁴qu²²qu²²	qu²²qu²²	qu²²	"哭泣"的"哭"
^	^	ȵiẽ⁴⁴qwa³⁵qwa³⁵	qwa³⁵qwa³⁵	qwa³⁵	"哇哇大哭"的"哇"
^	^	ȵiẽ⁴⁴ʂuŋ³⁵ʂuŋ³⁵	ʂuŋ³⁵ʂuŋ³⁵	ʂuŋ³⁵	"哭兮兮"的"唏"
^	^	ȵiẽ⁴⁴pʐʰa⁴⁴pʐʰa⁴⁴	pʐʰa⁴⁴pʐʰa⁴⁴	pʐʰa⁴⁴	汉语没有对应单音词
^	^	ȵiẽ⁴⁴pʐʰɯ⁵³pʐʰɯ⁵³	pʐʰɯ⁵³pʐʰɯ⁵³	pʐʰɯ⁵³	汉语没有对应单音词
^	雷鸣、炮响	mpo⁵³tuŋ⁴²ʐuŋ⁴²	tuŋ⁴²ʐuŋ⁴²	tuŋ⁴² ʐuŋ⁴²	"咚""砰"和"轰隆隆"的"隆"
^	^	mpo⁵³qwẽ⁴²qwẽ⁴²	qwẽ⁴²qwẽ⁴²	qwẽ⁴²	拟声词"轰"或"嗡"
^	^	mpo⁵³ta⁴⁴ka⁵³	ta⁴⁴ka⁵³	ka⁵³	"嘎嘎响"的"嘎"
^	暴雨、冰雹落地以及器物撞击声响	mpo⁵³ȵtei⁴⁴ȵta⁵³ ȵtei⁴⁴ȵta⁵³	ȵtei⁴⁴ȵta⁵³ ȵtei⁴⁴ȵta⁵³	ȵta⁵³	"叱咤"的"叱"和"咤"
^	^	mpo⁵³pʐei⁴⁴pʐa⁴² pʐei⁴²pʐa⁴²	pʐei⁴⁴pʐa⁴² pʐei⁴²pʐa⁴²	pʐei⁴² pʐa⁴²	"噼里啪啦"的"噼"和"啪"
^	^	mpo⁵³pei⁴⁴pa⁴² pei⁴⁴pa⁴²	pei⁴⁴pa⁴² pei⁴⁴pa⁴²		"乒乒乓乓"的"乒乓"和"乓"
^	^	mpo⁵³qwei⁴⁴qwa⁴² qwei⁴⁴qwa⁴²	qwei⁴⁴qwa⁵³ qwei⁴⁴qwa⁵³	qwa⁵³	"哐啷哐啷"的"哐"
^	^	mpo⁵³tei⁴⁴tuŋ⁴² tei⁴⁴tuŋ⁴²	tei⁴⁴tuŋ⁴²tei⁴⁴ tuŋ⁴²	tei⁴⁴、 ta⁴⁴、 tuŋ⁴²	"滴滴答答"的"滴"和"答","叮叮咚咚"的"叮"和"咚"
^	^	^	tei⁴⁴tei⁴⁴tuŋ⁴² tuŋ⁴²	^	^
^	^	^	ta⁴⁴ta⁴⁴tuŋ⁴² tuŋ⁴²	^	^
^	^	^	ta⁴⁴tuŋ⁴²ta⁴⁴ tuŋ⁴²	^	^

续表

部分拟声词组成的状词的词根对照					
描摹乐音交鸣	鸟鸣、歌声等乐音	mpo⁵³ʐei⁴⁴ʐei⁴⁴ ʐã⁴⁴ʐã⁴⁴	ʐei⁴⁴ʐei⁴⁴ ʐã⁴⁴ʐã⁴⁴	ʐei⁴⁴、 ʐã⁴⁴	"悠悠然然"的"悠"和"然"
^	^	mpo⁵³qɑ⁴⁴ʐã⁴⁴ qɑ⁴⁴ʐã⁴⁴	qɑ⁴⁴ʐã⁴⁴ qɑ⁴⁴ʐã⁴⁴	ʐã⁴⁴	^
^	多种声音交织混响	tɕi³¹hɯ³⁵ʐɑ⁴⁴ ʐuŋ⁴⁴ ʐɑ⁴⁴ʐuŋ⁴⁴	ʐɑ⁴⁴ʐuŋ⁴⁴ʐɑ⁴⁴ ʐuŋ⁴⁴	ʐuŋ⁴⁴	拟声词"嗡"
^	^	tɕi³¹hɯ³⁵wɑ⁴⁴ wu⁴²wɑ⁴⁴wu⁴²	wɑ⁴⁴wu⁴²wɑ⁴⁴ wu⁴²	wu⁴²	拟声词"呼"
^	^	tɕi³¹hɯ³⁵Nqwɑ⁴⁴ Nqwẽ⁵³ Nqwɑ⁴⁴Nqwẽ⁵³	Nqwɑ⁴⁴Nqwẽ⁵³ Nqwɑ⁴⁴Nqwẽ⁵³	Nqwẽ⁵³	类似于水开的拟声词"哞"
描摹摩擦声	绳索摩擦的声响	mpo⁵³qei⁴⁴qɑ⁵³ qei⁴⁴qɑ⁵³	qei⁴⁴qɑ⁵³qei⁴⁴ qɑ⁵³	qei⁴⁴、 qɑ⁵³	"吱嘎"的"吱"和"嘎"
^	锯物、磨刀发出的声响	ɕu⁴⁴qei⁴⁴qɑ⁴² qei⁴⁴qɑ⁴²	qei⁴⁴qɑ⁴²qei⁴⁴ qɑ⁴²	qɑ⁴²	"磨刀霍霍"的"霍"
^	^	taŋ⁴²qei⁴⁴qɑ⁴² qei⁴⁴qɑ⁴²	qei⁴⁴qɑ⁴²qei⁴⁴ qɑ⁴²	^	^
^	^	ho⁴⁴ntẽ⁴⁴qɑ⁴² qɑ⁴²	qɑ⁴²qɑ⁴²	^	^

(2) 非拟声词构成的状词词根举例

类别	内容	例词（句）	状词	词根	同音义的汉语词
描摹颜色	红（黄）	ȵtɕʰĩ⁵³ ẓɯ⁴⁴ ẓɯ⁴⁴	ẓɯ⁴⁴ ẓɯ⁴⁴	ẓɯ⁴⁴	"日"
		qwẽ³¹ ẓɯ⁴⁴ ẓɯ⁴⁴			
		qwẽ³¹ ẓaŋ³¹ ẓaŋ³⁵	ẓaŋ³¹ ẓaŋ³⁵	ẓaŋ³⁵	"阳"
		ȵtɕʰĩ⁵³ qa⁴⁴ qa⁴²	qa⁴⁴ qa⁴²	qa⁴²	"红"
	白	qwə³⁵ mpʰei³¹ mpʰei³⁵	mpʰei³¹ mpʰei³⁵	mpʰei³⁵	"白"
		qwə³⁵ tɕiẽ²² tɕiẽ²²	tɕiẽ²² tɕiẽ²²	tɕiẽ²²	"晶"或"洁"
	黑	qwe³⁵ mẓa⁴⁴ mẓa⁴⁴	mẓa⁴⁴ mẓa⁴⁴	mẓa⁴⁴	"暮"或"墨"或"昧"
		qwe³⁵ pẓa³¹ pẓa³¹	pẓa³¹ pẓa³¹	pẓa³¹	"暮"或"墨"或"昧"
		qwe³⁵ l̥o⁴⁴ l̥o⁵³	l̥o⁴⁴ l̥o⁵³	l̥o⁵³	"斑驳陆离"的"陆"或"离"
		qwe³⁵ ta⁴⁴ ta⁴⁴	ta⁴⁴ ta⁴⁴	ta⁴⁴	"黛"
		qwe³⁵ ŋkʰie³¹ ŋkʰie³⁵	ŋkʰie³¹ ŋkʰie³⁵	ŋkʰie³⁵	"黑黢黢"的"黢"
	蓝	mẓo³⁵ ntsʰã⁴⁴ ntsʰã⁴⁴	ntsʰã⁴⁴ ntsʰã⁴⁴	ntsʰã⁴⁴	"湛蓝"的"湛"
		mẓo³⁵ ntsʰu⁴⁴ ntsu⁴⁴	ntsʰu⁴⁴ ntsu⁴⁴	ntsu⁴⁴	"苍翠"的"苍"
		mẓo³⁵ ʈa⁴⁴ ʈa⁴⁴	ʈa⁴⁴ ʈa⁴⁴	ʈa⁴⁴	"黛"的微变音
	绿	l̥o³⁵ ntsã⁴⁴ ntsʰã⁴⁴	ntsã⁴⁴ ntsʰã⁴⁴	ntsʰã⁴⁴	"翠绿"的"翠"
		l̥o³⁵ tsa²² tsa²²	tsa²² tsa²²	tsa²²	"苍翠"的"苍"
	明亮（洁净）	mẓẽ⁴² mpẓʰã⁴⁴ mpẓʰã⁴⁴	mpẓʰã⁴⁴ mpẓʰã⁴⁴	mpẓʰã⁴⁴	"白"
		mẓẽ⁴² ẓe³¹ ẓe³¹	ẓe³¹ ẓe³¹	ẓe³¹	"日"
		mẓẽ⁴² waŋ⁴⁴ waŋ⁵³	waŋ⁴⁴ waŋ⁵³	waŋ⁵³	"晃"
		mẓẽ⁴² ȵtɕiẽ⁴⁴ ȵtɕiẽ⁴⁴	ȵtɕiẽ⁴⁴ ȵtɕiẽ⁴⁴	ȵtɕiẽ⁴⁴	"晶"

续表

部分非拟声词组成的状词的词根对照					
描摹冷热	热	ço^{44}z̩uŋ^{44}z̩uŋ^{42}	z̩uŋ^{44}z̩uŋ^{42}	z̩uŋ^{44}	"暖融融"的"融"
		ço^{44}fu^{31}fu^{35}	fu^{31}fu^{35}	fu^{35}	"热乎乎"的"乎"
		cie^{35}tça^{31}tça^{35}	tça^{31}tça^{35}	tça^{35}	"煎熬"的"煎"
	冷（静）	tsã^{22}tsʰɯ^{44}tsʰɯ^{53}	tsʰɯ^{44}tsʰɯ^{53}	tsʰɯ^{44}	"静悄悄"的"悄"
		tsã^{22}tɯ^{31}tɯ^{35}	tɯ^{31}tɯ^{35}	tɯ^{35}	"冷嗖嗖"的"嗖"
描摹高矮	高	ʂã^{35}ŋkʰie^{44}ŋkʰie^{44}	ŋkʰie^{44}ŋkʰie^{44}	ŋkʰie^{44}	"企"
		ʂã^{35}ka^{44}ka^{42}	ka^{44}ka^{42}	ka^{44}	"高"
		ŋɑ^{44}pa^{44}pa^{53}	pa^{44}pa^{53}	pa^{53}	"贝"或"扁"
	矮（扁平）	ŋɑ^{44}tu^{35}lu^{44}	tu^{35}lu^{44}	tu^{35}、lu^{44}	"侏儒"的"侏"和"儒"
描摹轻重	轻	ça^{35}ŋkʰaŋ^{44}ŋkʰaŋ^{44}	ŋkʰaŋ^{44}ŋkʰaŋ^{44}	ŋkʰaŋ^{44}	"轻"
	重	hẽ^{44}tuŋ^{44}tuŋ^{53}	tuŋ^{44}tuŋ^{53}	tuŋ^{53}	"沉重"的"重"，或"沉甸甸"的"甸"
描摹粗细	粗	ntsʰa^{35}qʰa^{44}qʰa^{53}	qʰa^{44}qʰa^{53}	qʰa^{53}	"粗犷"的"犷"，民间汉语状词"粗尪尪"的"尪"
	细（密）	maŋ^{22}tɯ^{31}tɯ^{35}	tɯ^{31}tɯ^{35}	tɯ^{31}	"丝绸"的"绸"
		çu^{35}li^{31}li^{35}	li^{31}li^{35}	li^{31}	"厘米"的"厘"
描摹厚薄	厚	ta^{35}ca^{44}ca^{53}	ca^{44}ca^{53}	ca^{53}	"累积"的"积"
		ta^{35}tuŋ^{44}tuŋ^{53}	tuŋ^{44}tuŋ^{53}	tuŋ^{53}	"重叠"的"叠"
	薄	ɲie^{22}tçʰa^{44}tçʰa^{44}	tçʰa^{44}tçʰa^{44}	tçʰa^{44}	"笺"或"简"

上述列表说明，几乎所有苗语东部方言状词的词根，都有音义相同或相近的汉语单音词与之对应。这种原生的对应关系，其实并不局限于状词的词根。本研究已经发现，由两三千年前传承至今的苗语单音词，古汉语都存在音义相同的单音词。这是苗汉同源的有力证据，是苗语跟汉语属于同一语言文化共同体的有力证据。这一至今尚未有学人深入论及的语言史重大事实，本研究拟以继续撰写的《苗汉语共性关系研究》的专著进行专题阐述。

第九章　苗语东部方言状词与汉语状词比较

苗语属于汉藏语系。无论是作为知识系统，还是作为文化系统，苗语跟汉语，都应当存在十分密切的关系。这种关系是原生的、源远的，必然浸润在和结晶在苗语状词的事实、关系、规律之内。从理论上讲，苗语状词内含的诸多事实、关系、规律，在汉语里，应该有相应的表现。以汉语状词的事实、关系、规律为参照，可以更加清楚地洞见和识别苗语状词的事实、关系、规律。同样的道理，以苗语状词的事实、关系、规律为参照，亦可照鉴和理解汉语状词的事实、关系、规律。因此，苗汉语状词比较研究，既是苗语东部方言状词的深层次问题，也是汉语状词研究的深层次问题，切入其中，必可展开一些意义特殊的关系与逻辑。鉴于现代汉语研究的没有状词，本次苗语状词与汉语状词比较，作业面选取两处：一是苗语东部方言状词同《诗经》为代表的古汉语状词比较；二是苗语东部方言状词同黔湘渝鄂现当代民间汉语常用的状词比较。

第一节　苗语东部方言状词与古汉语状词比较

9.1.1　比较的意义与方法说明

1. 比较的意义

苗语状词与汉语状词比较，至少有如下两个方面的意义。

一是有助于弄清苗语东部方言状词内在关系规律的历史深度。前面章节所揭示的苗语东部方言状词内含的关系与规律，可以肯定是内源生成的，但不一定是苗语独有的；可以肯定是苗族先民的创造和使用，但不能判断其产生与盛行的时期。而这些都是苗语东部方言状词之文化价值的关键因素，很有必要弄清楚。

二是有助于弄清古代苗语和现当代苗语都有状词，古代汉语有状词，而现代汉语为什么"没有状词"。这个问题虽然更多是汉语研究的问题，但它可以间接反映出苗语东部方言基于状词的一些富有启发性和说明力的事实，而且，这些内容是无法通过苗语东部方言状词的本体属性实现自证的。这既是利用"主体间性"求证"主体性"的重要方法，也是超越苗语语境观照苗语状词及其相关文化，必须自觉达及的认知海拔。

2. 比较方法

以例的形式进行比较。具体做法是，列出古汉语文献中的状词，同相应的苗语东部方言状词进行语音、语义、语用对应参比。

本研究的古汉语状词主要取自《诗经》。材料选取的主要考量是，《诗经》多数是民间创作和传唱的诗歌，其文字文本来自口传文本。《诗经》所使用的语言，具有诗歌流传之地、之时的浓厚乡土性，蕴含着很多未经文字文本"格式化"处理的宝贵信息。

3. 可比性的依据

古代汉语有状词。曹翠云教授在她编著的《苗汉语比较》明确指出："古汉语有大批的双音状词，在语音上可分重言的、双声的和叠韵的等数种。"[①]"这类双声词的语法功能，主要是作动词或形容词的后状词。"[②]

9.1.2　苗语状词与古汉语状词比较

1. 结构模式比较

本研究第五章已经介绍，苗语东部方言状词的制式有两种：双音节状词和四音节状词。用字母"A""B""C"表示构成状词的单音词，则双音节状词有"AA"式和"AB"式，四音节状词有"AABB"式、"ABAB"

---

① 曹翠云：《苗汉语比较》，贵州民族出版社，2001年12月，第170页。
② 曹翠云：《苗汉语比较》，贵州民族出版社，2001年12月，第170页。

式、"ABAC"式。

古汉语状词的制式亦有两种，即双音节状词和四音节状词。其中，双音节状词有两种结构模式。一是"重言的：是由两个完全相同的音节重叠而成，据统计有400多个。"① 如，《诗经》里面多见的"啾啾""唧唧"等。此与苗语东部方言之"zã⁴⁴ zã⁴⁴""qã⁴⁴ qã⁴⁴"等"AA"式叠音状词完全相同。二是"双声的：由两个声母相同的音节构成。"② 和"叠韵的：是由两个韵母相同的音节构成。"③ 此种结构模式，跟苗语东部方言"AB"式非叠音状词中的"同声母"与"同韵母"这两小类的结构完全一致。四音节状词的结构样式多为"AABB"式。如，"赫赫炎炎，云我无所。"（《诗经·大雅·云汉》），"于彼朝阳，莑莑萋萋，雍雍喈喈。"（《诗经·大雅·卷阿》）。

2. 描摹功能比较

苗语东部方言状词共有六个小类，即描摹声音、描摹情貌、描摹程度、描摹形态、描摹色彩、描摹味道。

《诗经》的状词亦有几乎完全相同的六个小类。兹分别举例说明。

（1）描摹声音

"飘风发发。"（《诗经·小雅·蓼莪》）曹翠云教授说，此"应译作：呼呼地刮风。飘：刮。发发：象声词，刮风声"④。

（2）描摹情态

"忧心忡忡。"（《诗经·小雅·出车》）曹翠云教授说，此"应译作：内心很不安地忧愁。忡忡：不安状，作忧的后状语"⑤。

（3）描摹程度

"降福简简，威仪反反。"（《诗经·周颂·执竞》）曹翠云教授说，此"应译作：大大地降福。简简：大状"⑥。

---

① 曹翠云：《苗汉语比较》，贵州民族出版社，2001年12月，第170页。
② 曹翠云：《苗汉语比较》，贵州民族出版社，2001年12月，第170页。
③ 曹翠云：《苗汉语比较》，贵州民族出版社，2001年12月，第170页。
④ 张永祥、曹翠云著：《苗语与古汉语特殊语句比较研究》，中央民族大学出版社，2005年12月，第30页。
⑤ 张永祥、曹翠云著：《苗语与古汉语特殊语句比较研究》，中央民族大学出版社，2005年12月，第55页。
⑥ 张永祥、曹翠云著：《苗语与古汉语特殊语句比较研究》，中央民族大学出版社，2005年12月，第36页。

(4) 描摹形态

"肃肃兔罝，椓之丁丁。赳赳武夫，公侯干城。"（《诗经·周南·兔罝》）乔力先生等注释说："肃肃：整齐严密貌。""赳赳：威武雄壮的样子。"①

"渐渐之石，维其高矣。"（《诗经·小雅·渐渐之石》）乔力先生等注释说："渐渐，通'巉巉'，山石险峻的样子。"②

(5) 描摹色彩

"白石皓皓"（《诗经·唐风·扬之水》）。曹翠云教授说，此句应译作："石头白得洁白。皓皓：洁白状，在此作'白'的后状语。"③

(6) 描摹味道

"烝之浮浮"（《诗经·大雅·生民》）。程俊英、蒋见元将此句译作："蒸饭热气喷喷香。"④ 按照他们理解，则"浮浮"是香味的状词。

"旨酒欣欣，燔炙芬芬。"（《诗经·大雅·凫鹥》）"欣欣""芬芬"都是描摹味道的状词。

3. 部分状词的语音、语义、语用比较

(1) 描摹声音

描摹声音的双音节状词，可以分成如下两个种类比较。

第一种是动物鸣叫。此种摹声状词有两个小类。一是共性拟声词。如，《诗经》中常见的"喞喞""喈喈""啾啾"等，与苗语东部方言状词中的"$qei^{44}\ qei^{44}$""$z̠ã^{44}\ z̠ã^{44}$""$z̠ei^{44}\ z̠ei^{44}$"等，摹声方式相同，且通常用来描摹乐音。二是专用拟声词，可用作发声物类的名称。如，《诗经》中的"关关""雎鸠"，同苗语东部方言状词中的"$qa^{22}\ qa^{22}$（鹅、鸭）""$qu^{54}\ qu^{22}$（斑鸠）""$tei^{44}\ tei^{42}$（麻雀）"等，摹声方式亦相同。

第二种是物体相击或摩擦声。如《诗经》中的"伐木丁丁""伐木许许""伐鼓渊渊""振旅阗阗"等，里面的双音节拟声词，同苗语东部方言状词中的"$nt^hẽ^{42}\ nt^hẽ^{42}$""$pz̠a^{42}\ pz̠a^{42}$""$pu^{42}\ pu^{42}$""$mp^haŋ^{44}$

---

① 乔力主编：《先秦两汉诗精华》，广西师范大学出版社，1996年3月，第14页。
② 乔力主编：《先秦两汉诗精华》，广西师范大学出版社，1996年3月，第391页。
③ 张永祥、曹翠云著：《苗语与古汉语特殊语句比较研究》，中央民族大学出版社，2005年12月，第63页。
④ 程俊英、蒋见元：《诗经》，湖南岳麓书社出版社，2000年，第272页。

mp^{h}aŋ^{44}"等,摹声方式和修饰功能(组成的"形名状"格式、"动名状"格式、"名状"格式的短语)基本相同。

(2)描摹情态

"忧心悄悄"(《诗经·小雅·出车》)中的"悄悄",跟苗语东部方言的双音节叠音状词"ts^{h}ɯ^{44} ts^{h}ɯ^{53}"音义相同。苗语东部方言状词"ts^{h}ɯ^{44} ts^{h}ɯ^{53}",可以用来描摹"悄悄"进行的很多事情。比如,语义是"哀悄悄"或"哭悄悄"的"ȵiɛ^{44} ts^{h}ɯ^{44} ts^{h}ɯ^{53}",语义是"笑悄悄"或"乐悄悄"的"to^{44} ts^{h}ɯ^{44} ts^{h}ɯ^{53}"。同时,"悄悄"跟苗语"ts^{h}ɯ^{44} ts^{h}ɯ^{53}",都可以挪到它所修饰的动词之前,而且状词挪动前后的语义几乎不变。如,在口语表述中,"悄悄哭"与"哭悄悄"的语义完全相同,"to^{44} ts^{h}ɯ^{44} ts^{h}ɯ^{53}"与"ts^{h}ɯ^{44} ts^{h}ɯ^{53} to^{44}"的语义完全相同。

(3)描摹形态

"渐渐之石,维其高矣。"(《诗经·小雅·渐渐之石》)中的"渐渐"以及它所通假的"巉巉",音义与苗语通常用来描摹高耸、崔巍的状词"ŋk^{h}ie^{44} ŋk^{h}ie^{44}"可能相同。

(4)描摹程度

"肃肃宵征,夙夜在公。"(《诗经·召南·小星》)其中,"肃肃:急速前行的样子。"① 与苗语状词"su^{44} su^{53}"音义相同。在苗语东部方言中,双音节叠音状词"su^{44} su^{53}"是单音节拟声词"su^{53}"叠音而成。单音词"su^{53}",表示发出声响极小的急速行动,其音义与"倏"可能相同。在口语交流时,"su^{44} su^{53}"可以说成"sa^{44} su^{53}""sei^{44} su^{53}""ɑ^{44} su^{53}""tɑ^{44} su^{53}",语义不变;还可以变成四音节叠音状词:"sa^{44} su^{53} sa^{44} su^{53}","sa^{44} sa^{44} su^{44} su^{53}","sei^{44} su^{53} sei^{44} su^{53}","sei^{44} sei^{44} su^{53} su^{53}",而且,这四种表述形式的四音节状词,都可以作为形容词单独使用。

(5)描摹色彩

"苕之华,其叶青青。"(《诗经·小雅·苕之华》)"瞻彼淇奥,绿竹青青。"(《诗经·卫风·淇奥》)此中的"青青:茂盛状,在此作'绿'的后

---

① 乔力主编:《先秦两汉诗精华》,广西师范大学出版社,1996年3月,第33页。

状语。"① 苗语东部方言用来描摹"绿色"的状词有"tsa²² tsa²²",音义可能与之相同。例如,表达绿水之美的"wu³⁵ ḷo²² tsa²² tsa²²"中的"tsa²² tsa²²",就与"绿竹青青"中的"青青"所表达的色彩之状相同。

"蒹葭苍苍,白露为霜。"(《诗经·秦风·蒹葭》) 如果可以用苗语东部方言状词的结合模式来看,"蒹葭苍苍"是典型的"名词+状词"组合,与"ntu⁵³ pu²² ʂã⁴⁴ ʂã⁴⁴,ntu⁵³ tɛ³⁵ ʂei⁴⁴ ʂei⁵³"是同一类句式。"苍苍"的音义与苗语"ntsʰã⁴⁴ ntsʰã⁴⁴"或"ntsʰu⁴⁴ ntsʰu⁴⁴"可能相同,是描摹天空、森林、海河之绿色或蓝色的常用双音节叠音状词。

(6) 描摹味道

"旨酒欣欣,燔炙芬芬。"(《诗经·大雅·凫鹥》) 其中的"欣欣",是描摹"旨酒"甘甜美味的状词,"芬芬"是描摹"燔炙"即烤肉香味的状词,与当今黔湘渝鄂民间汉语的"香喷喷"的"喷喷"应属于同类。作为描摹"旨酒"美味的"欣欣",应与苗语东部方言用来描摹甜美的"ɲ̩tɕiẽ⁴⁴ ɲ̩tɕiẽ⁴⁴"相同,与当今黔湘渝鄂民间汉语的"甜津津"的"津津"应属于同类。

(7) 四音节叠音状词独立运用

"㘝㘝㘄㘄,如霆如雷。"(《诗·小雅·采芑》) 中的"㘝㘝㘄㘄","兢兢业业,如雷如霆。"(《诗·大雅·云汉》) 中的"兢兢业业",都是叠音状词,但都可以作形容词使用。对应"㘝㘝㘄㘄"的描摹乐器击打之声混响的拟声状词,苗语东部方言有"ntʰei⁴⁴ ntʰei⁴⁴ ntʰã⁴⁴ ntʰã⁴⁴" "ntʰɑ⁴⁴ ntʰɑ⁴⁴ ntʰẽ⁴⁴ ntʰẽ⁵³",也可以单独成为形容热闹的四言格短语。在苗语东部方言中,对应"兢兢业业"的四音节叠音状词,有"tsei⁴⁴ tsei⁴⁴ tsɯ⁴⁴ tsɯ⁴²"或"tsɑ⁴⁴ tsɯ⁴² tsɑ⁴⁴ tsɯ⁴²",其音义与"战战兢兢"相同。

9.1.3 苗语东部方言状词与古汉语状词的关系判断

1. 双音节叠音状词的语音组合方式及类型相同

《诗经》中的双音节叠音状词,有"重言的""双声的"和"叠韵的"

---

① 张永祥、曹翠云著:《苗语与古汉语特殊语句比较研究》,中央民族大学出版社,2005年12月,第61页。

三种语音组合类型。苗语东部方言状词的语音组合类型亦是三种：声母韵母完全相同的（叠音）、声母相同的（双声）、韵母相同的（叠韵）。可见，语音组合方式相同、组合类型相同。

2. 双音节叠音状词的用法相同

《诗经》中的双音节叠音状词与苗语东部方言状词的用法相同，是全部用法的相同，而不是单项用法的相同。其相同的单项共有4项：

一是双音节状词从后面修饰动词或形容词，形成诸如"鸣唧唧""鸣啾啾""鸣喈喈""响丁丁""愁悄悄""纷容容"等，在现代汉语里属于"合成词"的结构。对此，苗语东部方言状词有完全相同的对应组合，如，"ŋɑ^{35} ci^{35} ci^{35}""qɑ^{53} zã^{44} zã^{44}""mpo^{53} qwẽ^{42} qwẽ^{42}"等。

二是有的双音节状词可以从前面修饰动词、形容词，形成诸如"悄悄愁"的"状形"结构。苗语东部方言状词有与之完全相同的组合。如，"ẓei^{44} ẓei^{42} to^{44}（微微笑）""ci^{44} ci^{42} ṣə^{35}（悄悄瞅）"等。

三是有的双音节状词可以与名词结合，形成诸如"惟叶莫莫"等"名状式"短语。如，语义是"田氏之布斑驳陆离"的"ntei^{35} le^{22} lə^{44} lə^{44}"，语义是"女子亭亭玉立"的"te^{35} ŋwei^{31} ṣã^{44} ṣã^{44}，te^{35} ŋwa^{42} ṣei^{44} ṣei^{53}"等。

四是"动名状"和"形名状"[①]句式相同。比如，对应"凿冰冲冲"（《诗经·风·七月》）的句式，苗语东部方言有多个："tso^{31} ciɛ^{44} ɲcʰuŋ^{35} ɲcʰuŋ^{35}"，语义是"凿冰冲冲"；"tso^{31} wu^{35} ɲcʰuŋ^{35} ɲcʰuŋ^{35}"，语义是"把石头抛到水中发出的声响冲冲"。又比如，对应"忧心悄悄"（《诗经·邶风·柏舟》）的句式，苗语东部方言有："tsʰo^{35} sẽ^{44} tsʰɯ^{44} tsʰɯ^{53}"，语义是"忧心悄悄"；"pɑ^{22} çe^{44} tsʰɯ^{44} tsʰɯ^{53}"，语义是"倾心悄悄"；"ŋu^{22} ṣã^{35} tsʰɯ^{44} tsʰɯ^{53}"，语义是"迷恋悄悄"。可见，"冲冲""悄悄"此种拟声状词的用法，苗语东部方言与《诗经》几乎一模一样。

3. 四音节叠音状词的结构与用法

苗语东部方言四音节叠音状词的结构与用法，完全包含《诗经》的结构与用法，并比《诗经》要丰富一些。一是结构上，苗语东部方言四音节叠音状词有三种结构样式："AABB"式、"ABAB"式、"ABAC"式，《诗经》只

[①] 张永祥、曹翠云著：《苗语与古汉语特殊语句比较研究》，中央民族大学出版社，2005年12月，第3页。

有"AABB"一种。二是用法上，苗语东部方言四音节叠音状词既保持状词的修饰功能，又可以单独使用，成为形容词。比如，"$ʐei^{44}\ ʐei^{44}\ ʐɯ^{44}\ ʐɯ^{42}$"，音义与"悠悠然然"近乎相同，但"$ʐei^{44}\ ʐei^{44}\ ʐɯ^{22}\ ʐɯ^{42}$"既可以修饰"$ŋo^{35}$（走）""$ʂə^{35}$（逝）"等动词，组成句子"$ŋo^{35}\ ʐei^{44}\ ʐei^{44}\ ʐɯ^{22}\ ʐɯ^{42}$"或"$ʂə^{35}\ ʐei^{44}\ ʐei^{44}\ ʐɯ^{22}\ ʐɯ^{42}$"，又可以单独使用，形容行动极为缓慢。

4. 苗语东部方言和《诗经》都有"多功能"的双音节状词

所谓"多功能状词"，就是一个状词可以修饰多个动词、形容词。苗语东部方言的"多功能状词"比较多。例如，"$ʐɯ^{22}ʐɯ^{44}$"，可以修饰表示缓慢移动的动词，可以修饰表示红、黄、暖、光明等多个形容词。《诗经》中有这种双音节状词。例如，"振振"，在"振振君子，归哉归哉！"（《诗经·召南·殷其雷》）里面，是"忠诚老实的样子"[1]；在"麟之趾，振振公子，于嗟麟兮。"（《诗经·周南·麟之趾》）里面，是"振奋的样子"[2]。

5. 苗语东部方言和《诗经》都存在多个双音节状词描摹同一事象的情况

苗语东部方言存在多个双音节状词描摹同一事象的语言事实。以词义为"忧心"的苗语词"$pa^{22}\ ɕie^{44}$"为例，它可以用叠韵状词"$ʐɯ^{44}\ ʐɯ^{42}$"来描摹，组成"$pa^{22}\ ɕie^{44}\ ʐɯ^{22}\ ʐɯ^{42}$"；可以用叠音状词"$lɯ^{44}\ lɯ^{42}$"来描摹，组成"$pa^{22}\ ɕie^{44}\ lɯ^{44}\ lɯ^{42}$"；可以用叠音状词"$ʐɯŋ^{44}\ ʐɯŋ^{42}$"来描摹，组成"$pa^{22}\ ɕie^{44}\ ʐɯŋ^{44}\ ʐɯŋ^{42}$"；可以用叠音状词"$ʐu^{31}\ ʐu^{31}$"来描摹，组成"$pa^{22}\ ɕie^{44}\ ʐu^{31}\ ʐu^{31}$"；等等。又以词义是"哭泣"的"$ȵiẽ^{44}$"为例，苗语东部方言有多个双音节叠音状词对其进行修饰，表示不同意涵的"哭泣"。如，"$ȵiẽ^{44}\ qu^{22}\ qu^{22}$"，表示"呜呜地哭"；"$ȵiẽ^{44}\ qwa^{31}\ qwa^{31}$"，表示"哇哇地哭"；"$ȵiẽ^{44}\ ʂuŋ^{35}\ ʂuŋ^{35}$"，表示"没有哭声只有抽泣声的哭"；"$ȵiẽ^{44}\ pʐʰɯ^{53}\ pʐʰɯ^{53}$"，表示"有鼻涕口水流淌声响的哭"。这些用来描摹哭泣的"合成词"，不仅适用于描摹不同场景和不同悲伤程度的哭泣，而且之间具有细微而丰富的差别。

《诗经》也存在多个音义不同的叠音状词描摹同一事象的情况，并与苗

---

[1] 乔力主编：《先秦两汉诗精华》，广西师范大学出版社，1996年3月，第31页。
[2] 贾太宏主编：《诗经通释》，西苑出版社，2016年1月，第16页。

语东部方言的此类现象基本相同。比如，"忧心"，可以用多个叠音状词来描摹。"忧心悄悄"（《诗经·邶风·柏舟》）；"忧心殷殷"（《诗经·邶风·北门》）；"忧心忡忡"（《诗经·召南·草虫》）；"忧心慅慅"（《诗经·召南·草虫》）；等等。又比如，描摹"鸣叫"，《诗经》中有"鸣喈喈""鸣嗷嗷""鸣啾啾"等。

6. 苗语东部方言与《诗经》存在部分语音、语义、语用基本相同的双音节状词

例1 "凿冰冲冲"（《诗经·豳风·七月》）中的"冲冲"，是描摹凿冰发出的声响，是"凿冰"的"后状语"[1]。苗语东部方言不仅有音义一样的双叠音拟声状词"ɲcʰuŋ³⁵ ɲcʰuŋ³⁵"，而可以组成多个与之完全相同的"动名状"句式。如，语义是"凿冰冲冲"的"tso³¹ ciẽ⁴⁴ ɲcʰuŋ³⁵ ɲcʰuŋ³⁵"；语义是"把石头抛到水中发出的声响冲冲"的"tso³¹ wu³⁵ ɲcʰuŋ³⁵ ɲcʰuŋ³⁵"。

例2 "忧心悄悄"（《诗经·邶风·柏舟》）中的"悄悄"，是"暗自忧状，在此作'忧'的后状语。"[2] 苗语东部方言有音义一样的双叠音拟声状词"tsʰɯ⁴⁴ tsʰɯ⁵³"，而且，这个状词可以组成多个与之完全相同的"形名状"句式。如，语义是"忧心悄悄"的"tso³⁵ sẽ⁴⁴ tsʰɯ⁴⁴ tsʰɯ⁵³"，语义是"倾心悄悄"的"pɑ²² ɕie⁴⁴ tsʰɯ⁴⁴ tsʰɯ⁵³"。

例3 "雨雪浮浮"（《诗经·小雅·角弓》）中的"浮浮"，是描摹雨雪落地发出的声响。其所描摹的"雨雪"是具有"元动性"的名词，因而组成"名状"结构。苗语东部方言有音义近同的双叠音拟声状词"pʐɑ⁴² pʐɑ⁴²"（汉字拟音可用：啪啪，哗哗），这个状词可以组成与之完全相同的"名状"句式。如，语义是"暴雨哗哗"的"nuŋ⁴² mpɑ⁵³ pʐɑ⁴² pʐɑ⁴²"；语义是"口水涟涟"的"wu³⁵ n̻o³¹ pʐɑ⁴² pʐɑ⁴²"。

例4 "桃之夭夭，灼灼其华。"（《诗经·周南·桃夭》）中的"夭夭"与"灼灼"，是描摹桃树开花的美丽盛状，是叠音状词。其中，"夭夭"可能与苗语状词"ʑe⁴⁴ ʑe⁴⁴"音义相同；"灼灼"可能与苗语状词"tɕo⁵³ tɕo⁵³"

---

[1] 张永祥、曹翠云著：《苗语与古汉语特殊语句比较研究》，中央民族大学出版社，2005年12月，第25页。

[2] 张永祥、曹翠云著：《苗语与古汉语特殊语句比较研究》，中央民族大学出版社，2005年12月，第52页。

相同。主要依据是，在语音近同的同时，语用高度一致，且苗语下的语义具有显见的适于女子婚配的意象。在《诗经》形成之前，《桃夭》早已存在，并且是语音形态的文本。包括"夭夭""灼灼"在内的诗中所有语词的语音、语义、语用，在口传文本的时候就已经锁定。进一步说就是，至少，"夭夭"之"夭"，"灼灼"之"灼"，在《桃夭》的口传文本里，必定同女性的"性成熟"，因而可以婚配存在尽人皆知的理解通道或暗喻方式，但形成文字文本之后的《桃夭》的"夭夭"之"夭"和"灼灼"之"灼"，阐释《桃夭》的专家学者并不太说得清。而在苗语东部方言里，构成"$ze^{44} ze^{44}$"的单音词"ze^{44}"，本义是"由内向外凸出、显现"，日常用语表达为"$tci^{31} ze^{44}$"。例如，"$tci^{31} ze^{44} tc^{h}i^{35}$"，语义是"挺着（肚子）"。构成"$tco^{53} tco^{53}$"的单音词"$tco^{53}$"，本义是"从内向外发胀、撑开"，日常用语表达为"$tci^{31} tco^{53}$"。例如，"$tco^{53} tc^{h}i^{35}$"，语义是"（肚子）发胀"。因此，"ze^{44}"和"tco^{53}"可以互为骈俪词，并组合成固定短语"$tci^{31} ze^{44} tci^{44} tco^{53}$"；"$ze^{44} ze^{44}$"和"$tco^{53} tco^{53}$"都表示"着意由内向外发胀、彰显"的"性成熟"之意象。这个意象，是《桃夭》促成女性婚配的自然天理，所以可以为"赋"提供不言而喻的元义。本研究大胆猜想，"夭夭"的"夭"，音义与苗语词"ze^{44}"可能相同。假如这个猜想成立，则"夭夭"的音义与苗语词"$ze^{44} ze^{44}$"相同。同理，"灼灼"的"灼"，音义与苗语词"tco^{53}"可能相同，"灼灼"的音义与苗语词"$tco^{53} tco^{53}$"相同。诚如此，"桃之夭夭，灼灼其华。"用苗语对应表述就是："$pi^{44} to^{42} ze^{44} ze^{44}, tco^{53} tco^{53} nan^{44} pẽ^{31}$。"

例5 "葛之覃兮，施于谷中，唯叶莫莫。"（《诗经·周南·葛覃》）中的"莫莫"，是描摹葛叶的"茂盛的样子"[①]，这个叠音状词可能与苗语状词"$mz̧o^{35} mz̧o^{35}$"或"$mpo^{53} mpo^{53}$"音义相同。在苗语东部方言里，"$mz̧o^{35} mz̧o^{35}$"的语义"绿绿的"或"蓝蓝的"，此义项生成于单音词"$mz̧o^{35}$"（音义可能与"碧"相同），汉字拟音与"莫"相似。"$mpo^{53} mpo^{53}$"的语义"密密的"，此义项生成于单音词"mpo^{53}"（音义可能与"密"相同），汉字拟音亦与"莫"接近。

诸如此类的例子很多，在此不做一一枚举。

[①] 乔力主编：《先秦两汉诗精华》，广西师范大学出版社，1996年3月，第5页。

7. 苗语状词与古汉语状词的对应特点比较表

苗语东部方言状词与古汉语状词主要特性比较表

异同		苗语东部方言	古汉语
相同点	构造	1. 双声。包括重言的、双声的、叠韵的。 2. 构造类型为："AA"；"AB"；"AABB"。 3. 摹声状词的数量最多，且是拟象状词的基础。 4. 苗语东部方言和黔湘渝鄂民间汉语，存在音义用相同的状词和苗汉语夹杂的状词。	
	使用	1. 有只能修饰某个动词或形容词的专用状词。 2. 有可以修饰多个语词的"多功能状词"。 3. 有可以修饰名词的状词。 4. 有的状词可以独立使用。 5. 部分状词可以移到它所修饰的动词、形容词之前。	
不同点	构造	1. 四音节状词的构造类型比汉语状词多出两种："ABAB""ABAC"。	1. 四音节汉语状词少有"ABAB""ABAC"型构造。
	使用	1. 有些"AB"型状词可以变成"ABAB"或"AABB"型。 2. 有些"ABAB"型状词可以变成"AABB"型状词。 3. 某些状词在使用时词性会变化。 4. 状词词组不能加虚词。	1. 谓宾结构和后状词之间可以加"之"字。

8. 比较研究结论

（1）苗语东部方言的状词，与《诗经》中的状词，在语音、结构、语法上同时存在的上述诸多相似，不是简单的"形"相似的关系，而是语音、语义、语用同时存在同构、同质、同理的原生性同源关系。

（2）苗语东部方言状词，跟《诗经》中的状词，在语音、语义、语用上同时存在同构、同质、同理现象，根本条件是：苗语东部方言与古汉语本原存在大量的语音、语义、语用完全相同的单音词。

第二节　苗语东部方言状词同黔湘渝鄂民间汉语状词比较

9.2.1　黔湘渝鄂民间汉语状词举要

黔湘渝鄂地区是汉语多方言汇集之地，也是古汉语及其相应文化的沉积宝地。当今，民间使用的汉语里，仍有较多状词。

1. 双音节状词

（1）双音节叠音状词

表1　黔湘渝鄂民间汉语常用的双音节叠音状词

状词	读音	描摹对象	例词
兮兮	$\varçi^{55}\varçi^{55}$	脏、乱、愁、苦状	脏兮兮
哆哆	$tuo^{35} tuo^{35}$	急速旋转状	迷哆哆
耷耷	$luŋ^{55} luŋ^{55}$	软烂状	炆耷耷
滂滂	$pʰaŋ^{55} pʰaŋ^{55}$	臭的程度	臭滂滂
麻麻	$ma^{55} ma^{55}$	黑的程度	黑麻麻
黢黢	$tɕʰu^{55} tɕʰu^{55}$	黑的程度	黑黢黢
秋秋	$tɕʰou^{55} tɕʰou^{55}$	黑的程度	黑秋秋
伞伞	$san^{214} san^{214}$	稚嫩状	嫩伞伞
捞捞	$lau^{55} lau^{55}$	急促状	急捞捞
偏偏	$pja^{51} pja^{51}$	淡、黄的程度	黄偏偏
卡卡	$kʰa^{55} kʰa^{55}$	白的程度	白卡卡
碌碌	$lu^{55} lu^{55}$	圆润状	圆碌碌
啾啾	$tɕɯ^{55} tɕɯ^{55}$	圆润状	圆啾啾

第九章　苗语东部方言状词与汉语状词比较

续表

状词	读音	描摹对象	例词
茵茵	jn⁵⁵ jn⁵⁵	绿、蓝、苦的程度	苦茵茵
朵朵	tuo³⁵ tuo³⁵	矮状	矮朵朵
淼淼	mjɑu⁵⁵ mjɑu⁵⁵	直率的程度	直淼淼
攒攒	tsan⁵¹ tsan⁵¹	新、平的程度	新攒攒
萌萌	məŋ⁵⁵ məŋ⁵⁵	白的程度	白萌萌
尥尥	kʰei³⁵ kʰei³⁵	粗、老的程度	老尥尥
菲菲	fei⁵⁵ fei⁵⁵	薄的程度	薄菲菲
彪彪	pjau⁵⁵ pjau⁵⁵	滑的程度	滑彪彪
扯扯	tsʰe⁵¹ tse⁵¹	红的程度	红车车
精精	tɕin⁵⁵ tɕin⁵⁵	瘦的程度	瘦精精
记记	ci³⁵ ci³⁵	肉质丰盛状	肉记记
嘟嘟	tu⁵⁵ tu⁵⁵	肥胖的程度	肥嘟嘟

（2）非叠音双音节状词及其叠化的四音节状词

表2　黔湘渝鄂民间汉语常用的非叠音双音节状词及其叠化的四音节状词

状词	读音	描摹对象	四音节状词
拉呱	la⁵⁵ qwa⁵⁵	肮脏、邋遢状	拉拉呱呱；拉里拉呱
喽垮	lɯ³¹ kʰwa⁵¹	散乱状	喽垮喽垮；喽喽垮垮
麻尥	mɑ⁵⁵ kʰei³⁵	斑驳的程度	麻尥麻尥
红扯	huŋ³⁵ tsʰe⁵¹	红得不美状	红扯红扯
白卡	pe³⁵ kʰɑ⁵¹	白得不美状	白卡白卡
黄偏	hwaŋ³⁵ pjɑ⁵¹	黄得不美状	黄偏黄偏
嘿嘶	hei⁵¹ sʅ³⁵	劳作卖力状	嘿嘶嘿嘶

（3）能够修饰多个语词的双音节状词

表3 黔湘渝鄂民间汉语常用的能够修饰多个语词的双音节状词

状词	读音	描摹对象	例词
兮兮	çi⁵⁵ çi⁵⁵	脏、乱、差、怪、愁、苦之状	怪兮兮
			哭兮兮
			愁兮兮
			脏兮兮
			可怜兮兮
			冲兮兮
偏偏	pja⁵¹ pja⁵¹	黄色、清淡的程度	黄偏偏
			淡偏偏
尅尅	kʰei³⁵ kʰei³⁵	粗糙、老旧程度	粗尅尅
			老尅尅
			麻尅尅
攒攒	tsan⁵¹ tsan⁵¹	崭新、平整程度	新攒攒
			平攒攒
碌碌	lu⁵⁵ lu⁵⁵	圆润、乖巧	圆碌碌
			乖碌碌

2. 独立应用的四音节叠音状词

表4 黔湘渝鄂民间汉语常用的四音节状词

状词	读音	语义
拉里拉呱	la⁵⁵ li⁵¹ la⁵⁵ qwa⁵⁵	肮脏；不讲卫生
喽垮喽垮	lɯ³¹ kʰwa⁵¹ lɯ³¹ kʰwa⁵¹	散乱；不成形
栾布栾布	luan³¹ pu³⁵ luan³¹ pu³⁵	短粗短粗
叮叮当当	tin⁵⁵ tin⁵⁵ taŋ⁵⁵ taŋ⁵⁵	零零碎碎；做事不干脆
咋咋呼呼	tsa⁵⁵ tsa⁴⁴ fu⁵⁵ fu⁵⁵	惊慌失措；乱说
榔精榔精	laŋ⁵⁵ tçin⁵⁵ laŋ⁵⁵ tçin⁵⁵	瘦小而精干

续表

状词	读音	语义
二麻二麻	ɚ³⁵ ma³¹ ɚ³⁵ ma³¹	半醉半醒的样子
二冲二冲	ɚ³⁵ tsʰuŋ³⁵ ɚ³⁵ tsʰuŋ³⁵	冲头冲脑，不稳重
和和嘿嘿	ho⁵⁵ ho⁵⁵ he⁵⁵ he⁵⁵	不探事，性格开朗
包包尅尅	pau⁵⁵ pau⁵⁵ kʰei²¹⁴ kʰei²¹⁴	疙疙瘩瘩
麻尅麻尅	ma³¹ kʰei²¹⁴ ma³¹ kʰei²¹⁴	黑白灰杂合的颜色
红扯红扯	huŋ³¹ tsʰei⁵¹ huŋ³¹ tsʰei⁵¹	红得不好看
黄偏黄偏	huaŋ³¹ pja⁵¹ huaŋ³¹ pja⁵¹	黄得不好看
淡偏淡偏	tan³⁵ pja⁵¹ tan³⁵ pja⁵¹	淡而无味
灰普灰普	huei⁵⁵ pʰu⁵¹ huei⁵⁵ pʰu⁵¹	不好看的灰色

9.2.2 黔湘渝鄂民间汉语状词与苗语东部方言状词的音义关系

可以肯定地说，黔湘渝鄂民间汉语状词，与东部方言苗语状词在语音、语义、语用上，都存在密切关系。具体说有两个方面：一是部分汉语状词是苗语状词在汉语世界的翻译和使用；二是现当代生成的苗语东部方言状词，有的存在汉语词嵌入，可以视为苗汉语夹杂的状词。

1. 翻译苗语状词而成的汉语状词

由苗语状词翻译而成的汉语状词，通常有三个显著特点：一是汉语语音无论用什么字书写，都跟表达的词义不相符；二是与至今苗语常用的相同词义的状词语音相近；三是在口语表述中，这些状词通常作为形容词使用。

例1 表4中的"拉里拉呱"，这个四音节叠音状词，口语表述时还可以说成"拉拉呱呱"，微变音而成"喽垮喽垮"或"喽喽垮垮"，通常作为形容词使用。在黔湘渝鄂的民间汉语中，这个词的词义是"不讲卫生""不修边幅"，用来形容"邋遢""肮脏""凌乱"等。《桐梓县志·方言》

载："喽喽垮垮（肮脏、不整洁，穷酸）"。这应该是个苗语词，因为"拉里拉呱"中的"拉""里""呱"和"喽垮喽垮"中的"娄""垮"，这些姑且视为汉语的单音词，跟"邋遢""肮脏""凌乱"很难扯上关系，它们的组合也不会"相变"出"不讲卫生"的词义来。如果可以把"拉里拉呱"理解成苗语"lə³¹ li⁴⁴ lə³¹ qʰwɑ⁵³"的音译，则不仅符合"不讲卫生""不修边幅"的词义，而且，相关表达也说得通。首先，苗语词"lə³¹ li⁴⁴ lə³¹ qʰwɑ⁵³"的本义是"不成形""稀稀拉拉"，故而用来形容脏乱差。这个常用语词，汉语音译可用"拉里拉呱"。其次，"lə³¹ li⁴⁴ lə³¹ kʰwɑ⁵³"中的单音词"lə³¹"，词义是"腐烂"的"烂"；"kʰwɑ⁵³"是"qwɑ⁴²"的微变音语词，初始之义是垮塌、溃败、崩塌而发出的声音，音义可能与汉字"垮""溃"相同；"li⁴⁴"的多用途的"代词"，用以代替"kʰwɑ⁵³"的骈俪词。三个单音词组合而成的"lə³¹ li⁴⁴ lə³¹ kʰwɑ⁵³"，词义是"烂垮垮的"。再次，在苗语中，"lə³¹ li⁴⁴ lə³¹ kʰwɑ⁵³"这个语词，可以作为形容词使用，可以作为状词使用，还可以进行变形处理而词义不变。口语表达时，这个四音节状词具体有四种形态："lə³¹ lə³¹ kʰwɑ⁵³ kʰwɑ⁵³"，音译可用"搂搂垮垮""拉拉呱呱"；"lə³¹ kʰwɑ⁵³ lə³¹ kʰwɑ⁵³"，音译可用"拉呱拉呱"；"lə³¹ kʰwei⁴⁴ lə³¹ kʰwɑ⁵³"，音译可用"拉溃拉呱"；"lə³¹ kʰwɑ⁵³ kʰwɑ⁵³"，音译可用"拉呱呱""搂垮垮"。这些属性，都是"拉里拉呱"在汉语中所没有的。这说明，汉语词"拉里拉呱"是苗语词"lə³¹ li⁴⁴ lə³¹ kʰwɑ⁵³"音译而成。

例2 表4中的"麻赿麻赿"，词义是黑白或黑黄相间的花纹不规则、不好看，通常用来表示颜色斑驳陆离的程度。它应是苗语词"mʐɑ³¹ qʰə⁵³ mʐɑ³¹ qʰə⁵³"音译而成。有四个理由：一是苗语词"mʐɑ³¹ qʰə⁵³ mʐɑ³¹ qʰə⁵³"与汉语词"麻赿麻赿"，都是表示类似于麻鸭羽毛的那种斑驳颜色。二是组成苗语词"mʐɑ³¹ qʰə⁵³ mʐɑ³¹ qʰə⁵³"单音词"mʐɑ³¹"，词义是"斑驳"，音义与"麻"相同；"qʰə⁵³"的词义是"刻度""节""段"，音义与"刻"相同，并可以用"qʰɑ⁴⁴"或微变音语词"qʰə⁵³"替代表达。这两个单音词组成的"mʐɑ³¹ qʰə⁵³"，词义是"斑驳颜色"是一段一段的，或一簇一簇的。这个语词重叠成的"mʐɑ³¹ qʰə⁵³ mʐɑ³¹ qʰə⁵³"，词义是"斑驳的颜色"不规则，通常用来贬低黑白相间的布料印染质量不高。三是汉语词"麻赳麻赳"的"麻"显然是拟音"mzֻa³¹","赳"是拟音"qʰə⁵³","麻赳"这个双音节语词无论用什么字,都很难同"麻鸭羽毛之颜色"建立等同关系,继而使得重叠而成的"麻赳麻赳",除了在口语中具有形容"斑驳程度"之外,没有别的词义,也不可以拆分或是进行微变音处理继续表达"斑驳程度"。四是这个语词及其微变音语词,在口语表达时,往往作为形容词使用,且口语表达时,可以说成"mzֻa³¹ qʰa⁵³ mzֻa³¹ ȵtɕa⁵³""mzֻa³¹ qʰə⁵³ mzֻa³¹ ȵtɕa⁵³""mzֻa⁵³ tau⁴⁴ mzֻa³¹ lə⁴⁴"等,词义不变。

例3 表4中的"栾布栾布",词义是"短小浑圆",通常作为"短粗"的状词。这应是苗语词"le⁴⁴ pu⁴⁴ le⁴⁴ pu⁴⁴"的音译。苗语词"le⁴⁴"的词义是"短","pu⁴⁴"的词义是"团","le⁴⁴ pu⁴⁴"的词义是"塌缩成一团",故"le⁴⁴ pu⁴⁴ le⁴⁴ pu⁴⁴"作为短小浑圆的状词。口语表述时,苗语词"le⁴⁴ pu⁴⁴ le⁴⁴ pu⁴⁴"可以变成"le⁴⁴ pu⁴⁴ le⁴⁴ tɕaŋ⁴⁴",词义不变。

例4 表1中的"伞伞",是"细嫩"或"柔嫩"的状词,通常组成"嫩伞伞",表达式"柔嫩至极"。在黔川渝湘鄂交壤地区,这个语词比较常见。它应是苗语词"zֻaŋ⁵³ tsa⁴⁴ tsa⁵³"中状词"tsa⁴⁴ tsa⁵³"的音译。"tsa⁵³"的音义可能与"稚"相同。

例5 表1中的"迷哆哆",词义是"密实至极"或"旋转快极",通常作为"急速旋转"和"往来频繁"的状词。在黔川渝湘鄂交壤地区,这个语词比较常见。这应是苗语词"maŋ²² ntʰu⁴⁴ ntʰu⁴⁴"以及它的微变音语词"mei³¹ tu⁴⁴ tu⁴⁴"音译而成的语词。

例6 表1中的"黑麻麻",状词部分"麻麻"应是苗语状词"mzֻa⁴⁴ mzֻa⁴⁴"的音译。其中,"mzֻa⁴⁴"的词义是"黑色",音义与"暮""墨"可能相同。

例7 表1中的"滂滂",应是苗语状词"mpzֻʰaŋ⁴⁴ mpzֻʰaŋ⁵³"音译而成。在民间汉语中,"滂滂"常用来修饰"臭",组成"臭滂滂"。苗语"mpzֻʰaŋ⁵³"的语义是"腐臭",通常叠加起来作为"臭"的状词,组成"tɕə⁵³ tɕa⁴⁴ mpzֻʰaŋ⁴⁴ mpzֻʰaŋ⁵³"。在古苗语中,汉字记音为"滂滂"或"帮帮"的"mpzֻʰaŋ⁴⁴ mpzֻʰaŋ⁵³",口语表述可以单独使用,仍然表示"腐臭"。可能是苗语表示"腐臭"的"mpzֻʰaŋ⁵³",没有音义相同的汉字与之对应，民间才用"滂"或"帮"拟写。

类似上述情形的例子很多，在此不作穷举。

2. 苗汉语夹杂的黔湘渝鄂民间汉语状词

例1 表4中的"灰普灰普"，通常用来描摹黄色与灰色融合而成的不好看的颜色。其中，"灰"是汉语，即"灰色"；"普"是苗语，即 p^hu^{44}，词义是"灰暗"或"灰黑"。

例2 表4中的"黄偏黄偏"，词义是"难看的枯黄色"，通常用作"枯黄"或"面无血色"的状词。这个汉语词在口语表述时，可以说成"黄偏偏的"。显然，其中的"黄"是汉语词，"偏［pja^{51}）"是苗语词；"偏［pja^{51}］"是音译苗语词"mpa^{35}"而形成的单音词，其本义是"失去光泽的色变"，或许与"败"音义相同。

3. 苗汉语夹杂的苗语东部方言状词

例1 黔湘渝交壤地区苗语常用的用来描摹香味的状词"$ʂaŋ^{44}\ ʂaŋ^{44}$"，应该是汉语"香香"的苗语读音。其词义是"香味"的苗语词"$tɕə^{53}\ mo^{42}$"结合，构成固定短语"$tɕə^{53}\ mo^{42}\ ʂaŋ^{44}\ ʂaŋ^{44}$"，语义与汉语词"香喷喷"相当。

例2 黔湘渝交壤地区苗语常用的用来描摹食物有绵劲、有筋道的四音节叠音状词"$miẽ^{31}\ cu^{53}\ miẽ^{31}\ cu^{53}$"，是苗汉语夹杂的状词。其中的"$miẽ^{31}$"，是汉语词"绵"；"$cu^{53}$"是苗语词，词义亦是"绵"。这个四音节叠音状词在部分苗语区被表述为"$cu^{53}\ qa^{53}\ cu^{53}\ qa^{53}$"，就是完全的苗语。

第三节 现代汉语没有状词的问题理解

认定和认同现代汉语没有状词这一词类，继而把"红艳艳""绿油油"等定义为不可再分的"合成词"，而不是"动状结构"或"形状结构"的固定短语，同时把诸如"呼哧呼哧""叮叮当当"等锁定在"拟声词"的义域，可能不是当然正确的做法。因此，本研究拟基于苗语东部方言状词研究的洞见，顺便对其进行简单讨论，为现代汉语研究提供一些可能属于"旁门左道"的观点。

9.3.1 现代汉语"没有状词"的原因猜想

毫无疑问，现代汉语是由古汉语发展形成的，现代汉语是包括现当代民间汉语的。换言之，古代汉语是现代汉语不可去除的根脉，现当代民间汉语是现代汉语不能离开的土壤和不可忽略的样态。在古代汉语和现当代民间汉语都存在状词的条件下，现代汉语"没有状词"，显然不太符合汉语发展的基本逻辑。然而，现代汉语主流观点没有状词这一词类，是早已达成群体共识并形成"事件锁定"的事实，这到底是什么原因导致的？

1. 现代汉语没有状词的原因之一，可能是研究者们忽略了汉语存在"依靠语音识别语义"的历史过程和鲜活事象，把现代汉语设定为"依靠文字识别语义"的语言。

任何一种"依靠语音识别语义"的语言，必定都有状词，因为状词是其生动化、形象化、贴切化必不可少的工具。这是所有来自古老时代的语言都遵从的基本规律。所以，古汉语、现当代民间汉语，古苗语、现当代苗语等，主要"依靠语音识别语义"的语言，都有丰富的状词。

如果研究者们设定了现代汉语是一种"依靠文字识别语义"的语言，且没有"依靠语音识别语义"的历史，也没有至今仍然广泛存在的"依靠语音识别语义"的语言事实，那么，状词在他们的学术视野里，就必定是不符合学理的累赘，理当去除。换言之，现代汉语不承认存在状词，问题在于研究者们把现代汉语设定为"依靠文字识别语义"的语言，形象化、生动化、贴切化的汉语表达，只要"跃然纸上"即可，因而只要无声的文字和符号即可，那种需要声音来实现传神表义的状词无需存在。

2. 现代汉语没有状词的原因之二，可能是研究者们没有注意到，古汉语中的拟声词和以其为基本材料创生的状词，实际上是古汉语和现代汉语的"原始单细胞群"。

汉语是摹声语言，而属于摹声语言的汉语必定生成于拟声，是有限的拟声词发展成为名词、动词、形容词等，才形成汉语的语词系统。

实际上，包括汉语、苗语在内的所有摹声语言，各种词性的单音词，音义之根大多是拟声词。无论是拟声词叠加形成的状词，还是由拟声词演化形成的动词、形容词叠加形成的状词，其词性、词义和功能，都由其具有"词根"意义的核心单音词来决定。只有识得和读懂"词根"意义的核心单音词，才能识得和读懂状词的本原音义，继而明白其修饰功能或结合作用。对此，现代汉语研究和古代汉语研究，似乎都处于空白状态。

3. 现代汉语没有状词的原因之三，可能是研究者们不明白很多古代文献中状词，最初是"以音达意"，而不是"以字达意"，多处错读误解或囫囵吞枣地理解古汉语文献的状词，日常月久，造成歧义积非成是，加速了状词功能在文字文本里的失效。举例说，《诗经》名句"桃之夭夭"中的状词"夭夭"，在孔子尚未用"夭夭"这两个字表达的口传文本里，是什么音义？进一步说，"夭夭"的"夭"，在周朝及其之前的"周南"地区，有没有明确的音义？具体所指是什么？它可否与其他语词结合？它是一个孤立的单音词，还是有词义相近的骈俪词？在口语形态的汉语日常用语中，这个骈俪词是什么？等等，没有人触及。

总之，本研究比较倾向于认为，现代汉语没有状词，应是学界对汉语发展史上存在的和现当代民间仍然存在的状词，进行"不透彻理解"和"强制性遗忘"导致的；是由于对某个学科的学理依赖过重，因而缺乏运用"主体间性"认知"主体性"的理性自觉导致的；是未能从汉语发展史出发、从汉语的民间存在出发，全面观照汉语本体导致的。

9.3.2　苗语始终保持状词的历史归因

苗语三个方言都有状词并始终保持，且都跟古汉语状词的语音、语义、语用存在密切关系，主要原因有如下两个。

1. 苗语是"依靠语音识别语义"的语言

"依靠语音识别语义"的语言，语义传达的精准与传神，必然走向充分依靠状词的路径，自而然，状词和状词的用法必定非常丰富、非常细腻，甚至成为其语法的根基。这是"依靠语音识别语义"的语言不断走向完善的必由之路和必然结果。当然，这也是摹声语言必然具有和必定遵从的基本规律。

2. 苗语东部方言状词与古汉语状词及黔湘渝鄂现当代民间汉语状词本原存在的密切关系,是苗汉同源的结果和印证,是苗族语言文化与汉族语言文化长期处于互生、互动状态的结果和印证。这进一步说明了两个重要的历史事实:一是在两三千年前,苗族与汉族是同一个语言文化共同体;二是历史不断演进的这两千多年来,苗语世界与汉语世界,始终没有截然分开并长期处于完全独自发展的状态。

第十章　苗语三个方言状词比较

"苗语分湘西、黔东、川黔滇三个方言。湘西、黔东两个方言内部差别较小，只有土语区别。川黔滇方言内部差别较大，又分川黔滇、滇东北、贵阳、惠水、麻山、罗泊河、重安江等七个次方言。大多数次方言内部还有土语的区别。"① 每个方言土语的苗语都有状词。前人研究表明，三个苗语方言的状词，种类、结构、功能，既存在相似性也存在差异性。然而，这些相似性与差异性的具体表现是什么，一直没有人开展研究。显然，这既是深入了解苗语东部方言状词固有特性的必要拓展，也是从状词的角度了解苗族语言文化整体性乃至苗族历史文化整体性的重要课题。

第一节　比较方法与内容说明

由于此前未有学人开展过苗语三个方言状词的比较研究，本研究没有可以借鉴的研究方法和参考框架，只能自己设定比较方法与比较内容。

10.1.1　比较方法说明

本研究拟采用的比较方法，概而言之，就是形式比较。因此，比较的重点是状词的种类、结构、功能，之外的诸如三个方言苗语的常用状词数量，三个方言苗语状词的语音、语义、语用，等等，不进行比较。具体方

---

① 王辅世主编：《苗语简志》，民族出版社，1985年5月，第3页。

法有如下三个。

1. 前人研究成果的横向比较

通过前人研究成果的横向比较，将此前形成的苗语研究主要界面上的苗语三个方言状词的显著关系呈现出来。比较的主要材料，是20世纪50年代以来，研究苗语的代表性学者，如王辅世、曹翠云、向日征、罗安源、王春德、石怀信、李锦平、余金枝、王维阳、罗兴贵等，针对苗语状词的论述。

2. 以汉语为沟通桥梁的比较

所谓"以汉语为沟通桥梁的比较"，是指三个方言苗语状词固有的种类、结构、功能的特征与特性，都依前人用汉语转达出来的意涵，至于这些用汉语转述出来的内容跟苗语状词在苗语世界固有的内容是否对等，本研究不予辨析。换言之，本研究将所有前辈学人关于苗语状词的汉语表述，全部视为概括性、正确性、权威性无瑕且均等的理想材料加以应用。这样的比较，实际上是基于苗语状词之汉语说明的苗语三个方言状词的关系读解。

3. 分项比较与特例比较相资互证

分项比较，具体是以例为据，对三个方言苗语状词的种类、结构、功能进行比较，呈现其同与异。

特例比较，具体是对三个方言苗语的某些具有明显共性特征的例子，进行种类、结构、功能同时比较，呈现其形式特征的关系。

10.1.2 比较的内容及基础材料说明

1. 状词的形式特征

状词的形式特征，包括三项内容：一是状词的种类。具体从构成状词的音节数量来分类。二是状词的结构模式，如"AA 式""AB 式""AABB 式""ABAB 式"等。三是状词的结合功能，即状词的"表义功能"。如，可以同动词结合，或可以同形容词结合。

2. 用例

本次比较研究的用例，全部取自此前研究苗语的学人著作，并以其解释为准。

3. 基础材料

本次比较研究的基础，是此前出版的研究苗语的专著关于状词的论述。主要著作共有 9 部：①王辅世主编《苗语简志》，②曹翠云编著《苗汉语比较》，③张永祥、曹翠云著《苗语与古汉语特殊语句比较研究》，④王春德著《苗语语法（黔东方言）》，⑤向日征著《吉卫苗语研究》，⑥罗安源著《松桃苗话描写语法学》，⑦余金枝著《湘西矮寨苗语参考语法》，⑧王维阳著《苗语理论基础（滇东北次方言）》，⑨罗兴贵、杨亚东编著《现代苗语概论（西部方言）》。

第二节　苗语三个方言的状词种类结构功能比较

10.2.1　苗语三个方言状词的种类比较

1. 单音节状词

（1）苗语东部方言（湘西方言）单音节状词

罗安源认为："松桃苗话中很少见独立运用的单音节状词，其他苗语方言中则有很多。"[①] 余金枝认为："湘西矮寨苗语'没有单音节状词'。"[②] 但是，本研究经认真辨析认为，苗语东部方言存在单音节状词（详见第四章第四节"单音节状词"问题讨论）。其中，最为典型的是两个例子：一是"qo^{42} pu^{42}"，单音词"pu^{42}"是"qo^{42}"的状词；二是"qwə^{35} mpa^{35}"，单音词"mpa^{35}"是"qwə^{35}"的状词。

（2）苗语中部方言（黔东方言）单音节状词

曹翠云认为："苗语有单音节状词，但更多的是二音节甚至三音节的。"她列举的例子是："zos"，作为"蹦状"[③]。王春德没有说存在单音节

---

① 罗安源著：《松桃苗话描写语法学》，中央民族大学出版社，2005年12月，第89页。

② 余金枝著、戴庆夏审订：《湘西矮寨苗语参考语法》，中国社会科学出版社，2011年6月，第133页。

③ 曹翠云编著：《苗汉语比较》，贵州民族出版社，2001年12月，第162页。

状词，但他列举的例子有单音节状词："bet dongl（响咚）"，语义是："咚地一响。"①

（3）苗语西部方言（滇东北方言）单音节状词

王维阳认为："苗语状词从音节结构上看，可以分为单音节状词和多音节状词。"② 他列举的单音节状词例子有："hxud——bws"（清洁状），"dlos——met"（肥胖状），"ndrod——ndrwl"（嘈杂状），"niel——nzhaik"（单薄状），"ghax——leul"（叫声状），"rod——rol"（静守状），"dangd——rangl"（横放状），"raof——drad"（端坐状），"sheud——bwl"（速站状），"deuf——dleuf"（急出状）③。

（4）比较结果说明

鉴于此前研究一致认为苗语中部方言和西部方言都有单音节状词，加上本研究关于东部方言有单音节状词的论述，可以得出结论：

一是苗语三个方言都存在单音节状词，其中，西部方言的单音节状词最多。在王维阳梳理的"滇东北次方言"的"主要状词表"④里面，单音节状词占56%；中部方言的单音节状词的数量比西部方言少些，占其常用状词的10%左右；东部方言的状词最少，今仍常用的单音节状词仅有十来个。

二是描摹动作的单音节状词，有的是拟声词。如，王春德列举的中部方言苗语的"bet dongl"（响咚）的单音节状词"dongl"，王维阳列举的西部方言苗语的"ndrod——ndrwl"（嘈杂状）的单音节状词"ndrwl"，本研究所列举的东部方言苗语的"qo^{42} pu^{42}"的单音节状词"pu^{42}"。

三是描摹相同声响的单音节拟声词，三个方言的苗文表达可能不一致。如，王春德列举的中部方言苗语的单音节状词"dongl"，东部方言苗文记作"tuŋ^{53}"或"tuŋ^{42}"。

2. 双音节状词

（1）苗语东部方言双音节状词

---

① 王春德著：《苗语语法（黔东方言）》，光明日报出版社，1986年1月，第76页。
② 王维阳著：《苗语理论基础（滇东北次方言）》，云南民族出版社，2005年5月，第282-283页。
③ 王维阳著：《苗语理论基础（滇东北次方言）》，云南民族出版社，2005年5月，第283页。
④ 王维阳著：《苗语理论基础（滇东北次方言）》，云南民族出版社，2005年5月，第307-312页。

罗安源和余金枝都列举的例子：

"ta^{44} nta$^{54.31}$ nta^{54}"　　硬邦邦

　　（硬）（邦邦）①

（2）苗语中部方言双音节状词

王春德和王辅世皆都列举的例子：

① "ngit bub jub"　　呆呆地看

　　看　呆看地

② "xok gob liob"　　红艳艳的

　　红　艳红状②

（3）苗语西部方言双音节状词

王维阳列举的例子：

"lieb——gik zhal"

　　　　红色状③

（4）比较结果说明

苗语三个方言都有双音节状词，而且，双音节状词是苗语三个方言状词的主要部分。

3. 三音节状词

（1）苗语东部方言三音节状词

向日征、罗安源、石怀信、余金枝等前辈学人的著作，都没有说苗语东部方言存在三音节状词。本研究认为苗语东部方言不存在三音节状词。

（2）苗语中部方言三音节状词

王春德、王辅世没有说苗语中部方言存在三音节状词。曹翠云认为苗语中部方言存在三音节状词。她认为："苗语（中部方言）三音节的状词不多，而且通常用来修饰形容词。"如：

"Diangs bol dlol ghol"　　胖得粗大壮实状

　胖　肥　胖　状④

---

① 罗安源著：《松桃苗话描写语法学》，中央民族大学出版社，2005年12月，第93页。
② 王春德著：《苗语语法（黔东方言）》，光明日报出版社，1986年1月，第76页。
③ 王维阳著：《苗语理论基础（滇东北次方言）》，云南民族出版社，2005年5月，第283页。
④ 曹翠云编著：《苗汉语比较》，贵州民族出版社，2001年12月，第163页。

(3) 苗语西部方言三音节状词

王维阳著《苗语理论基础（滇东北次方言）》和罗兴贵、杨亚东编著《现代苗语概论（西部方言）》，都没有说苗语西部方言存在三音节状词。

(4) 比较结果说明

三音节状词仅是苗语中部方言存在的一种例词很少的特殊现象。

4. 四音节状词

(1) 苗语东部方言四音节状词

余金枝列举的例子：

"la^{31} la^{31} lu^{44} lu^{44}唠叨状"①

(2) 苗语中部方言四音节状词

王春德列举的例子：

"yangx bangl yangl bangl yangl"　　缓缓地溶化
　溶化　　缓慢状　缓慢状②

(3) 苗语西部方言四音节状词

王维阳列举的例子：

"chot ndlas——kaob hnangb kaob shek"
　　　　　　衣服破烂状③

(4) 比较结果说明

苗语三大方言都存在四音节状词。其中，东部方言的四音节状词数量最多，中部方言的四音节状词数量次之，西部方言的四音节状词最少。

5. 苗语三个方言的状词比较研究结论

从状词构成的音数看，苗语三个方言的状词，主要是三类，即单音节状词、双音节状词和四音节状词。仅苗语中部方言存在的少量三音节状词，是一种特殊现象。

---

① 余金枝著、戴庆夏审订：《湘西矮寨苗语参考语法》，中国社会科学出版社，2011年6月，第134页。

② 王春德著：《苗语语法（黔东方言）》，光明日报出版社，1986年1月，第76页。

③ 王维阳著：《苗语理论基础（滇东北次方言）》，云南民族出版社，2005年5月，第283页。

10.2.2　苗语三个方言状词结构模式比较

由于单音节状词不存在结构问题，三音节状词仅是苗语中部方言存在的特殊现象，苗语三个方言状词的结构模式，实际上是指三个方言都存在的双音节状词和四音节状词的结构模式。在此条件下，苗语三个方言状词的结构，有"两型五式"。其中，"两型"指的是"双音节型"和"四音节型"，"五式"指的是"双音节型"中的两种结构模式和"四音节型"中的三种结构模式。进一步说就是，如果用字母"A""B""C"表示构成状词的单音词，则双音节状词的结构模式有"AA"和"AB"两种，四音节状词有"AABB""ABAB""ABAC"三种。

1. 双音节状词的结构模式比较

（1）AA 式

①苗语东部方言的例子

"qwe^{53} pẓa^{31} pẓa^{31}"（黑）黢黑状

　（黑）暗黑状[1]

②苗语中部方言的例子

"Hxad zent zent"很快地写

　写　快状　快状[2]

③苗语西部方言的例子

"ndat ndat"（水）倾泻状，可修饰词义是"倒水"的"hlid aob"[3]。

（2）AB 式

①苗语东部方言的例子

"χwei^{35} ta^{31} wu^{22}"突然跑离状

　跑　突然跑离状[4]

---

[1] 余金枝著、戴庆夏审订：《湘西矮寨苗语参考语法》，中国社会科学出版社，2011年6月，第134页。

[2] 王春德著：《苗语语法（黔东方言）》，光明日报出版社，1986年1月，第76页。

[3] 王维阳著：《苗语理论基础（滇东北次方言）》，云南民族出版社，2005年5月，第310页。

[4] 余金枝著、戴庆夏审订：《湘西矮寨苗语参考语法》，中国社会科学出版社，2011年6月，第134页。

②苗语中部方言的例子

"yat diab ob" 翩翩地飞

　飞　安然状①

③苗语西部方言的例子

"bis niaos" 开合状，可修饰词义是"嘴"的"ad njaox"②。

2. 四音节状词的结构模式比较

（1）AABB 式

①苗语东部方言的例子

"$pa^{22}\ pa^{22}\ pu^{22}\ pu^{22}$" 匆忙状③。

②苗语中部方言的例子

"$ma^{55}\ t'au^{33}\ t'au^{33}\ t'au^{33}\ t'au^{33}$" 较长时间地连续拍打

　拍　较长时间拍打的样子④

③苗语西部方言的例子

在苗语西部方言的"主要状词表"⑤里，没有此种结构模式的状词。

（2）ABAB 式

①苗语东部方言的例子

"$la^{31}\ lu^{44}\ la^{31}\ lu^{44}$" 叽里咕噜声⑥。

②苗语中部方言的例子

"hek eb gul liul gul liul" 咕咕地喝水

　喝水　流动状　流动状⑦

---

① 王春德著：《苗语语法（黔东方言）》，光明日报出版社，1986年1月，第76页。
② 王维阳著：《苗语理论基础（滇东北次方言）》，云南民族出版社，2005年5月，第311页。
③ 余金枝著、戴庆夏审订：《湘西矮寨苗语参考语法》，中国社会科学出版社，2011年6月，第134页。
④ 张永祥、曹翠云著：《苗语与古汉语特殊语句比较研究》，中央民族大学出版社，2005年12月，第76页。
⑤ 王维阳著：《苗语理论基础（滇东北次方言）》，云南民族出版社，2005年5月，第307页。
⑥ 余金枝著、戴庆夏审订：《湘西矮寨苗语参考语法》，中国社会科学出版社，2011年6月，第134页。
⑦ 张永祥、曹翠云著：《苗语与古汉语特殊语句比较研究》，中央民族大学出版社，2005年12月，第7页。

③苗语西部方言的例子

"aot jid——npub wub npes es"

肥笨状（指身体肥胖）①

（3）ABAC 式

①苗语东部方言的例子

"pa³¹ la³¹ pɯ³¹ lɯ²²" 络绎不绝状②。

②苗语中部方言的例子

"tid dol zaid-ghat-lox bul lel bul tangb" 修建了一些层层叠叠的楼房③
  建 些 房 楼   一层层堆叠状

③苗语西部方言的例子

"chot ndlas——kaob hnangb kaob shek" 衣服破烂状④

3. 比较研究结论

（1）三个苗语方言的双音节状词，都有"AA""AB"两式的结构。"AA"式状词和"AB"式状词的数量，在三个苗语方言的常用双音节状词中，占比相差甚大。

本研究经初步梳理发现，包括余金枝、罗安源等前辈学人列举的例子在内，苗语东部方言常用的双音节状词有 50 个以上。其中，"AA"式结构的状词，占比超过 80%，"AB"式结构的状词仅 10 来个，占比在 20%以下。

在张永祥、曹翠云列举的苗语中部方言状词总共 280 个"动名状"格式和"形名状"格式的例子⑤中，双音节状词 222 个，占总数的 79%。其中，"AA"式结构的状词 57 个，占总例数的 20%，占双音节状词例子数的 36%；"AB"式结构的状词 165 例，占总例数的 59%，占双音节状词例子数的 74%。

---

① 王维阳著：《苗语理论基础（滇东北次方言）》，云南民族出版社，2005 年 5 月，第 283 页。

② 余金枝著、戴庆夏审订：《湘西矮寨苗语参考语法》，中国社会科学出版社，2011 年 6 月，第 134 页。

③ 张永祥、曹翠云著：《苗语与古汉语特殊语句比较研究》，中央民族大学出版社，2005 年 12 月，第 13 页。

④ 王维阳著：《苗语理论基础（滇东北次方言）》，云南民族出版社，2005 年 5 月，第 283 页。

⑤ 张永祥、曹翠云著：《苗语与古汉语特殊语句比较研究》，中央民族大学出版社，2005 年 12 月，第 3-21 页。

在王维阳的苗语"滇东北次方言"的"主要状词表"中，列举有118个状词。其中，双音节状词52个。"AA"式结构的状词2个，只占4%；"AB"式结构的状词50个，占双音节状词的96%。

（2）三个苗语方言都有四音节状词，但四音节状词的总体数量以及"AABB""ABAB""ABAC"三种结构模式的常用状词数量都相差很大。

苗语东部方言常用的四音节状词，主要是由双音节状词及其微变音语词叠加组合而成，其数量是双音节状词的2—3倍。"AABB""ABAB""ABAC"三种结构模式都有，且数量大体相当。

苗语中部方言常用的四音节状词，多数是由"AB"式结构的状词叠加而成，因而多数是"ABAB"结构模式。在上文述及的张永祥、曹翠云列举的苗语中部方言状词总共280个"动名状"格式和"形名状"格式的例子中，四音节状词有23个，占总数的8%。

苗语西部方言的常用四音节状词很少。在王维阳的《苗语理论基础（滇东北次方言）》的"主要状词表"中，列举118个状词，没有四音节状词。他把东部方言和中部方言苗语概念为"ABAB"结构模式的四音节状词，解释为"状词的语法变化"，如"bit ndrid"修饰"bais"，"普通式"里可表达为"bit ndrid bit ndrid"，"指小式"可表达为"dab bit ndrid bit ndrid"。[①]

10.2.3　苗语三个方言状词表义功能比较

1. 描摹声音

（1）东部方言例子

①单音节状词

"pu^{42}"，描摹摔倒或物体相击时发出的有点沉重声响的拟声词，汉字拟音可用"噗"，引申义与汉字"甫"可能相同。如，日常用语"qo^{42} pu^{42}"，语义是"噗地摔倒"。其中的"pu^{42}"，就是词义为"摔倒"的"qo^{42}"的状词。

[①] 王维阳著：《苗语理论基础（滇东北次方言）》，云南民族出版社，2005年5月，第293页。

②双音节状词

"（kho⁵³）təŋ²²təŋ²²" 敲击声

　（敲）　咚咚①

③四音节状词

"（pu²¹ ʈu³¹）qei³¹qei³¹qɛ⁴⁴qɛ⁴⁴（开门吱吱呀呀声）"②

（2）中部方言例子

①单音节状词

"dliangd bil dongl" 咚地摔了一跤

　掉下　手 象声③

②双音节状词

"max dax dangs dangs" 连续咚咚地拍打桌子

　拍　桌子 象声 象声④

③四音节状词

"hot gad bux-dlux bux-dlux" 咕嘟咕嘟地煮饭

　煮饭　象声 象声⑤

（3）西部方言例子

①单音节状词

"ndrod ——ndrwl"

　响动　响动状　⑥

②双音节状词

"uathox hid 大笑状"⑦

---

① 余金枝著、戴庆夏审订：《湘西矮寨苗语参考语法》，中国社会科学出版社，2011年6月，第135页。

② 余金枝著、戴庆夏审订：《湘西矮寨苗语参考语法》，中国社会科学出版社，2011年6月，第135页。

③ 张永祥、曹翠云著：《苗语与古汉语特殊语句比较研究》，中央民族大学出版社，2005年12月，第5页。

④ 张永祥、曹翠云著：《苗语与古汉语特殊语句比较研究》，中央民族大学出版社，2005年12月，第11页。

⑤ 张永祥、曹翠云著：《苗语与古汉语特殊语句比较研究》，中央民族大学出版社，2005年12月，第7页。

⑥ 王维阳著：《苗语理论基础（滇东北次方言）》，云南民族出版社，2005年5月，第281页。

⑦ 罗兴贵、杨亚东编著：《现代苗语概论（西部方言）》，贵州出版集团、贵州民族出版社，2016年12月，第122页。

③四音节状词

在王维阳《苗语理论基础（滇东北次方言）》的"主要状词表"中，没有描摹声音的四音节状词。

2. 描摹情态

（1）东部方言例子

①单音节状词

"ci^{44}"，本义是"微卷"，引申为"抿嘴愉悦状"。日常用语有"to^{44} ci^{44}"和"to^{44} z̧ei^{42}"，两个互为骈俪的语词，语义都是"抿嘴会心地笑"。其中，单音词"ci^{44}"和"z̧ei^{42}"，都是"抿嘴愉悦状"，是"to^{44}"的状词。

②双音节状词

"to^{44} z̧e^{42} z̧e^{42}" 笑眯眯

　笑 笑眯眯貌①

③四音节状词

"ci^{44} z̧ei^{44} ci^{44} z̧ei^{42}"，词义是"抿嘴愉悦状"。如，句子"to^{44} ci^{44} z̧ei^{44} ci^{44} z̧ei^{42}"，语义是"笑眯眯的"。其中的"ci^{44} z̧ei^{44} ci^{44} z̧ei^{42}"，就是词义为"笑"的"to^{44}"的常用状词。

（2）中部方言例子

①单音节状词

"ngit lot dlinf" 喜笑颜开

　咧开 嘴 全然状②

②双音节状词

"ngit lot genl-ninl" 微微地咧嘴一笑

　咧　嘴　略微状③

---

① 向日征著：《吉卫苗语研究》，四川民族出版社，1999年1月，第67页。

② 张永祥、曹翠云著：《苗语与古汉语特殊语句比较研究》，中央民族大学出版社，2005年12月，第12页。

③ 张永祥、曹翠云著：《苗语与古汉语特殊语句比较研究》，中央民族大学出版社，2005年12月，第12页。

③四音节状词

"ngongx hxak geb-lieb geb-lieb" 慢慢地吟唱小曲

　吟　　唱　　慢状　　慢状①

(3) 西部方言例子

①单音节状词

"tlak",可与词义是"悬挂、吊"的"zhangt"组合,形成"zhangt tlak",用来描摹"下垂状"。②

②双音节状词

"ndlos ——njod njod"

　滴　　　滴淌状③

③四音节状词

在王维阳《苗语理论基础（滇东北次方言）》的"主要状词表"中，没有描摹情态的四音节状词。

3. 描摹程度

(1) 东部方言例子

①单音节状词

苗语东部方言日常用语没有描摹程度的单音节状词。

②双音节状词

"ȵæ²² plʰɯ³⁵, ³¹ plɯ³⁵" 薄菲菲

　(薄)　　(菲菲)④

③四音节状词

"pa⁴⁴ taŋ⁴⁴ pa⁴⁴ laŋ⁴⁴",汉字拟音可用"巴汤巴郎",词义是"肥胖而白净状"。如，句子"taŋ⁴² pa⁴⁴ tʰaŋ⁴⁴ pa⁴⁴ laŋ⁴⁴",语义是"白白胖胖的"。其中的"pa⁴⁴ tʰaŋ⁴⁴ pa⁴⁴ laŋ⁴⁴",就是词义为"肥胖"的"taŋ⁴²"的常用状词。

---

① 张永祥、曹翠云著：《苗语与古汉语特殊语句比较研究》，中央民族大学出版社，2005年12月，第12页。

② 王维阳著：《苗语理论基础（滇东北次方言）》，云南民族出版社，2005年5月，第309页。

③ 王维阳著：《苗语理论基础（滇东北次方言）》，云南民族出版社，2005年5月，第281页。

④ 罗安源著：《松桃苗话描写语法学》，中央民族大学出版社，2005年12月，第93页。

(2) 中部方言例子

①单音节状词

"fangx mais dlial" 眼睛立即明亮

　明亮　眼睛　速状①

②双音节状词

"hvib ghongl ghongl" 身材高大的

　高　　身材高大状②

③四音节状词

"yut hvib bub-diub bub-diub" 小心翼翼

　小　心　　不动状　　不动状③

(3) 西部方言例子

①单音节状词

"deuf——dleul"

　出　　　急出状④

②双音节状词

"yas——bit qangt"

　瘦　　　瘦状⑤

③四音节状词

"at jid——npub wub npes es"

　　　　　肥笨状（指身体肥胖）⑥

4. 描摹形态

(1) 东部方言例子

①单音节状词

"pei^{35}"，汉字拟音可用"贝"，词义是"扁"。如，句子"te^{35}

---

① 张永祥、曹翠云著:《苗语与古汉语特殊语句比较研究》，中央民族大学出版社，2005 年 12 月，第 17 页。
② 曹翠云编著:《苗汉语比较》，贵州民族出版社，2001 年 12 月，第 164 页。
③ 张永祥、曹翠云著:《苗语与古汉语特殊语句比较研究》，中央民族大学出版社，2005 年 12 月，第 21 页。
④ 王维阳著:《苗语理论基础（滇东北次方言）》，云南民族出版社，2005 年 5 月，第 281 页。
⑤ 王维阳著:《苗语理论基础（滇东北次方言）》，云南民族出版社，2005 年 5 月，第 282 页。
⑥ 王维阳著:《苗语理论基础（滇东北次方言）》，云南民族出版社，2005 年 5 月，第 283 页。

nts^{h}ei^{44} ŋa^{44} pei^{35} tɕi^{44} qwaŋ^{42} ʂaŋ^{53}",语义是"小伙子矮小跑得快"。其中的"pei^{35}",就是词义为"矮小"的"ŋa^{44}"的常用状词。

②双音节状词

"ntsei^{53} cɛ^{31} cɛ^{31}" 瘦精精

　　瘦　瘦精精状①

③四音节状词

"pei^{35} pei^{35} lu^{44} lu^{44}",汉字拟音可用"贝贝辘辘",词义是"扁平而浑圆状"。如,句子"taŋ^{42} pei^{35} pei^{35} lu^{44} lu^{44}",语义是"胖得圆啾啾的"。其中的"pei^{35} pei^{35} lu^{44} lu^{44}"就是描摹"矮肥状"的常用状词。

(2) 中部方言例子

①单音节状词

"tɛ^{55} neŋ^{33}" 笔直

　　直　直的样子②

②双音节状词

"dlenx jil bub-dub" 身体胖墩墩的

　　圆　肢体　圆鼓状③

③四音节状词

"zeib lob ghob-tob ghob-tob" 脚一瘸一拐的

　　跛　脚　滚圆状　滚圆状④

(3) 西部方言例子

①单音节状词

"dab——lok"

　　厚　厚状⑤

---

① 向日征著:《吉卫苗语研究》,四川民族出版社,1999年1月,第67页。
② 张永祥、曹翠云著:《苗语与古汉语特殊语句比较研究》,中央民族大学出版社,2005年12月,第116页。
③ 张永祥、曹翠云著:《苗语与古汉语特殊语句比较研究》,中央民族大学出版社,2005年12月,第16页。
④ 张永祥、曹翠云著:《苗语与古汉语特殊语句比较研究》,中央民族大学出版社,2005年12月,第14页。
⑤ 王维阳著:《苗语理论基础(滇东北次方言)》,云南民族出版社,2005年5月,第282页。

②双音节状词

"chod——lit nkaot

　弯　　　弯曲状"①

③四音节状词

"at jid——npub wub npes es"

　　　　肥笨状（指身体肥胖）②

5. 描摹色彩

（1）东部方言例子

①单音节状词

"mpa^{35}"，词义是"失去光泽状"。如，句子"me^{31} te^{35} qwə^{35} mpa^{35}"，语义是"有点白得惨淡"。其中的"mpa^{35}"，是词义为"白"的"qwə^{35}"的常用状词。

②双音节状词

"qwe^{35} mẓa^{44} mẓa^{44}" 黑漆漆

　（黑）（漆漆）③

③四音节状词

"mẓa^{31} q^{h}a^{53} mẓa^{31} ȵtɕa^{53}"，汉字拟音可用"麻卡麻加"，词义是"麻色斑驳状"。如，"a^{44} ȵtɕɯ^{53} ntei^{35} nen^{44} mẓa^{31} q^{h}a^{53} mẓa^{31} ȵtɕa^{53} naŋ^{44}"，语义是"这匹布料的颜色斑驳陆离"。其中的"mẓa^{31} q^{h}a^{53} mẓa^{31} ȵtɕa^{53}"，就是描摹麻色布料的常用状词。

（2）中部方言例子

①单音节状词

ɬɛ^{33} tsa^{44}

　黑 短时状

②双音节状词

"zek dinl ninl"

　黑暗 漆黑状④

---

① 王维阳著：《苗语理论基础（滇东北次方言）》，云南民族出版社，2005 年 5 月，第 282 页。
② 王维阳著：《苗语理论基础（滇东北次方言）》，云南民族出版社，2005 年 5 月，第 283 页。
③ 罗安源著：《松桃苗话描写语法学》，中央民族大学出版社，2005 年 12 月，第 93 页。
④ 曹翠云编著：《苗汉语比较》，贵州民族出版社，2001 年 12 月，第 167 页。

③四音节状词

ɬɛ³³ tɕa³³ ɬɛ³³ ni⁵³

黑不溜秋

(3) 西部方言例子

①单音节状词

"vangx——vul（gib rieb）"

　　黄　　　黄色状①

②双音节状词

"dlub——lib njieb"

　　黑　　黑色状②

③四音节状词

在王维阳《苗语理论基础（滇东北次方言)》的"主要状词表"中，没有描摹颜色的四音节状词。

6. 描摹味道

(1) 东部方言例子

①单音节状词

"hei⁴⁴"，词义是"耗散"。如，句子"ɑ⁴⁴ hã⁵³ pʐa⁴² nẽ⁴⁴ me³¹ hɯ⁵³ te³⁵ tɕə⁵³ hei⁴⁴"，语义是"这些酸菜有点变味"。其中的"hei⁴⁴"，就是词义为"味道"的"tɕə⁵³"的常用状词。

②双音节状词

"æ³⁵ʼ³¹ lo⁵³ qæ⁵⁴ʼ³¹ qæ⁵⁴" 嘴【感到】苦唧唧的

　（苦）（嘴）　（唧唧）③

③四音节状词

"qɑ⁴⁴ m³¹ qɑ⁴⁴ miẽ⁴²"，汉字拟音可用"伝蒙伝冕"，词义是"甜（咸）味似有似无"。如，句子"tɕɑŋ²² qɑ⁴⁴ m³¹ qɑ⁴⁴ miẽ⁴²"，其中，"qɑ⁴⁴ m³¹ qɑ⁴⁴ miẽ⁴²"是修饰词义为"甜（咸）"的常用状词。

---

① 王维阳著：《苗语理论基础（滇东北次方言）》，云南民族出版社，2005年5月，第282页。
② 王维阳著：《苗语理论基础（滇东北次方言）》，云南民族出版社，2005年5月，第282页。
③ 罗安源著：《松桃苗话描写语法学》，中央民族大学出版社，2005年12月，第94页。

(2) 中部方言例子

①单音节状词

haŋ⁴⁴ tsa⁴⁴

　臭　瞬间状

②双音节状词

"hangt hsub gend-cend" 臊气臭烘烘的

　臭　臊气 气味难闻状"①

③四音节状词

qaŋ³³naŋ⁵⁵ ʑu³⁵ku³⁵ʑu³⁵

　甜　　　轻微状

(3) 西部方言例子

①单音节状词

"zhyut dad——met"

　臭味儿　　难闻的气味状②

②双音节状词

"ieb——dit ghat"

　苦味　苦味状③

③四音节状词

在王维阳《苗语理论基础（滇东北次方言）》的"主要状词表"中，没有描摹味道的四音节状词。

3. 比较研究结论

苗语三个方言的常用单音节状词和常用双音节状词，具有完全覆盖描摹声音、情貌、形态、程度、颜色、味道六个方面的表义功能，但西部方言的常用四音节状词较少。在王维阳《苗语理论基础（滇东北次方言）》的"主要状词表"中，没有描摹声音、情态、色彩、味道的常用四音节状词。

---

① 张永祥、曹翠云著：《苗语与古汉语特殊语句比较研究》，中央民族大学出版社，2005年12月，第18页。

② 王维阳著：《苗语理论基础（滇东北次方言）》，云南民族出版社，2005年5月，第282页。

③ 王维阳著：《苗语理论基础（滇东北次方言）》，云南民族出版社，2005年5月，第282页。

第三节　音义用相似的苗语三个方言状词举要

三个苗语方言的状词，除了上一节所列举的种类、结构和功能的相同性，还存在一些语音、语义、语用同时相同或相似的状词。

10.3.1　音义用皆相同或相似的单音节状词举要

1. "deib [tei³⁵]"（"dlial" "dliel"）

东部方言的"deib [tei³⁵]"及其微变音单音词"danl [tã²²]"，中部方言的"dlial [ɬia¹¹]"和"dliud [ɬiu³⁵]"，以及西部方言的"dliel"和"dleul"，应是音近义同的苗语单音节状词。它们都是用来描摹"急速离开状"。

在苗语东部方言，"deib [tei³⁵]"及其微变音单音词"danl [tã²²]"，可以修饰词义是"离开"的"xieud [ɕə⁴⁴]" "sheub [ʂə³⁵]"和词义是"发颤"的"shoub [ʂə³⁵]"等，分别组成语义是"突然起身"的"xieud deib [ɕə⁴⁴tei³⁵]"或"xieud danl [ɕə⁴⁴tã²²]"，语义是"突然离开"的"sheub deib [ʂə³⁵tei³⁵]"或"sheub danl [ʂə³⁵tã²²]"，语义是"猛地发颤"的"shoub deib [ʂə⁴⁴tei³⁵]"或"shoub deib shoub danl [ʂɯ³⁵tei³⁵ʂɯ³⁵tã²²]"。

在苗语中部方言，"dlial [ɬia¹¹]"可以描摹"快速打开状"，"diud [tiu³⁵]"可以描摹"迅速向上状"：

"buk diux dlial 立即开门"
　开　门　速伸开状①

"qeb laib bod-vib diud"　很快地捡起一个石头
　捡　个　石头　迅速向上状②

---

① 张永祥、曹翠云著：《苗语与古汉语特殊语句比较研究》，中央民族大学出版社，2005年12月，第6页。

② 张永祥、曹翠云著：《苗语与古汉语特殊语句比较研究》，中央民族大学出版社，2005年12月，第12页。

在王维阳《苗语理论基础（滇东北次方言）》的"主要状词表"里面，"dliel 表示迅速翻越或跨越"，可以修饰词义是"翻越、跨越"的"nzud"；"dleul 表示急速"，可以修饰词义是"出"的"deuf"①。

2. "bus"（"bwl"）

东部方言的"bus [pu⁴²]"，西部方言的"bwl"，应是音近义同的苗语单音节状词，都是用来描摹"急速发生状"，相当于"噗的一声就……"

在苗语东部方言，作为单音节状词使用的"bus [pu⁴²]"，可以修饰词义是"掉落"的"zhad [tɑ⁴⁴]"，词义是"倒下"的"ghos [qo⁴²]"等，分别组成语义是"突然掉下"的"zhad bus [tɑ⁴⁴pu⁴²]"，语义是"猛然倒下"的"ghos bus [qo⁴²pu⁴²]"。

在王维阳《苗语理论基础（滇东北次方言）》的"主要状词表"里面，"bwl 表示迅速站起"，可以修饰词义是"站立、起来"的"sheud"。②

10.3.2 音义用皆相同或相似的双音节状词举要

1. "hob hob"（"hol hol"）

"hob hob [ho³⁵ho³⁵]"，是由"hob [ho³⁵]"叠加而形成的"AA"式双音节状词。"hob [ho³⁵]"是拟声词，其初始可能是描摹尾韵悠长的高声啸叫，叠加成"hob hob [ho³⁵ho³⁵]"之后，表示多人协作和声或混响连续不断，用来描摹"发声行为不停进行状"。在使用过程中，"hob hob [ho³⁵ho³⁵]"可以适当发生微变音，但描摹功能不变。

在苗语东部方言里面，"hob hob [ho³⁵ho³⁵]"与"had hat [hɑ⁴⁴hɑ⁵³]"是互为微变音状词，通常进行骈俪表达。这个状词主要用来描摹"连续不断行进状"或"持续热闹状"。在"巴狄雄"神辞中经常使用，例如，"hob hob njiout goud（浩浩荡荡上路），had hat ghox gongb

---

① 王维阳著：《苗语理论基础（滇东北次方言）》，云南民族出版社，2005年5月，第309页。
② 王维阳著：《苗语理论基础（滇东北次方言）》，云南民族出版社，2005年5月，第309页。

（人声鼎沸出发）。"① "hob hob zos doub（降临大地），kiax kiab zos las（莅临人间）。"②

在苗语中部方言里面，"hob hob"主要用来描摹"流动状"：

"lal eb hob hob" 潺潺流水

　流 水 慢流状 慢流状 ③

在苗语中部方言里面，"hob hob"的微变音状词"hol hol"，可以用来描摹"热闹状"：

"ait zangt hol hol" 连续热热闹闹地做生意

　做 生意 热闹状 热闹状 ④

2."yux yux"（"yus yus"）

"yux yux［ʐu³¹ʐu³¹］"，词义是"舒缓有序地进行"，其音义可能与《诗经》里面用来描摹醉态的"醉恹恹"中的"恹恹"相同，通常用来描摹"呆滞状""悠然状""痴迷状"。

在苗语东部方言里，"ʐu³¹ʐu³¹"既是"形状词"，又是"动状词"。通常与词义是"呆滞""痴迷"的"cɑ²²"组合，形成"cɑ²² ʐu³¹ʐu³¹"，语义是"呆滞恹恹的"或"痴迷恹恹的"；又与词义是"行走"的"qo³¹"组合，形成语义是"悠悠上路"的"ʐu³¹ʐu³¹ qo³¹ kɯ⁴⁴"或"qo³¹ kɯ⁴⁴ ʐu³¹ʐu³¹"。

在苗语西部方言里，这个状词记作"yus yus［ʐu³¹ʐu³¹］"，与词义是"坐"的"nyaob"组合，形成"nyaob yus yus 静坐状"。⑤

---

① 麻勇斌、龙秀海、吴琳：《苗族口传活态文化元典·奉祖》，贵州人民出版社，2014年12月，第58页。

② 麻勇斌、龙秀海、吴琳：《苗族口传活态文化元典·祀雷》，贵州人民出版社，2014年12月，第109页。

③ 张永祥、曹翠云著：《苗语与古汉语特殊语句比较研究》，中央民族大学出版社，2005年12月，第10页。

④ 张永祥、曹翠云著：《苗语与古汉语特殊语句比较研究》，中央民族大学出版社，2005年12月，第10页。

⑤ 罗兴贵、杨亚东编著：《现代苗语概论（西部方言）》，贵州出版集团、贵州民族出版社，2016年12月，第123页。

10.3.3 音义用皆相同或相似的四音节状词举要

1. "ghud ndud ghud ndud" "bux dlux bux dlux"

"ghud ndud ghud ndud [qu⁴⁴ ntu⁴⁴ qu⁴⁴ ntu⁴⁴]，是由双音节拟声词"qu⁴⁴ ntu⁴⁴"叠加而形成的 ABAB 式四音节状词，其所描摹的是类似于趵突泉冒水的声响和动作。

在苗语东部方言里，这个状词通常用来描摹煮饭时的水响、泉眼冒水声，等等。如，"pu³¹ wu³⁵ l̥i⁵³ qu⁴⁴ ntu⁴⁴ qu⁴⁴ ntu⁴⁴"，语义是"煮饭水响咕嘟咕嘟"；"mpo⁵³ lə³¹ qu⁴⁴ ntu⁴⁴ qu⁴⁴ ntu⁴⁴"，语义是"泉涌咕嘟咕嘟"。

在苗语中部方言里，这个状词的苗文记作"bux dlux bux dlux"，亦是用来描摹煮饭时的水响、泉眼冒水声，等等。如：

"hot gad bux-dlux bux-dlux"　咕嘟咕嘟地煮饭
　煮　饭　象声　　象声①

2. "dongs rongs dongs rongs"（"diul liul diul liul"）

苗语东部方言的"dongs rongs dongs rongs [tuŋ⁴² z̠uŋ⁴² tuŋ⁴² z̠uŋ⁴²]"，是由双音节拟声词"tuŋ⁴² z̠uŋ⁴²"叠加而形成的"ABAB"式四音节状词，其所描摹的是类似于"轰隆轰隆"的雷声、枪炮声等。如，"tə⁴² so³⁵ tuŋ⁴² z̠uŋ⁴² tuŋ⁴² z̠uŋ⁴²"，语义是"打雷轰隆轰隆"。

在苗语中部方言里面，"tuŋ⁴² z̠uŋ⁴² tuŋ⁴² z̠uŋ⁴²"这个状词的苗文记作"diul liul diul liul"，亦是用来描摹类似于"轰隆轰隆"的雷声、枪炮声等。如：

"bet diul liul diul liul"　隆隆地响
　响　隆隆声　隆隆声②

类似上述例子的单音节状词、双音节状词和四音节状词还比较多，在

---

① 张永祥、曹翠云著：《苗语与古汉语特殊语句比较研究》，中央民族大学出版社，2005年12月，第7页。

② 张永祥、曹翠云著：《苗语与古汉语特殊语句比较研究》，中央民族大学出版社，2005年12月，第69页。

此不做过于累赘的列举。

　　总之，苗语三个方言之间，或其中两个方言之间，常用状词的语音、语义、语用同时相似或相同的现象，说明苗语三个方言的状词和状词所蕴含的语言文化，具有原生的同质性、同构性、同理性。

参考文献

[1] 王辅世主编：《苗语简志》，民族出版社，1985年5月。

[2] 曹翠云编著：《苗汉语比较》，贵州民族出版社，2001年12月。

[3] 王春德著：《苗语语法（黔东方言）》，光明日报出版社，1986年1月。

[4] 向日征著：《吉卫苗语研究》，四川民族出版社，1999年1月。

[5] 麻荣远、龙晓飞、周纯禄、龙文玉合著：《苗汉语的历史比较》，湖南师范大学出版社，2001年4月。

[6] 罗安源著：《松桃苗话描写语法学》，中央民族大学出版社，2005年12月。

[7] 石怀信著：《苗语语音苗语语法》，贵州大学出版社，2008年4月。

[8] 余金枝著、戴庆夏审订：《湘西矮寨苗语参考语法》，中国社会科学出版社，2011年6月。

[9] 罗兴贵、杨亚东编著：《现代苗语概论（西部方言）》，贵州出版集团、贵州民族出版社，2016年12月。

[10] 王维阳著：《苗语理论基础（滇东北次方言）》，云南民族出版社，2005年5月。

[11] 张永祥、曹翠云著：《苗语与古汉语特殊语句比较研究》，中央民族大学出版社，2005年12月。

[12] 陈其光著：《苗瑶语文》，中央民族大学出版社，2013年3月版。

[13] 麻勇斌、龙秀海、吴琳整理译注：《苗族口传活态文化元典》，

贵州出版集团、贵州人民出版社，2014年12月。

[14] 黄绍先著：《汉语核心词探索》，华中师范大学出版社，2010年10月。

[15] 李锦平、李天翼等著：《苗语方言比较研究》，西南交通大学出版社，2012年6月。

[16] 乔力主编：《先秦两汉诗精华》，广西师范大学出版社，1996年3月。

[17] 程俊英、蒋见元：《诗经》，湖南岳麓书社，2000年。

[18] 贾太宏主编：《诗经通释》，西苑出版社，2016年1月。

[19]【新西兰】史蒂文·罗杰·费舍尔 著，熊莎 译：《语言的历史》，中信出版集团股份有限公司，2023年7月。

[20]【法】米歇尔·福柯 著，谢强、马月 译：《知识考古学》，生活·读书·新知三联书店，1998年6月。

后 记

　　这本书，是我入职贵州省社会科学院之后，为了证明自己确实珍惜机会，不遗余力加速入行，而赶写的第一部学术著作。

　　书稿完成之后，我的心中涌动着难以名状的别致心情。这种心情，就像我少年时期从八十坡下的上潮苗寨去三保营（盘信镇旧称）上学，太阳刚把浓雾驱散就出发，一路疾行，爬过一座又一座几乎笔直而立的大坡，走过一弯又一弯细绳般的山道，在太阳快要落山的黄昏之际，终于踏上时不时有行人和车辆的马路，见到多是用砖砌成的房子，晓得可以安全到达学校了，一下子如释重负，接着，肚子突然感到饥饿，腿脚突然感到酸软，额头突然感到有汗，而这些却是特别踏实的幸福。没有相同生活经历的人，谁都体验不到此种非常难以描摹的混合着疲惫与快慰的释然。所以，必须借此浑身发苶而又心花怒放的至真时刻，感谢给予我机会、动力和鼓励的单位与个人。

　　衷心感谢贵州省社会科学院的党政领导班子，特别是尊敬的吴大华书记。入职贵州省社会科学院，是我多年的梦想。社会科学院是一个不看重出身，只在乎学力和品德的高级学术殿堂，在我心中充满神圣感和崇高感。是院党政领导班子的决心牵引和院人事部门的不懈努力，我才获得参与"特殊人才"引进的竞争机会，并以优胜者的身份入职民族研究所。这个机会对于我来说异常珍贵。我只有硕士学位，学养准备不够充分，加上年龄较大，在同等学历的求职人群中，非但没有优势，而且多是劣势。因此，入职之后，我的内心深处，自然滋生的紧迫感、压力感格外巨大。我知道，刚入职的硕士，没有高级职称，且不是35岁以下的青年，三五年内不会具备申报国家社科基金课题的资格，能够证明自己工作主动性、有效性的机会不多，要让录用我的单位相信，给我机会其实并不"亏本"，而是"物有所值"，路径只有一条，就是尽快拿出有创见、有价值的研究成果。所以，我才暗下决心，要求自己在入职一年后，拿出一部学术专著，作为工作态度和专业修养的简明背书。

衷心感谢贵州民族大学的王林校长。我读硕士研究生时，王林校长是我们贵州民族大学的副校长。他一直为我的工作费心，多次同我的丈夫麻勇斌磋商，出主意、想办法。2021年7月，我去贵阳人文科技学院工作，也是得益于他的鼎力推荐。他真的是我今生不能忘记的贵人、恩人。

衷心感谢贵阳人文科技学院的黄伟校长。是她接受我到贵阳人文科技学院工作，我才得到在大学教书锻炼的机会，进而初步练成关键时刻可以抛开专业、自觉适应事业的能力。虽然我在贵阳人文科技学院工作只有一年时间，但这段经历对我的积极影响十分深刻。我应聘的职位是苗语东部方言专职教师。获得入职消息后，我就为上好《苗语东部方言》这门课做准备。让我意想不到的是，开学时，教务部门的领导告诉我，说因为当年招收的苗语东部方言学生只有几个人，不具备开班的条件，要我临时改上文化与传媒学院的《文化语言学》课程。这对我来说真的是巨大考验。在贵州民族大学就读硕士研究生期间，学校并没有开设《文化语言学》这门课。我对这门课的概念系统和基本知识几乎一无所知。箭在弦上不得不发，为了不给接收我的黄伟校长丢脸，为了不被学生轰出课堂，我决心用最短的时间啃下《文化语言学》这块硬骨头。我到处买书，天天看书，做笔记，搞强记。在读通一本教材之后，我又并列进行多个教材版本的框架比较，逐一进行关键概念和重要观点的多种表述比较，终于在走上讲台的前夜，硬生生挤进了《文化语言学》的门内，最后实现了质量不差的现学现卖。对于我来说，完成这次突如其来的教学任务，实际上就完成了一次思想和意志的磨炼与苦修。我从此明白一个道理：人生，除了死，其余的哪怕定要脱掉三层皮的苦和难，都只是一些没有什么大不了的擦伤。面对艰难险阻，只有真正做得到"人一之，我百之"的人，才有可能化"危"为"机"、化苦为甘、化蛹为蝶，赢得"苦难辉煌"。

衷心感谢我的丈夫麻勇斌。他是我思想、意志、知识尤其是苗族语言文化方面的真正导师。坦率地说，对于做学问、干事业，我并不是一个坚定性和方向感足够良好的人。是他长时间的思想影响和行动带动，我才逐步形成稳定的世界观、人生观、价值观。

　　他常对我说，人生无非"仰俯"二字。这个道理易懂而深刻。事实上，无论何世，无论何人，无论是"劳心者治人"，还是"劳力者治于人"，你若是处在生计链的下游，你就必须仰望上游，哪怕位于上游的是一堆堆臭不可闻的垃圾；你只有处于生计链的相对上游，才可以俯视相对的下游。仰望和俯视，在人心中产生的心理反应是不同的。仰望滋生的常态心理，更多是羡慕、嫉妒、恨，用一个字总结，就是"丧"；俯视滋生的常态心理，更多是惬意、自豪、悦，用一个字总结，就是"爽"。这是人的本能或本性，无所谓恶，无所谓善。所以，处于下游的多"丧"少"爽"者，有志气的，总是不断奋发，以求改变自己在生计链上的位置，让自己能够把更多的"丧"变成更多的"爽"。而处于上游拥有俯视之多"爽"少"丧"者，有心机的，总是深沟高垒、党同伐异、全力内卷，以加固其在生计链上的既定秩序，让被俯视的"丧"越来越少，让被仰视的"爽"越积越多。

　　"仰俯"之理是恒常之理，"仰俯"人生是常态人生。只有圣人在此律此理之外，但世间没有圣人。我不在此律此理之外。因此，我特别期盼自己能够改变一直仰望和必需仰望所有同行者和前行者的人生现状。令我无助和无奈的是，多年来，我虽然很是努力，却始终没有找到通往理想的坦途。窘境就像一句当代谚语说的：苍蝇趴在玻璃窗——前途一片光明却没有路。由于多谋少遂，屡战屡败，有劳无功，时间久了，我就气馁了，心中有怨了。我怨天、怨地、怨人、怨命，甚至怨我的丈夫麻勇斌。但他没有气馁。无论遭遇怎样的挫败，他都能够始终保持必胜的信念。这是一种非常令人敬佩和非常值得学习的素质。他在我最气馁、最悲观的关键时刻，鼓励我说：学力和能力方面的准备，你已经完成了，现在，就缺一条属于你的赛道，只要有一条有利于你发挥优势的赛道，你必定可以在某个时刻，达到可以俯视若干同行者和前行者的人生境界。这条赛道，就是苗语研究（包括苗语东部方言状词研究）。是他的坚定支持和行动引领，我才虔心进入苗语研究这条肯定能够让我充分发挥优势的赛道；是他的奋力营造和全力扶持，我才快速重建了以专业开启事业的信心。如今，他已经快要退休了,视力和精力大大减弱了,期待我接力前进的要求越来越强烈了,我不得不放弃雏鸟般的胆怯,奋力振翅,飞向长空。于是,我就期待这本学术专著,可以作为我感谢他一路指引、一路带动、一路鼓励、一路陪伴的里程碑记。

吴　琳

2023 年 2 月 15 日